经学与经学史工作坊辑丛 ①

浙江大学国学与近代中国研究中心

湖 南 大 学 岳 麓 书 院

经学与经学史的联系及分别

桑　兵　肖永明　主编

於梅舫　张　凯　余　露　副主编

社会科学文献出版社

SOCIAL SCIENCES ACADEMIC PRESS (CHINA)

本书获得

大成国学基金——湖南大学岳麓书院发展基金高等研究院项目

资助出版

序 经学与经学史研究旨趣

桑 兵

经学退出历史舞台，已经一个世纪之久。百年以来，围绕如何认识经学的历史地位和作用，学术界和全社会发生过许许多多的故事，使得经与经学的命运跌宕起伏，迄今为止，仍然未得一当。经学长时期是中国皇权帝制的意识形态和思想学术的主导，经学研究在世界上是独一无二的中国学问。清季朝野上下试图融合中西学，先后以神学、哲学对应经学，始终难以凿枘。纳科举于学堂后，无论分合，经学均无法适得其所，只能逐级退出教育体制，并在学术系统中日益隐形。但是，这只能说是将经学暂时搁置，并没有从根本上解决所遗留的问题。随着时势的变化，人们不断重新提起经学，趋新者指为沉滓泛起，守成者坚持固本培元。无论认识如何截然相反，经学与中国思想文化及社会发展的联系至关重要，当为不争的事实。而未来中国乃至人类社会的走向，或许与之不无关系。

有鉴于此，从 2017 年起，与湖南大学岳麓书院合作举办经学与经学史工作坊，计划分十年实行，每年一期，设置不同的主题。迄今为止已经举办的四届，主题分别为：经学与经学史的联系及分别，经学与国学，经学与理学，经学与派分。其共同的主旨，是探究并设法解决两个相互关联的重要问题，一是为何要研究群经、经学与经学史，二是如何研究群经、经学与经学史。弄清楚这两个基本问题，未必能够让所有相关问题迎刃而解，但至少可以明了研究的范围、取径和努力的方向，以便后续的研究顺利展开。

一

所谓经与经学的问题，按照时间顺序大致包括三个相互关联的阶段。一是群经时代。按照经学史家周予同的看法，在汉代董仲舒独尊儒术之前，治经不属于经学，因为连经的范围属性也不能清晰分别。二是经学时代，即处于第一、三两期中间的漫长时期。在此期间，经学不仅是所谓学问，它至少有三大内容，即作为知识系统的经书研究、作为价值体系的纲纪规范和作为统治术的通经致用。经书研究由之前的群经研究延续下来，但在经学时代也有所分别。三是经学史时代。清亡，皇权帝制终结，经学时代成为历史。在后经学时代研究经与经学，要用历史的眼光和办法。不过，作为知识体系和价值体系的经学，又有所延续。用历史的眼光和办法，要更加深入地认识经学的作用，而不能一味解构，以至于完全抹杀经的意义。

纵观历史，孔子以后的群经时代大约四百年，董仲舒以后的经学时代大约一千年，朱熹以后的理学时代大约八百年（其间中唐后有交叉）。所谓中古思想至繁至久演变历程的一大事因缘，即新儒学的产生及其传衍，不仅是一个历史认识的学术问题，更对今天中国面临的现实情势具有很强的启发和取鉴意义。

中国文化不仅历史悠久，而且持续不断，可是在夷夏大防、中体西用相继崩溃后，国人主要是从负面加以总结。受近代以来中西学乾坤颠倒的影响，国人对于独树一帜或别具一格的本位文化大都视之为落后的要因，唯恐去之不速，如汉字、大一统、中医乃至人口数量庞大的文化共同体等，连带稳定也成了不进步的同义词，经学更是首当其冲，成为各方大张挞伐的对象。这样的取向，近代以来一直在加强，直到中国的国力上升到世界前列，"我何以是我"逐渐代替"我为什么不能成为他"，亦即由追赶先进变为自我认同，观念才开始发生变化。

就当前的时势而论，有两个视角可见经与经学值得特别关注：其一，在社会转型时期，作为非宗教化的中国文化，经与经学所承载的道德伦理在规范行为和秩序社会方面具有难以替代的特殊作用；其二，在国际格局重构之际，以经与经学为重要载体的中国文化，为构建新秩序的重要选项和多元化的重要体现，也是中华民族复兴能跃居文化制高点以及取信于人的重要凭借。

从上述两个视角着眼，并不专门研究经与经学的陈寅恪数十年间锲而不舍地上下求索，得出一整套系统看法，在今天尤其具有启发意义。早在留美期间，在新文化运动及五四运动相继发生后的1919 年，他就对吴宓详细阐述中国思想文化的长处与短处。他说：

中国之哲学、美术，远不如希腊，不特科学为逊泰西也。但中国古人，素擅长政治及实践伦理学，与罗马人最相似。其言道德，惟重实用，不究虚理，其长处短处均在此。长处，即修齐治平之旨。短处，即实事之利害得失，观察过明，而乏精深远大之思。故昔则士子群习八股，以得功名富贵，而学德之士，终属极少数。今则凡留学生，皆学工程、实业，其希慕富贵，不肯用力学问之意则一。而不知实业以科学为根本，不揣其本，而治其末，充其极，只成下等之工匠。境界学理，略有变迁，则其技不复能用，所谓最实用者，乃适成为最不实用。至若天理人事之学，精深博奥者，亘万古，横九垓，而不变。凡时凡地，均可用之。而救国经世，尤必以精神之学问（谓形而上之学）为根基。乃吾国留学生不知研究，且鄙弃之，不自伤其愚陋，皆由偏重实业积习未改之故。此后若中国之实业发达，生计优裕，财源浚辟，则中国人经商营业之长技，可得其用；而中国人当可为世界之富商。然若冀中国人以学问、美术等之造诣胜人，则决难必也。夫国家如个人然，苟其性专重实事，则处世一切必周备，而研究人群中关系之学必发达。故中国孔孟之教，悉人事之学。而佛教则未能大行于中国。尤有说者，专趋实用者，则乏远虑，利己营私，而难以团结，谋长久之公益。即人事一方，亦有不足。今人误谓中国过重虚理，专谋以功利机械之事输入，而不图精神之救药，势必至人欲横流，道义沦丧，即求其输诚爱国，且不能得。[1]

据此，中国想要富强，并非可望而不可即的难事，但是想要在亘万古横九垓而不变、凡时凡地均可用之的天理人事之学上胜人一筹，则难上加难。而不能奠定放之四海而皆准的形而上精神学问根基，中国就很难救国经世，长治久安，进而引领世界。在新文化运动开始蔓延的背景下，国人听闻此番说道，自然觉得匪夷所思。可是时过境迁，大都应验，又有料事如神之叹。

那么，如何才能破解这一根本性的重大难题，将精神学问与社会急需彼此沟通？陈寅恪深入探讨了秦以后迄于近代，中国思想至繁至久的演变历程的大事因缘，即新儒学的产生及其传衍。开始他

1　吴学昭整理《吴宓日记》第 2 册，三联书店，1998，第 100~102 页。

的看法是：

> 中国家族伦理之道德制度，发达最早。周公之典章制度，实中国上古文明之精华。至若周秦诸子，实无足称。老、庄思想高尚，然比之西国之哲学士，则浅陋之至。余如管、商等之政学，尚足研究；外则不见有充实精粹之学说。汉、晋以还，佛教输入，而以唐为盛。唐之文治武功，交通西域，佛教流布，实为世界文明史上，大可研究者。佛教于性理之学Metaphysics，独有深造，足救中国之缺失，而为常人所欢迎。惟其中之规律，多不合于中国之风俗习惯。故昌黎等攻辟之。然辟之而另无以济其乏，则终难遍之。于是佛教大盛。宋儒若程若朱，皆深通佛教者。既喜其义理之高明详尽，足以救中国之缺失，而又忧其用夷变夏也。乃求得两全之法，避其名而居其实，取其珠而还其椟。采佛理之精粹，以之注解四书五经，名为阐明古学，实则吸收异教，声言尊孔辟佛，实则佛之义理，已浸渍濡染，与儒教之宗传，合而为一。此先儒爱国济世之苦心，至可尊敬而曲谅之者也。故佛教实有功于中国甚大。[1]

新儒家继承道教对待中外思想文化的取径做法，使得吸收外教与爱国济世相反相成，一举解决了思想缺失与有碍国情的两难，"自得佛教之裨助，而中国之学问，立时增长元气，别开生面。故宋、元之学问、文艺均大盛，而以朱子集其大成。朱子之在中国，犹西洋中世之 Thomas Aquinas（托马斯·阿奎那斯，1225~1274，意大利神学家兼哲学家），其功至不可没"。[2]

在反专制求思想解放的反理学新文化时代，如此推崇理学，可

1　吴学昭整理《吴宓日记》第2册，第102页。

2　吴学昭整理《吴宓日记》第2册，第103页。

谓石破天惊，同时又堪称高屋建瓴。晚清至民初，从反专制的角度，说过存天理去人欲的朱熹成为众矢之的，各类反专制人士的反孔，其实大都剑指朱熹。可是，朱熹创造理学，是为了在佛教流布、社会变化的时势下，充分吸收异教，弥补中国文化的缺失，以达到爱国济世的目的。经过此番改造，不仅将中国文化推向新的高峰，而且新儒学继儒学之后，又使中国文化在高位上延续发展了八百年。胡适认为清中叶即出现了反理学运动，不过仔细揣摩，批评者所争可能在于各自的正统地位，以便取而代之，而非根本颠覆推翻。晚清以降，欧风美雨侵袭冲刷，理学已经不再适用。从康有为开始，必须再造新学，不忘本来，才能力挽危局，救民济世。康有为发愿要做素王，其实真正的目的不过朱熹第二而已。后来者持续努力，中国逐渐实现独立统一，富强振兴，民族复兴之路成效渐著，至于像朱熹那样创新儒学，使之内外相济，承前启后，则仍然有待于来者。

在新儒学发生的历史进程中，原来陈寅恪对于韩愈的作用着重是强调辟佛的一面，后来与人论争，进一步探究新儒学的渊源，更加凸显韩愈对新儒学发端的奠基作用。他认为，《原道》所说"古之所谓正心而诚意者，将以有为也。今也欲治其心，而外天下国家，灭其天常，子焉而不父其父，臣焉而不君其君，民焉而不事其事"，目的是调适佛教与儒学的关系，"为吾国文化中最有关系之文字"。"盖天竺佛教传入中国时，而吾国文化史已达甚高之程度，故必须改造，以薪适合吾民族、政治、社会传统之特性，六朝僧徒'格义'之学，即是此种努力之表现，儒家书中具有系统易被利用者，则为小戴记之中庸，梁武帝已作尝试矣。然中庸一篇虽可利用，以沟通儒释心性抽象之差异，而于政治社会具体上华夏、天竺两种学说之冲突，尚不能求得一调和贯彻，自成体系之论点。退之首先发见小戴记中大学一篇，阐明其说，抽象之心性与具体之政治社会组织可以融会无碍，即尽量谈心说性，兼能济世安民，虽相反而实相成，天竺为体，华夏为用，退之于此以奠定后来宋代新儒学之基础。"[1] 由排斥异说到奠基新儒学，不仅是对韩愈的认识有所变化，更重要的是体现了对于理学渊源与众不同见解的笃信和坚持。

凸显韩愈在新儒学的产生及其传衍这一中古思想大事因缘中的先驱地位，有两点值得特别注意。其一，从韩愈到朱熹，历经三四百年，新儒学才从奠定基础到完善体系，说明真正自成体系且全面有效的思想转折，不可能一蹴而就，需要许多代人长期持续的努力，必须有心之士继起踵接，怀抱共同理念，不断探索前行。韩愈是自觉的先行者，朱熹则是集大成者。没有先知先觉者的醒悟，就没有明确的方向和可行的道路。没有不世出的贤哲之士高屋建瓴，也就没有后来八百年思想文化的一以贯之。

其二，韩愈时已经是天竺为体、华夏为用，并以此奠定后来宋代新儒学之基，而理学可以说是外体中用。今人常常引 1961 年吴宓所记"寅恪兄之思想及主张毫未改变，即仍遵守昔年'中学为体，西学为用'"，[2] 并与不今不古之学联系在一起。然而，体用关系不仅是一种主张，也是现实的反映。如果说天竺为体、华夏为用，在韩愈的时代已成普遍情形，那么在近代的大势所趋之下，不可能继续抱着中体为本不放。晚清以降的情况不仅与唐宋类似，而且有过之而无不及。断言陈寅恪依然坚持中体西用，只能说是他人的一厢情愿，与陈寅恪的思想并无相通之处。早在 20 世纪 20 年代后期，陈寅恪的《王观堂先生挽词并序》就明确宣称：

> 吾中国文化之定义，具于白虎通三纲六纪之说，其意义为抽象理想最高之境，犹希腊柏拉图所谓 Idea 者。若以君臣之纲言之，君为李煜亦期之以刘秀；以朋友之纪言之，友为郦寄

1　陈寅恪：《论韩愈》，陈美延编《陈寅恪集·金明馆丛稿初编》，三联书店，2001，第 319~322 页。

2　蒋天枢：《陈寅恪先生编年事辑》，上海古籍出版社，1997，第 169 页。

亦待之以鲍叔。其所殉之道，与所成之仁，均为抽象理想之通性，而非具体之一人一事。夫纲纪本理想抽象之物，然不能不有所依托，以为具体表现之用；其所依托以表现者，实为有形之社会制度，而经济制度尤其最要者。故所依托者不变易，则依托者亦得因以保存。吾国古来亦尝有悖三纲违六纪无父无君之说，如释迦牟尼外来之教者矣，然佛教流传播衍盛昌于中土，而中土历世遗留纲纪之说，曾不因之以动摇者，其说所依托之社会经济制度未尝根本变迁，故犹能藉之以为寄命之地也。近数十年来，自道光之季，迄乎今日，社会经济之制度，以外族之侵迫，致剧疾之变迁；纲纪之说，无所凭依，不待外来学说之掊击，而已销沉沦丧于不知觉之间；虽有人焉，强聒而力持，亦终归于不可救疗之局。[1]

　　这段文字许多人耳熟能详，不过解读大都着重于前半部分，强调纲纪说体现中国文化理想的最高境界。然而纵观全文，其主要想说明的意思，却是中国传统文化的纲纪之说，因为与社会经济制度相吻合，有所依托，得以保存，即使遇到外来文化的冲击，也很难根本动摇。可是近代以来，社会经济制度发生剧变，纲纪之说已经消沉沦丧，就算是坚持抱残守缺，也不可救药。也就是说，在陈寅恪看来，随着社会经济制度的变迁，纲纪之说已经难以挽回。照此判断，中国绝无可能继续中体西用，必须改弦易辙，接续韩愈、朱熹等人的外体中用取径，再次将中外学说调和贯彻，才有可能为中国文化开辟新路，创造生机。至于如何调和贯彻，其基本的原则是：

1　陈寅恪:《王观堂先生挽词并序》，陈美延编《陈寅恪集·诗集附唐筼诗存》，三联书店，2001，第12~13页。

窃疑中国自今日以后，即使能忠实输入北美或东欧之思想，其结局当亦等于玄奘唯识之学，在吾国思想史上，既不能居最高之地位，且亦终归于歇绝者。其真能于思想上自成系统，有所创获者，必须一方面吸收输入外来之学说，一方面不忘本来民族之地位。此二种相反而适相成之态度，乃道教之真精神，新儒家之旧途径，而二千年吾民族与他民族思想接触史之所昭示者也。[1]

这段话出自陈寅恪所写《冯友兰中国哲学史下册审查报告》，人们同样耳熟能详，可是解读起来却意见纷呈。尤其是吸收外来学说可以到什么程度，不忘本来民族地位又如何体现，见仁见智。从前引陈寅恪《论韩愈》一文可见，中古思想文化充分吸收外来文化，已经达到天竺为体、华夏为用的程度，也就是儒表佛里，所谓中体西用，远不足以涵括陈寅恪的文化取向。不过，道教和新儒家并不因此就大张旗鼓地主张全盘外化，而是仍然坚持取珠还椟，以免数典忘祖。具体情形是：

六朝以后之道教，包罗至广，演变至繁，不似儒教之偏重政治社会制度，故思想上尤易融贯吸收。凡新儒家之学说，几无不有道教，或与道教有关之佛教为之先导。……至道教对输入之思想，如佛教摩尼教等，无不尽量吸收，然仍不忘其本来民族之地位。既融成一家之说以后，则坚持夷夏之论，以排斥外来之教义。此种思想上之态度，自六朝时亦已如此。虽似相反，而实足以相成。从来新儒家即继承此种遗业而能大成者。[2]

1　陈寅恪：《冯友兰中国哲学史下册审查报告》，陈美延编《陈寅恪集·金明馆丛稿二编》，三联书店，2001，第284~285页。

2　陈寅恪：《冯友兰中国哲学史下册审查报告》，陈美延编《陈寅恪集·金明馆丛稿二编》，第282~285页。

也就是说，尽管实质上已经外体中用，但形式上一是不能挖祖坟，二是不能公然用夷变夏，以免数典忘祖。在传统的社会经济制度已经解体的情况下，坚持中国文化的特性，更加重要。其理据陈寅恪早有一番意味深长的说道，值得国人认真揣摩。他说：

> 然惟中国人之重实用也，故不拘泥于宗教之末节，而遵守"攻乎异端，斯害也已"之训，任儒、佛、回、蒙、藏诸教之并行，而大度宽容，不加束缚，不事排挤。故从无有如欧洲以宗教牵入政治，千余年来，虐杀教徒，残毒倾挤，甚至血战百年不息，涂炭生灵。至于今日，各教各派，仍互相仇视，几欲尽铲除异己者而后快。此与中国人之素习适反。今夫耶教不祀祖，又诸多行事，均与中国之礼俗文化相悖，耶教若专行于中国，则中国立国之精神亡。且他教尽可容耶教，而耶教（尤以基督新教为甚）决不能容他教（谓佛、回、道及儒，儒虽非教，然此处之意，谓凡不入耶教之人，耶教皆不容之，不问其信教与否耳）。必至牵入政治，则中国之统一愈难，而召亡愈速。此至可虑之事。[1]

坚持不忘本来民族之地位，从中国方面讲，非如此则立国精神消亡，舍己从人，国将不国，而且中国之素习是大度宽容，对于各方不加束缚排挤，所以能够统一持久。以基督教为底色的西方文化，按照陈寅恪的看法，源自一神论的一元化观念，具有极强的独占性、排他性和侵略性，不能容忍异己，无论是否信仰其他宗教，只要不信基督教，则一概不能接纳。由这样的宗教观念主导的世俗文化，无论其自我塑造成怎样的"文明"，或是用"文明"来包装和展示，本质上都是以排斥异端的丛林法则为基架。所谓普适性，

1　吴学昭整理《吴宓日记》第 2 册，第 103~104 页。

必须强制塞进其一元架构之内。高高在上时或许道貌岸然，虚饰伪善，一旦与生俱来的恐惧主义外溢，就会显出本性难移。陈寅恪往往在不经意间通过深入洞察揭破国人对欧美社会文化各种现象的迷信崇尚，令同辈人如当头棒喝，醍醐灌顶。而缺乏包容性，对于多元化的人类社会而言，显然不会是理想的选择，尤其不适合作为普遍的标杆。因此，无论从中国还是世界的角度看，不忘本来民族之地位，不仅为中国的图存振兴所必需，也是全人类的未来发展所不可或缺。百年过去，前贤在西化风靡的时代做出这样的预判，的确是深刻透彻而且高瞻远瞩，令人感叹其洞察之切和先见之明。既然如此，其文化守成显然不能以抱残守缺的保守主义来涵盖。

韩愈到朱熹的时代，已经是天竺为体，两人不约而同地坚持取珠还椟，名为阐明古学，实则吸收异教，相反相成，使抽象的心性与具体的政治社会组织可以融会无碍，谈心说性与济世安民相得益彰。返归群经、接续正统与崇尚三代，都是为了获得吸收异教的正当性。他们所面临的情势，与晚清以来不无类似，欧风美雨强力冲刷，中国早已是西学为体。在这样的情况下，陈寅恪眼底心中尽力吸收外来学说的底线，显然并非如吴宓所判断的，仍然坚持中学为体、西学为用。陈寅恪对天竺为体、华夏为用的韩愈以及延续韩愈取向的朱熹高度肯定，表明他不仅承认西学为体的事实，更希望尽力吸收以增强中国文化的生命力。但他绝不赞成挖祖坟和对自家传统文化弃如敝履的态度，坚决反对数典忘祖，因为无论外来学说如何高明，如果不能内化为自有，与中学融会无间，在中国都无法占据最高地位且长久持续。所以融成一家之说以后，仍要坚持夷夏之论，排斥外来教义，彰显民族本来地位。

二

如何遵循道教之真精神和新儒家之旧途径来解决中外文化兼收

并蓄的两难，近代中国人早就筚路蓝缕。康有为创生新学，名义上要做素王，其实是希望再现朱熹的事业；本位文化论与新儒家的文化守成，同样是面向未来和全人类；冯友兰的新理学，则是想具体实践陈寅恪的愿景。全盘西化论者在输入新知一面，也是尽力吸收外来学说的体现；而多数有识之士则意识到，必须与中国的具体实际相结合，回到中国文化的根本。不过，上述种种努力，遭遇必须克服的三大难题，在没有得到最终解决之时，只能不断探索前行。这三大难题是：

首先，纲纪崩溃后如何从民族本位建构出全方位适用的新体系。据陈寅恪的《王观堂先生挽词并序》所说，中国文化定义的理想最高境界，具于白虎通三纲六纪之说。纲纪作为理想抽象之物，要依托有形的社会经济制度以为具体表现之用。而道光以后，社会经济制度在外族侵迫下发生剧变，纲纪之说无所凭依，已经无可救药。即便有人想要挽狂澜于既倒，"强聒而力持"，也无力回天。既然如此，还能否像韩愈、朱熹等人那样，在尽力吸收外来学说的基础上，从孔孟儒学乃至群经那里找出必需的思想要素，与西学融会贯通，构建出一整套供当今乃至未来相当长的时间里国人、国家安身立命的思想和制度体系，进而向世界展示其普遍价值？如果能够，应该如何寻找，如何建构？这显然是比韩愈和朱熹的时代更为复杂艰巨的事情，考验着今后几代中国人的智慧与韧性。

在一元化的现代化体系架构中，追赶阶段的取向主要是如何才能由我变成他者，一旦进入超越阶段，则将转为思考我何以成为我。何以的问题，既有特定的内核，也包括以什么为表征。如果说天竺为体、华夏为用建构而成的体系是儒表释里，那么如今要建构的体系是否为儒表西里？或者说，西里已经显而易见，不言而喻，至于儒是否仍然可以为表为用，恐怕不无争议。在相当长的时间里，儒都是作为中国落后的原因而被彻底批判，认为儒家学说或以儒家学说为代表的中国传统文化，连抵御外来侵略的作用都起不到，如何能够让国家民族振兴崛起？况且，其所依托的有形社会经济制度已经崩溃，作为传统文化最高境界的纲纪之说皮之不存毛将焉附，泥菩萨过河自身难保，怎么可能使整个国家民族振衰起敝？经与经学地位的动摇，使得不忘民族本来地位与经相关联，引起普遍疑惑。

其次，如何超越惟重实用的文化局限。讲究天理人事的精神学问，应该是精深博奥，能够亘万古横九垓而不变，凡时凡地均可用之，才能成为救国经世的根基。这对于惟重实用、不究虚理的中国人而言至关重要，却极为困难。因为按照陈寅恪一百年前的预言，中国人成为世界的富商，并非难事。但是中国人要以学问、美术等造诣胜人，则成败难料。而只有做到这一层，才能济世安民，形成强劲的文化凝聚力和辐射力。历史上周边国家受中国影响，主要就是唐宋以来。迄今为止，历史的进程大体印证了陈寅恪的预言，中国要想长治久安，甚至引领人类社会，长期保持繁荣昌盛，能否成功建构一套实质崭新而看似仍旧的思想、价值和制度体系，使自身稳定而活跃，同时具有广泛的示范效应，可以说是生死攸关的头等大事。

问题在于，经学本身就存在时空局限，因而在其主导中国文化的时代，每当生死存亡之际，也常常遭到广泛质疑，而人们质疑的重要理据，恰是指其空疏无用，因而不断寻求有用于时的实学。如清初认定明亡的重要原因是心学的空疏，逐渐代之以实学即程朱理学，后来又以汉学为实学。而晚清遭遇西方列强的侵入，以乾嘉汉学为代表的实学同样不能应对，于是又被指为无用之学，转向因应时局的经世之学，乃至以西学为圭臬。前面循环往复，始终无法确定民族精神的根本，不过还在经学的范围之内。后来则索性越出中学，以本位为无用，大张旗鼓地输入西学东学。对于中国文化的特有，域外学人固然大惑不解，禹内的种种说辞也难得要领。

再次，怎样重新整合学术与政治。经学时代，讲究通经致用，治经从来不是为学问而学问的事。到了经学史的时代，受西洋学术外在追求的影响，以为学术应该脱离社会立场，追求价值中立，学术与政治分离成为趋向，以致形成难以跨越的鸿沟。一方面，经学失去了所依托的社会经济制度，尤其是皇权帝制寿终正寝，经学变成纯粹的学问，仅供专门人士研究，不再具有往日的社会政治功能，成为博物馆式的学问。一些研究的取向，深究经学史上的学术问题，名为经学研究，严格说来，与经学时代的经学相去甚远，而且还会越来越远，甚至基本脱离了经学的范畴。另一方面，经学分在哲学史、文献学、思想史等不同学科的架构之下，变成各自学问的一部分，名义上仍然是经学，实际上因为晚到，不得不舍己从人，变成各个分科之学的附属。所谈的经学，与经学时代的经学名同实异，各个分支之间也大异其趣，以致很难彼此对话。一些由经学衍生出来附庸蔚为大国的分支，全然忘却了自己的渊源，不知所讲学问与经学有什么关联。

如果陈寅恪所论唐宋新儒家是受佛教以及佛教影响的道教性理之说的启发，然后上溯先秦心性之说属实，则理学实际上是儒表佛里，所以周予同关于理学实非经学的推断已经呼之欲出。朱熹等人编制道统，旨在建构自己的正统性，成为接续儒学的正宗传人。而其疑古辨伪，则是要破除之前汉唐经师的正统性，以便取而代之。正因为经学本来就存在各种自相矛盾，其实很难定于一尊，才给了理学可乘之机。理学家一面疑古辨伪，一面不断扩经，二者相反相成，目的都是先搅浑池水，再浑水摸鱼。否则，水至清则无鱼，理学很难乘虚而入，趁势而起。换言之，疑古辨伪首先破除汉唐经师的权威，以便扩充经书借解释经典加入私货。来者不察，落入迷局，反复追究各种异同，不知不觉变成以外来观念追究细节，重估义理，使得所谓经学研究变成纯粹书斋里的掉书袋，反而忽略了经学和理学济世安民的初衷。尽管时下自称研究经学者大都不满于周予同关于经学史取代经学的论断，其所作所为却的确验证了周予同的论断并非虚妄。而且经学史时代的经学研究，已经蜕变为西式分科之学，与经学渐行渐远了。

唐宋诸儒的苦心孤诣，值得深入探究，并且揣摩仿效。需要着重领悟的有下列几点。其一，重构中国文化体系，绝不是乞求亡灵，一味复古，而是如同文艺复兴，以复古为创新。因此，不能拘泥于古。其二，应当追仿天竺为体、华夏为用的道教之真精神和新儒家之旧途径，承继戊戌以来西学为体、中学为用的新学，尽力吸收外来学说与不忘本来民族地位相反相成，既要补偏救弊，又要防止用夷变夏，取珠还椟，避名居实。其三，要在融会中外文化的基础上形成中国思想的最高地位，而不是单纯作为学术问题。详究渊源流变的所以然，目的主要不在契合于古，而在适用于今。只是有用于时不是趋时也容易过时的短期考量，而要存之久远。其四，六经为象征，而非实指。在皇朝体制已成过去，经学退隐的局势下，既要破除儒经的一尊地位，又不能忽视儒学的统驭作用，目光不能局限于后世独尊的儒经，而要放眼当时并起的群经。

概言之，就是用经学史的观念与方法研究群经，用理学家的态度和方法构建中国文化的新形态。前者不局限于经学，后者不拘泥于经典。不局限于经学，可以放眼群经，博采众长；不拘泥于经典，才能沟通古今，融通中外。应当学习宋儒的取法，既要疑古辨伪，还历代为历代，又要讲究义理，有用于时，启迪来者。也就是说，以复古为创新，不仅要竭力重现过往，更重要的是面向未来。研究经与经学历史的目的，在于创造现在，继往开来。因此，不必完全合乎古，但是不能脱离中国悖于传统；必须基本适于今，但不能仅仅有用于一时，应为千秋万代的长远之计。

更为重要的是，在中国思想史上居最高地位，不仅关乎中国的长治久安，而且与人类社会的发展息息相关。尽管近代以来数百年间欧美处于世界的尖端，其与生俱来、根深蒂固的排他性无法消解，所谓"他教尽可容耶教，而耶教（尤以基督新教为甚）决不能容他教"，是指佛、回、道以及并非宗教的儒都能够容纳耶教，可是凡不入耶教之人，耶教皆不能包容，不问其信教与否。如果陈寅恪所言不虚，以基督教为底色的欧洲文明，其先进性很难作为人类共同的文明模式，而排他性却造成无数的冲突和混乱。这样的文明形态及其衍生出来的制度文化，不可能成为人类历史的极则，应该也必然会为更具兼容性的文明所取代。而华夏文明是为数不多的重要选项。在充分吸收兼容人类各种文明精华的基础上，本色鲜明的崭新中华文明势将成为人类社会走向更高阶段的共同财富。

这样的目标显然不可能一蹴而就，在固有的社会经济制度延续运行的情况下，从韩愈到朱熹还要历时三四百年，才能修成正果。时至今日，这样的努力更是难上加难。百余年来，在以中西为新旧的大背景下，经学、理学往往与专制守旧相关联，尊孔读经的主张和行事，每每被断定为拉车向后，倒行逆施，以致经学只能在体制外或以其他科的形式存在和发生作用。如果以戊戌新学为起始，时间已经过去百余年，迄今为止，方向已经大体明确（虽然不免争议），成效已经初步显现，不过，整体而言，相比于理学的格致正诚修齐治平那一套内圣外王，经学普遍长久适用且相互支撑的系统性仍然明显不足。以中古新儒学转化的时间进程为度，或许还要经过若干代人数百年的不懈努力。

为了攻克这一关乎国运长盛不衰、登顶之后能够长驻巅峰的难关，必须聚集具有自觉超越意识和天赋异禀的读书种子，潜心揣摩，追仿前贤，即使不能为朱熹，也要有争当韩愈的抱负。而聚集的形式多样，工作坊为其一。经学与经学史的集众模式阶段性地将参与者的目光集中到不同的主题之上，由此循序渐进地推进相关问题的研究，逐渐清晰化前进的方向和目标，并且吸引更多的有心之士关注于此。一方面，要努力懂得经、经学与经学史，不以分科之学的观念看待裁量。经学与群经及经学史，不能一概而论，也很难截然分开。当年钱玄同针对提倡读经之举，宣称经不是要不要读的问题，而是配不配读的问题。周予同针对不断有人侈谈经学，多次明确表示，研究经学，第一步要懂得经学，第二步才是研究经学。"没有第一阶段的学问基础而妄想做第二阶段的学问工作，结果，只有将自己变成为学问界的陋儒、妄人或丑角而已。"[1] 在经学退隐百年后，不懂而妄谈，势将落入不配的窠臼。因此，学术性的经、经学与经学史研究，弄清彼此的联系及分别，并与其他相关学科清晰分界，不以分科的研究经典为经学研究，也不以经学史的研究等同于经学，尤为重要。此外，由于经与经学往往涉及派分，既要把握经学派分的发生衍化，又不在派分的架构下论述经学及其历史，力求既有系统又不涉附会。

另一方面，文化重构的实践性极强，中国文化的演变与中国革命的传统高度吻合，告诉来者，富强只是民族复兴的初步，自今以后，必须秉持道教的真精神，循着新儒家的旧途径，承继两千年中华民族与他民族思想接触史所昭示的相反而适相成的态度，一面吸收输入外来之学说，一面不忘本来民族之地位，真正于思想上自成系统，有所创获。惟有如此，中国文化才能历久弥新，永远发扬光大，长久屹立于世界之林。就此而论，依然任重而道远，必须高度自觉，坚韧努力，持之以恒，以期大成。

1　周予同:《怎样研究经学》，原载《出版周刊》新 195、196 期，1936 年 8 月 22 日、29 日，后收入朱维铮编《周予同经学史论著选集》（增订本），上海人民出版社，1996，第 627 页。

目 录

经学与经学史的联系及分别[*]

桑　兵^{**}

　　自从民初经学整体上退出学制体系，遗留的部分被分解成不同学科的不同方面以来，经学研究在相当长的时间里，事实上处于停滞状态。近年来虽有人大力鼓动，却各行其是，而且各自的心中之是，于经学较为隔膜，有的纯属门外文谈。如何才能让经学研究登堂入室，深入堂奥，应该适时讨论总结，探求恰当的取径。其中重要的一环，或者说先决条件，就是能够把握经、经学与经学史的联系及分别。由于时势的剧烈变动，在20世纪中

＊　本文为国家社科基金重大项目"近代国学文献汇编与编年史编纂"（项目号：17ZDA202）阶段性成果。

＊＊　桑兵，浙江大学历史学院（筹）教授，浙江大学文科资深教授。研究方向为近代中国的知识与制度转型，清代以来的学术、大学与近代中国，近代中日关系等。

国学术的脉络中，以经学和经学史为主要研究领域，而且能够跨越前后半叶一以贯之的学人，凤毛麟角，周予同当为首屈一指的有数之人，他数十年如一日不懈探究的许多重要问题及其相关论述，如今不仅没有得到应有的重视，似乎还被有意忽视。在前贤奠定的基础上继续前行，是学术研究通行的应有之义，而相关论述对于时下众说纷纭的经学研究，尤其具有针砭作用，值得深入解读。与之进行精神上的学术对话，进一步探究经学与经学史的联系及分别，不仅可以避免重蹈前人覆辙，而且有助于推动经学和经学史研究更上层楼。

一 经学与经学史的继替及分别

早在 20 世纪 30 年代，周予同针对不断有人侈谈经学的情形，就多次明确表示，研究经学，第一步要懂得经学，第二步才是研究经学。"没有第一阶段的学问基础而妄想做第二阶段的学问工作，结果，只有将自己变成为学问界的陋儒、妄人或丑角而已。"[1] 此言对于当下妄言经学者同样具有警醒作用。至于如何才能懂得经学，周予同不厌其详地反复予以阐述，根本说来，就是要把握经、经学和经学史的联系及分别。

就时间性大体而言，历史上的经与经学可以分为三个时期，即两汉以前的群经时期、两汉以下的经学时期以及五四运动以来的经学史时期。这一划分实际上是以经学为中心，则群经时期亦可称为前经学时期（或经学前史），经学史时期可称为后经学时期（或经学后史）。三个时期互有联系，但是本质截然不同。

造成历史上经与经学呈现时期分别的要因，在于经的定义及其所指能指相去甚远。研究经学必须具备的前提条件，首先就是弄清

1　周予同:《怎样研究经学》，朱维铮编《周予同经学史论著选集》（增订本），上海人民出版社，1996，第627页。

楚经是什么，有些什么。此事看似简单，可是因为经的定义、经的领域、经和孔子的关系三个问题在经学史上争辩未决，究竟什么是经，就成为长期聚讼纷纭的一大难题。周予同早年认为，如果不清楚这些问题，就不配提倡读经，提倡也是自欺欺人。晚年则以此作为研究经学和经学史的基本前提。

关于这三个问题，周予同最初是以派分为准，究其异同，共分为经古文学、经今文学、骈文学和新古史学四派，其中骈文学派从阮元到刘师培，以为广义的骈文体（文言）即经学，影响不大。古文学派认为经是一切群书的通称，经、传、论的区别在于书籍装订与版本长短的不同，兵书、法律、教令、史书、地志、诸子乃至其他群书，都时常称经。今文学派认为经是孔子著作的专有名称，孔子之前无经，孔子之后也不得冒称经。经、传、记、说四者的区别，是著作者身份的不同。孔子之作为经，弟子之作为传或记，弟子后学辗转口传的叫说。因此，严格说只有《诗》《书》《礼》《易》《春秋》五经，《乐》在《诗》《礼》中，本无经文。从南朝到宋，陆续增为七经、九经、十三经，全然谬误不通。朱熹将小戴记中的《大学》一篇，分析首章为经，其余为传，以一记文分经传，更加荒谬。就是五经之中，也有分别。如易经中的卦辞、象辞、彖辞等，是孔子作，可称经；系辞、文言等是弟子作，只能称传。而且五经中还有伪作。照其说法，主张读《论语》《孟子》《大学》《中庸》《左传》，只能算是读传记、群书、诸了，不能算是读经。读经就要读《春秋》或《尚书》才行。

所谓新古史学派的观点最为彻底，他们根本否认五经与孔子有关，指陈五经是五部不相干的、杂凑的书，与孔子没有丝毫关系。新古史学派也就是后来所称的古史辨派，这一派的主要代表为顾颉刚和钱玄同，前者主要就古史立论，后者则由古文经学出身又改投今文经学，敢于大胆就经学发声。尤为著名的断言就是经不是要不要读，而是配不配读。钱玄同认为：（1）孔子没有删述或制作六

经的事。（2）乐经本来无书，其余是各不相干的五部书。（3）把各
不相干的书配成一部而名为六经，是因为附会《论语》"子所雅言
诗书执礼"及孟子"孔子作《春秋》"的话而成。（4）六经的配成，
当在战国之末。（5）自六经名词成立后，《荀子》《商君书》《礼记》
《春秋繁露》《史记》《汉书》《白虎通》等书，一提及孔子，就并及
六经。（6）因有所谓五经，于是将传记群书诸子乱加，成为七经、
九经、十一经、十三经的名称。钱玄同进而依据《论语》谈及六部
书的话加以考证，断定：（1）《诗》是一部最古的总集。（2）《书》
是三代的文件类编或档案汇存，应认为历史。（3）《仪礼》是战国
时胡乱抄成的伪书。（4）《易》的原始卦爻是生殖器崇拜时代的符
号，后来为孔子以后的儒者所假借，以发挥他们的哲理。（5）《春
秋》是五经中最不成东西的一部书，所谓"断烂朝报"或"流水
账簿"。[1]

　　古文经派和新古史学派阐述的一个重要观点，就是先秦之时经
的本相与后来衍化为经学之经（也就是专门指称孔子的儒经）虽有
联系，但分别更加显著。晚年周予同的说法有所调整，归纳为经有
五常说、专名说（今文学）、通名说（古文学）、文言说四种。其中
五常说是汉儒的附会，文言说影响有限，主要还是经今文学的专名
说和经古文学的通名说。而原来最引为力证的新古史学派之说不见
了踪影。其原因是周予同对古史辨先存否定意见，然后到文献中找
论据的做法不以为然，认为怀疑的立足点很成问题，不免陷入主观主
义。何况《论语》也有文本演变问题，单纯依据现行文本立论，容易
武断，与认定五经为孔子所作各执一偏，均不足为据。加之他对经史
先后有了不同看法，认为史在相当长的历史时期内是依附于经，然后
才逐渐独立，所以相信五经与孔子均程度不同地有所关联。

　　无论说法如何变化，周予同对经和经学的看法基本维持不变，

1　顾颉刚编著《古史辨》第1册，上海古籍出版社，1982，第67~82页。

即先秦时经并非孔儒相关书的专属，直到西汉武帝时罢黜百家、独尊儒术，被认定出自孔子之手的几部儒家经典，才被认定为经。所以周予同认为，经是指由中国封建专制政府"法定"的以孔子为代表的儒家所编著书籍的通称。这一意涵名词的出现，应在战国以后。而经正式被中国封建专制政府"法定"为经典，则应在汉武帝罢黜百家、独尊儒术以后。[1] 经学一词，最早见于《汉书·兒宽传》。经学一般是历代封建地主阶级知识分子和官僚对上述经典著述的阐发和议论。

经学史上的经有如下特征:(1)经是中国封建专制政府法定的古代儒家书籍，随着中国封建社会的发展和统治阶级的需要，经的领域在逐渐扩张。(2)经是以孔子为代表的古代儒家的书籍，它不仅为中国封建专制政府所法定，被认为是合法的经典，而且是在所有合法书籍中挑选出来的。后来儒家编著的书籍不称经，秦汉以前的儒家著作，未得孔子真传的，也不称经。以孔子为代表的儒家学说含有多面性，总能适合封建时代各个时期的统治阶级的需求，成为中国封建文化的主体。(3)经之所以被中国封建专制政府从所有书籍中挑选出来法定为经，是由于它符合封建统治阶级的需求。因此，经本身就是封建专制政府和封建统治阶级用来进行文化教育思想统治的主要工具，也是封建专制政府培养提拔统治人才的主要准绳，基本上成为整个中国封建社会中合法的教科书。[2]

按照周予同的观点，仕以孔子为代表的儒家所编著书籍被法定为经之前，经的能指所指既不固定，地位更没有独尊，这与古文经学所描述的通名情形大致吻合，姑且称这一时期为群经时期。群经时期包括儒家在内的各种经典学说的研究、传播、传承活动，并不

1 周予同:《"经"、"经学"、经学史——中国经学史论之一》，朱维铮编《周予同经学史论著选集》(增订本)，第649~661页。

2 周予同:《"经"、"经学"、经学史——中国经学史论之一》，朱维铮编《周予同经学史论著选集》(增订本)，第649~661页。

能被称作经学。研究这一时期与经相关的问题，不能一概名为经学研究。虽然所研究的书当时或后来被称为经，可是所涉及的问题不等于就是经学的问题。而今文经学的专名说，实际上是指称经学时代的经。如果追究经学时代经的渊源流变而上溯先秦，还可以说是经学的一部分，那么研究先秦的经能否说是经学，就要有所分别，不能一概而论，否则难免陷入用后来观念说前事的窠臼，讲的是群经之经，而以为经学之经，看似说三代以上，实则问题在两汉以下。

同理，经学指称的专属性，使得经学时代与经学史时代也是既界限分明，又有所联系。按照周予同对经学史之冷静、客观的研究后得出的经学与中国社会组织的关系理论，"经学只是中国学术分类法没有发达以前之一部分学术综合的名称。因中国社会组织的演变，经学成立于前汉，动摇于民国八年五四运动以后，而将消灭于最近的将来"。[1] "五四运动以后，经学退出了历史舞台，但经学史的研究却急待开展。"[2]

周予同关于经学与经学史分界的说法可以深入讨论之处甚多，如经学退出历史舞台，至少在学制体系的层面，有一个循序渐进的过程，时间上从清季至民初，层级上从小学、中学到大学，五四运动不见得可以作为明确分界的标志。经学进出学制体系，大背景是中西学如何融会的问题。清王朝开始试图以科举兼容西学，经过半个世纪的反复努力，始终无法达成心愿。在西式教育即将全面推行之际，万不得已，只能考虑纳科举于学堂。可是学堂实行西式分科教学，虽然外来，却反客为主，迟到的中学人在屋檐下，不得不低头，只好委曲求全。本来不分科的中学被强行按照西式分科——对应。经过调适，史学、诸子乃至别集，都勉强削足适履，又比照西学分科析出一些专门，所以有人称之为西体中用，不无道理。惟

---

1 周予同：《怎样研究经学》，朱维铮编《周予同经学史论著选集》（增订本），第 627 页。

2 周予同：《"经"、"经学"、经学史——中国经学史论之一》，朱维铮编《周予同经学史论著选集》（增订本），第 661 页。

有作为中国固有学问的经学，无论如何无法塞进分科的架构，1910年，由江苏教育会主导的各省教育联合会通过决议，取消小学读经讲经，但在呈请学部施行时遭遇阻碍。1911年中央教育会开会，经过各省教育联合会议员的不懈努力，最终通过初等小学不设读经讲经课的决议。

中央教育会通过取消小学读经讲经课程的议案，用意是政体由专制改为立宪，教育宗旨应该随之改变。此事引起强烈反弹，学部仍然予以阻挠。直到中华民国成立，由蔡元培主持的南京临时政府教育部改变原来教育宗旨的忠君、尊孔，颁布普通教育暂行办法14条，其中第8条就是小学一律废止读经。中华民国政府正式成立，继续秉承蔡元培"普通教育废止读经，大学校废经科"的宗旨，[1] 其拟定颁行的壬癸学制中，普通专门教育均不设经学课程，大学也废除了经科。虽然马一浮、康有为、严复等人不赞成彻底废经学，洪宪帝制时期一度明令恢复读经一科，可是随着袁世凯的垮台，民初的教育方针重新接续。1922年的壬戌学制仿照美国，读经完全不见踪影。[2] 此后尽管不时有人提出重设读经，却始终议而未决。

比照群经时期与经学时期的划分，以辛亥革命创建民国作为经学时期与经学史时期的分期较为适当，至少这一分期的开端应在民元。因为经学时期以经学成立为标志，也就是专制政府法定以孔子为代表的儒家所编著书籍为经，其余书籍不能称为经，相应的，新生中华民国共和政府教育部废止读经和经科，也就意味着经学时代的结束。

不过，经学退出学制体系，只是走下神坛，从历史舞台的中心逐渐淡出，并非完全退出知识体系。为了避免中学为西学所异化，清季的存古学堂和民国时期的一些国学院所，都有用中国学术的固

1　我一：《临时教育会议日记》，《教育杂志》第4卷第6期，1912年，第3页。

2　参见朱贞《清季民初的学制、学堂与经学》，博士学位论文，中山大学，2012，第5章。

有形态保留延续包括经学在内的中学的意向。五四之后，经学问题仍然持续困扰学界乃至全社会。一方面，不断有人提议恢复学校读经，在报刊书籍等媒体上，经学始终占有一席之地；另一方面，经学改头换面存在于大学甚至中小学的教学之中，在国学、史学、文学、哲学等领域成为重要的关联话题。古史辨之类的热议，相当程度就是想要从根本上解决经和经学的问题。

虽然以经治史或经史并治的情形相当普遍，经学史时代经学的状态毕竟发生了很大改变。经学退出学制体系，只是作为分科之一，无法获得稳定的独立地位，一部分被肢解，进入不同的分科，如哲学、文献学、历史学（尤其是思想史和学术史）、文学，一部分被溶入修身、伦理等课程，更重要的则是作为中国历史思想学术研究的根本取法。钱穆说，其所著《先秦诸子系年》出版前，京师学界多讲今文学，出版后则少有今文学。其实钱玄同等人始终坚持崔适的今文家法，京师各校专讲或兼顾今文学的不在少数。民国学界鼓吹研究赵宋，治宋代要讲宋学，不仅作为断代史的一部。包括周予同本人，也是以经学史治一般历史。笼统地说经学自五四运动就退出历史舞台，显然不够恰当。

周予同那一代人对经学深恶痛绝，首先是由于历史上的经学旨在维护皇权专制的统治。顾颉刚就指孔子之言为专制帝王之脚本，用以锢民奴心，以固帝制。孟子所谓王道、治民，与孔子相同。"夫同是人，何必受公之王道？同是人，何必受公之理治？视君王天子则若高出乎人类之中者，而其余同胞则悉处于被动之地位。若此学说有可尊之价值乎？且如为孔立庙，春秋祭祀，直是奴隶其心志，其害甚于迷信宗教矣。"这番"蔑侮圣教"的小子狂言，可见其后来疑古，一定程度上就是要反对孔孟之道为帝制服务的渊源用心。[1] 其次则是因为民初提倡经学往往起着为帝制复辟

1　叶至善、叶至美、叶至诚编《叶圣陶集》第19卷，江苏教育出版社，1994，第105页。

和为专制独裁鸣锣开道的作用。要巩固共和，就必须断了尊孔读
经的念想。

二 经学与经学史的治法

民国时期，延续清代以来所谓学术重心由经入史的风气转移，
好治古史，原来以经学为主的学人，在国体变更、经学退隐的大背
景下，也转向其他领域或很少发声。周予同称其同时代人对经学有
四种态度：一是宋学，二是汉学，三是超经学，四是信经学。前两
种延续清代经学的派分，最后一种实为前清多数读书人的实况，第
三种则是民国的新潮，尤其是钱玄同、顾颉刚的古史辨以及胡适等
人的疑古辨伪，引领时趋。除了抱残守缺的老辈，像周予同这样坚
持以经学为主要领域的学人，已凤毛麟角。只是他认为随着清朝统
治和皇权专制的结束，经学已经不复存在，因而不能治经学，而要
治经学史。

周予同区分经学与经学史，缘于他对经学本质的判断。在他看
来，"中国经典的本质，不仅是学术的，而且是宗教的，尤其是政治
的。明显地说，中国的经典，不仅可以当作学术的材料去研究；从
两汉以来，它发挥了宗教的作用；而且从两汉以来，它尽量发挥了
政治的作用。更明显地说，中国的经典被君主和一班出卖灵魂的士
大夫们当作政治的枷链或鞭子，恣意的残酷的来蹂躏踏在他们脚下
的大众！"有鉴于此，研究经典至少应该负起两种使命："一是积极
的，将经典当作一种文化遗产，分部的甚至于分篇的探求它的真面
目，估计它的新价值，使它合理的分属于学术的各部门。"如研究
《诗经》，"应该先懂得从汉到清的各家家说，然后扬弃从汉到清的各
家家说，而客观的显露它的本质，阐明它的内在的灵感和外在的技
巧，合理的给它中国古代文学史上重要的地位"。另一种使命是消
极的，"就是探求中国经典学所以产生发展和演变之社会的原因，揭

发它所含的宗教毒菌，暴露它在政治上的作用，将它从统治阶级和统治阶级所奴使的学者名流的手里夺过来，洗刷去它外加的血污或内含的毒素，重新成为一种文化遗产，呈献给大众！"[1]

两种研究路线，实质一致。概言之，"就是以治史的方法以治经"。照此取径办法，中国经学研究的现阶段，决不是以经役史，也不是将经史对等研究，"我们不仅将经分隶于史，而且要明白地主张'六经皆史料'说……史料是客观的社会的历程所遗留下来的记录，而史是这些客观的记录透过了史学家的主观的作品！"中国史学对经学不仅是"附庸蔚为大国"，而且实际上是"侵食上国"。"明显地说，中国经学研究的现阶段是在不徇情地消灭经学，是在用正确的史学来统一经学。要明白消灭经学，本不是破坏固有的文化，而只是剥去其经典的后加的污渍的外衣，将它当作纯洁的文化体的一部分，注输以新的血液而已。"基于这样的判断，周予同断言要做超经学的经学学家，既不是汉学家、宋学家，也不是今文学派、古文学派，而是懂得旧有一切经学学派又能跳出旧有一切经学学派的经典研究者。[2]

之所以在经学时代结束后还要开启经学史时代，用治史的办法治经，是因为研究中国古代的史学、民间文学、文字学、宗教学、民俗学等，都与经有关。但是如果研究哲学、文学、史学、文字学，都要先向经学下一番苦功，则太不经济。一方面，学术有所分工；另一方面，经学又是其他中国学术的基本。"在现在，经学之继承的研究大可不必，而经学史的研究当立即开始，因为它一方面使二千多年的经学得以结束整理，他方面为中国其他学术开一条便利的途径。"[3]经学史的研究正是为了终结经学，并将其化解为各种分

1　周予同：《治经与治史》，朱维铮编《周予同经学史论著选集》（增订本），第 621~622 页。

2　周予同：《治经与治史》，朱维铮编《周予同经学史论著选集》（增订本），第 622~623 页。

3　周予同：《经学与经学史之派别——皮锡瑞〈经学历史〉序》，朱维铮编《周予同经学史论著选集》（增订本），第 97 页。

科之学。借用现在的时髦语，经学史的研究是要将经学解构，不用经学的立场观念看待经典，还其本来面貌。

否认经学有独立存在的价值，认为其应由各种分科专门之学取代，是当时趋新学人的普遍信仰。除了经学与皇权专制的联系之外，最主要的原因是经学在西式分科之学的体系中找不到对应的适当位置。受分科治学的影响，经学整体退出学校体制后，现行的经学研究大体分为三支，即哲学史、学术思想史和文献学。按照周予同的说法，这些只能叫作经学史研究而非经学研究。近年来重新提倡国学，大体路数也是依照各自的分科各说各话，彼此鲜有交集。三支的取径做法差别较大，虽然各有贡献，总体上其弊在于受所在学科的制约，容易用后出外来的系统条理解读经学和经学史的问题，不免与经学或经学史本身较为隔膜。尽管对于经学和经学史已有很多的认识、批评甚至批判，可是因为所说脱离了经学的本义或经学史的本相，每每望文生义，隔靴搔痒，不仅理解不了经学和经学史，更解决不了经学或经学史的问题。如批评乾嘉考据者，不知其主张治经从识字始，识字从审音始；治史学理论与史学史，将王国维辨形体的文字学断为乾嘉考据，甚至将胡适的文法学与乾嘉学术牵扯一处；号称治经者重究阎若璩《尚书古文疏证》，却不理解为何根据一条简牍所载轶文，即可判断古文尚书的确存在，并非伪造。一方面与古人隔膜，另一方面又好强古人以就我，用时代意见凌驾于历史意见之上，这也是他指的所谓新儒家阵营中，钱穆坚持不肯自认的重要原因。在附会西学的时趋下高估章学诚，与从乾嘉下探的看法迥异，也是经史兼治时代不能通经导致的学术视差。

如何才能做到以治史的方法治经？周予同的看法是，中国既往很少有经学史著作，类似的有三种：一是以经师为中心，如胡秉虔的《汉西京博士考》、张金吾的《两汉五经博士考》、王国维的《汉魏博士考》、江藩的《国朝汉学师承记》、洪亮吉的《传经表》，以

及各史的《儒林传》或《儒学传》；二是以书籍为中心，如朱彝尊
的《经义考》、翁方纲的《经义考补正》、郑樵《通志》的《艺文
略》、马临瑞《文献通考》的《经籍考》、《四库全书总目提要》的
经部，以及各史的《艺文志》或《经籍志》的经部；三是以典章制
度为中心，如顾炎武的《石经考》、万斯同的《石经考》、杭世骏的
《石经考异》、王国维的《五代两宋监本考》，另如《通典·选举门》
《通志·选举略》以及《文献通考》的《选举考》《学校考》。

秉承以治史的方法治经的主旨，权衡历代经学史相关研究的利
弊得失，周予同拟定了自己的经学史研究计划：（1）撰写一部详密
扼要的《经学通史》；（2）分经撰述，成《易学史》《尚书学史》《诗
经学史》等；（3）分派撰述，成《经今文学史》《经古文学史》《经
宋学史》《经今古文学异同考》《经汉宋学异同考》等；（4）以书籍
或经师为经，以时代为纬，成《历代经部著述考》《历代经学家传
略》；（5）探究孔子与经学的关系，成《孔学变迁考》《孔子传记》；
（6）编纂《经学年表》《经学辞典》。[1]

这一计划志向高远，气势宏大，如果全部付诸实施，当为经学
史研究树立典范。可惜时势动荡，政局翻覆，待到环境适宜，年事
已高，除了一部早年的经学简史外，其余只是在专文中陈述相关意
见。后来风气转移，也几乎无人据此逐一落实，确为憾事。当然，
周予同的方法也不无可议之处，如以经学简史起手提纲挈领，难免
有预设架构之嫌。他受今文经学影响较大，一些看法引起治古文经
学者的不满。尤其是他虽然认为中国的经史不可分，主张从经学史
来治一般历史，可是过于强调用派分的办法混治经史。开始他主张
分成经古文学派、经今文学派、骈文学派和新古史学派。[2]后来去掉

1　周予同：《经学与经学史之派别——皮锡瑞〈经学历史〉序》，朱维铮编《周予同经学史论著
选集》（增订本），第 98、105 页。

2　周予同：《僵尸的出祟——异哉所谓学校读经问题》，朱维铮编《周予同经学史论著选集》（增
订本），第 591~604 页。

骈文学派，归为西汉今文学、东汉古文学和宋学三大派。[1]1932~1933
年撰写《群经概论》，再加入"新史学派"，共分四派。其间汉学部
分又分出"通学派"，宋学部分则分成"归纳派"、"演绎派"和"批
评派"。[2]但有时也依据一般说法，只分为汉宋两派，然后汉学分今
古文，宋学分程朱、陆王或更多。[3]

汉学讲家法，宋学讲宗派，以派分治经学，确有一定的道理和
依据。或者更准确地说，治经学必须懂得派分。可是若以史学的方
法治经学，就要完全超越经学的藩篱，不受家法宗派的局限。因为
所谓家法宗派，大都后出，之前的事实与后来的祖述未必吻合，尤
其是不能涵盖多数的情形。即使到清代，一般人读经，未必懂家法
分宗派，而真正的高明，也未必以家法宗派作茧自缚。不受家法门
派的局限，才能辨章学术，考镜源流，说清楚家法门派的来龙去
脉及其联系分别。若是身陷其中，则难免愈治愈纷了。即如周予
同本人，虽然好将学人分派，并且深受今文家的影响，却从不将
自己归入某一特定派分，而且主张超越一切派分，不受派分的局
限约束。

中国本来没有所谓为学问而学问，诚如周予同所言，经典不
仅是学术，也是宗教和政治。但也正因为此，经学绝不仅仅是宗教
和政治，首先还是知识体系的主要载体。邓实在批判清代学术专制
的同时，承认清代学术是经学一统，所谓"本朝学术，实以经学为
最盛，而其余诸学皆由经学而出。学者穷经必先识字，故有训诂之
学；识字必先审音，故有音韵之学；今本经文，其字体、音义与古
本不合，故有校勘之学；校理经文，近世字书不足据，则必求之汉

1　周予同：《经学与经学史之派别——皮锡瑞〈经学历史〉序》，朱维铮编《周予同经学史论著
选集》（增订本），第92~107页。

2　周予同：《"汉学"与"宋学"》，朱维铮编《周予同经学史论著选集》（增订本），第
323~337页。

3　周予同：《怎样研究经学》《关于中国经学史中的学派问题》，朱维铮编《周予同经学史论著选
集》（增订本），第627~635、662~678页。

以上之文字，故有金石之学。又以诸子之书，时足证明经义，于是
由经学而兼及子学；以经之传授源流详于史，于是由经学而兼及史
学；以释经必明古地理，于是由经学而兼及地理学；以历法出于古
经，于是由经学而兼及天文学；以古人习经先学书计，于是由经学
而兼及算学。是故经学者，本朝一代学术之宗主，而训诂、声音、
金石、校勘、子、史、地理、天文、算学，皆经学之支流余裔也"。[1]
附庸虽然蔚为大国，仍以经学为本宗。

　　作为知识体系的经学，即使在经学时代，仍然具有知识体系的
功能。经学时代治经，以经典及注疏为据，所谓实事求是，包括古
人本来之是与自己心中之是。经学者研究经学，大体有二途：一是
读出本意，即所谓以汉还汉；二是望文生义，将文本之意与发自内
心之意相涵混。

　　经典的文本，形成于先秦，传衍两千余年，能够始终适用，但
并非一成不变。世事变迁，要想通经而致用，一方面必须不断扩展
经典，另一方面则要努力还原经典。经学时代的经学，大体就在二
者的反复之中不断演进。

　　经典随着时势变化不断有所扩展，在经学史时代被视为经书并
非出于孔子之手的证据。善用历史观念看待经史问题的陈寅恪独具
慧眼，他的看法是：

　　　　儒者在古代本为典章学术所寄托之专家。李斯受荀卿之
　　学，佐成秦治。秦之法制实儒家一派学说之所附系。中庸之
　　"车同轨，书同文，行同伦"（即太史公所谓"至始皇乃能并冠
　　带之伦"之"伦"）为儒家理想之制度，而于秦始皇之身，而
　　得以实现之也。汉承秦业，其官制法律亦袭用前朝。遗传至晋
　　以后，法律与礼经并称，儒家周官之学说悉采入法典。夫政治

────────────

1　邓实：《国学今论》，《国粹学报》1905 年第 5 号，第 5 页。

社会一切公私行动，莫不与法典相关，而法典为儒家学说具体之实现。故二千年来华夏民族所受儒家学说之影响，最深最巨者，实在制度法律公私生活之方面，而关于学说思想之方面，或转有不如佛道二教者。[1]

关于儒、释、道三者的关系及其对于中国社会的不同影响，陈寅恪早在留学美国期间就已经胸有成竹。他对吴宓详细解说道：

中国家族伦理之道德制度，发达最早。周公之典章制度，实中国上古文明之精华。至若周秦诸子，实无足称。老、庄思想高尚，然比之西国之哲学士，则浅陋之至。余如管、商等之政学，尚足研究；外则不见有充实精粹之学说。汉、晋以还，佛教输入，而以唐为盛。唐之文治武功，交通西域，佛教流布，实为世界文明史上，大可研究者。佛教于性理之学 Metaphysics，独有深造，足救中国之缺失，而为常人所欢迎。惟其中之规律，多不合于中国之风俗习惯。故昌黎等攻辟之。然辟之而另无以济其乏，则终难遏之。于是佛教大盛。宋儒若程若朱，皆深通佛教者。既喜其义理之高明详尽，足以救中国之缺失，而又忧其用夷变夏也。乃求得两全之法，避其名而居其实，取其珠而还其椟。采佛理之精粹，以之注解四书五经，名为阐明古学，实则吸收异教，声言尊孔辟佛，实则佛之义理，已浸渍濡染，与儒教之宗传，合而为一。此先儒爱国济世之苦心，至可尊敬而曲谅之者也。故佛教实有功于中国甚大……自得佛教之禅助，而中国之学问，立时增长元气，别开生面。故宋、元之学问、文艺均大盛，而以朱子集其大成。朱子之在中国，犹西洋中世之 Thomas Aquinas，其功至不可没。

1　陈美延编《陈寅恪集·金明馆丛稿二编》，第283~284页。

而今人以宋、元为衰世，学术文章，卑劣不足道者，则实大误也。[1]

后来陈寅恪追究唐宋心性之学的渊源流变，不再仅仅凸显韩愈的辟佛，更揭示其吸收异教的作用，说明韩愈从小受新禅宗浸染，其"道统之说表面上虽由孟子卒章之言所启发，实际上乃因禅宗教外别传之说所造成，禅学于退之之影响亦大矣哉！"[2] 为了调适佛教与儒学的关系，韩愈扫除章句繁琐之学，直指人伦，"盖天竺佛教传入中国时，而吾国文化史已达甚高之程度，故必须改造，以蕲适合吾民族、政治、社会传统之特性，六朝僧徒'格义'之学，即是此种努力之表现。儒家书中具有系统易被利用者，则为小戴记之中庸，梁武帝已作尝试矣。然中庸一篇虽可利用，以沟通儒释心性抽象之差异，而于政治社会具体上华夏、天竺两种学说之冲突，尚不能求得一调和贯彻，自成体系之论点。退之首先发见小戴记中大学一篇，阐明其说，抽象之心性与具体之政治社会组织可以融会无碍，即尽量谈心说性，兼能济世安民，虽相反而实相成，天竺为体，华夏为用，退之于此以奠定后来宋代新儒学之基础"。[3]

由此可见，扩经其实是社会变化和文化发展的需要。周予同虽然认可社会发展的作用，可是他更加强调为统治阶级服务的一面，使得经学作为知识体系的一面无形中多少有些虚化。

经学的两面性，并非完全并行不悖。如果说扩经实际上意味着对经书的局限性有所不满，还原本义则是对经书的现行解读不以为然。扩经的宋儒，也是疑古辨伪的先行者。长期探究中国文艺复兴的胡适，就认为文艺复兴是以发掘古本、重解经典为动因，而将宋代的疑古辨伪视为中国文艺复兴的起点。在知识体系的层面，扩经

1　吴学昭整理《吴宓日记》第 2 册，第 102~103 页。

2　陈寅恪：《论韩愈》，陈美延编《陈寅恪集·金明馆丛稿初编》，第 321 页。

3　陈寅恪：《论韩愈》，陈美延编《陈寅恪集·金明馆丛稿初编》，第 322 页。

与还原都意在动摇经的旧权威，创立新的权威。这一方面固然表明他们未能超越尊孔的立场，另一方面则显示他们不能全信历来对孔儒的解读。凡此种种，足以体现经学作为知识体系的知性，破坏着经典至高无上的神圣光环。

不仅如此，扩经往往还会连带出治经方法的创新。《原道》提出："古之欲明明德于天下者，先治其国；欲治其国者，先齐其家；欲齐其家者，先修其身；欲修其身者，先正其心；欲正其心者，先诚其意。然则古之所谓正心而诚意者，将以有为也。今也欲治其心，而外天下国家，灭其天常，子焉而不父其父，臣焉而不君其君，民焉而不事其事。"[1]陈寅恪认为这是与新禅宗直指人心、见性成佛同为中国文化史中最有关系之文字。格义之法沟通儒释心性抽象的差异，并使抽象的心性与具体的政治社会组织融会无碍，谈心说性的同时可以济世安民，"此种研究经学之方法亦由退之所称奖之同辈中人发其端，与前此经师著述大意〔异〕，而开启宋代新儒学家治经之途径者也"。[2]

经学史时代，经学不是信仰，亦非正统，被当成一门纯粹的学问，在各种体制内无处独立安身。作为学问的经学，解经重在历史性的本义及其社会效用。首先应该知道，经学的文本以及相关言说因时因地因人而异，进而了解其应用的形式、方面、作用及效果。经学史时代，在一律平等的观念主导下以及受所谓由经入史的取向影响，一般而言，治经主要是用治史的办法，只是具体取径各有不同。周予同用经学史治一般历史，其实是将经史合治，用经学的观念看史学，用史学的方法治经学，而且喜欢用外来系统，好归纳，不无武断之处。陈寅恪《杨树达〈论语疏证〉序》则提出了以史治经的具体做法，他说：

1　陈寅恪：《论韩愈》，陈美延编《陈寅恪集·金明馆丛稿初编》，第 321 页。

2　陈寅恪：《论韩愈》，陈美延编《陈寅恪集·金明馆丛稿初编》，第 322~323 页。

夫圣人之言，必有为而发，若不取事实以证之，则成无的之矢矣。圣言简奥，若不采意旨相同之语以参之，则为不解之谜矣。既广搜群籍，以参证圣言，其言之矛盾疑滞者，若不考订解释，折衷一是，则圣人之言行，终不可明矣。今先生汇集古籍中事实语言之与《论语》有关者，并间下己意，考订是非，解释疑滞，此司马君实李仁甫长编考异之法，乃自来诂释《论语》者所未有，诚可为治经者辟一新途径，树一新楷模也。[1]

据此，用长编考异法治经，不仅是治经学史的重要方法，而且可以为治经开辟新途径，树立新楷模。陈寅恪对清代经学不以为然，认为谨愿者止于解释文句，而不能有系统地论述，夸诞者流于奇诡悠谬，而不可究诘，二者均偏于一端，不足取法。其根本原因，和古史一样，在于材料凭借少，只能猜来猜去。用史学治经学，不但有助于经学史的研究，还能够推动经学研究更上层楼。尤其是宋明以下，史料大幅度扩张，形而上的理学心学，也有因时因地因人因事而异的具体，通过前后左右通语境、解文本，可以不断接近前人本义和史事本相，以免仅仅直面文本的望文生义乃至凿空逞臆。

由于清代学人将历代经典梳理一过，又以经学材料残阙寡少，解释不确定，"转可利用一二细微疑似之单证，以附会其广泛难征之结论。其论既出之后，固不能犁然有当于人心，而人亦不易标举反证以相诘难。譬诸图画鬼物，苟形态略具，则能事已毕，其真状之果肖似与否，画者与观者两皆不知也"。[2] 陈寅恪指出，"往昔经学盛时，为其学者，可不读唐以后书，以求速效。声誉既易致，而利禄

1　陈寅恪：《杨树达〈论语疏证〉序》，陈美延编《陈寅恪集·金明馆丛稿二编》，第262页。
2　陈寅恪：《陈垣元西域人华化考序》，陈美延编《陈寅恪集·金明馆丛稿二编》，第269~270页。

亦随之"。[1]与此相反而相应的情形是，今人所关注的经学问题，无论发生于哪一时代，大都经过清人的梳理，因而主要体现的是清人的意识或认识。不读唐以后书与不管明以前事，正是时下治经的症结所在。不能一味用清人的意识上看历代，而要抛开清人的成见，从历代顺流而下，看清人意识的相关问题如何发生衍化，或是历代的问题如何转为清人的问题。治经学仅仅盘旋于清以下，不知历代，或涉及历代而全用清人意识，不能脱除清人成见看历代，都难免严重偏差。

用治史的方法治经，必须不受家法门派的局限束缚，与懂得家法门派相辅相成。周予同以治经始，虽然力求跳出并打破经学的藩篱，可是难免有胎记和印迹。在经学史时代，将经史熔于一炉，确有道理。但是用派分的办法研究经学并非恰当取径，因为中国学问，以综合为尚，开宗立派，类似画地为牢，作茧自缚，看似独树一帜，实则局促逼仄。因而很少有人宣称自创门派，派分往往是他指或后认。而且，在相当长的时间里，各家的说法也会因时因地因人而异，各自编织的谱系往往是后来者秉承自己心中之是的建构形塑。汉宋、今古等等大都是用后来观念说前事，如汉宋基本是清学范围的事，尤其是晚清以后事，而江藩、方东树笔下的汉宋，与章太炎所说相去甚远。今人所讲汉宋，显然更合于章氏的意见。

不过，原来经学的问题对于经学史研究同样至关重要。不懂经学，治经学史难免门外文谈。而家法门户也可以用历史的方法理解把握。研究经学史上的派分，包括将各说各话的指称及排列各异的谱系适得其所，是经学史研究不可或缺的重要组成部分。也就是说，经学史不宜用后来的统系条理前事，而要用历史的眼光考察门派及其指称发生衍化的历史进程。

---

1 陈寅恪：《陈垣元西域人华化考序》，陈美延编《陈寅恪集·金明馆丛稿二编》，第270页。

经学本身的确存在门户局限，尤其是受后来认识的影响，充满成见。不能祛除成见，势必用后出外来观念解读前人前事。汉宋分争虽有其事，但与章太炎的清学讲法关系甚大。梁启超一味沿袭，钱穆完全否定，都不免于偏。[1]而今古则与章太炎故意和康有为立异密切相关。清代经学，一般而言不分今古，更不会专讲今古。例如春秋三传、古文左传、今文公羊，一般则从穀梁入手。康有为与章太炎，早年读经都不分今古。康有为转向今文，思想学术方便以外，迎合道咸以来主考官好公羊是要因。而今文家虽讲公羊，讲公羊却不能一概而论认定为今文家。

各种派分的渊源流别，与晚清以来的认识，尤其是后来学术史的叙述之间，既有内在的联系，也存在明显的区别。今人即使研究乾嘉，也很难完全摆脱晚清和后来的框架制约，难免填充史料以证明其是，不能分别本事与他指后认的差异，也无从究明其中的联系。如乾嘉考据以汉还汉，根本目的仍在文本的微言大义（尤其是戴震），由审音、识字入手的办法，看似孤立地解读个别字句，背后还是要讲通整个文本。只是继承者力有不逮，只能讲到字义为止。惟有不受后来制约，回到没有后来架构的当时，探究其实情以及后来的架构谱系如何发生衍化，才能把握从无到有的历史进程。

不以后来的派分讲经学史，与梳理历史上派分及其指称的渊源流变相辅相成，始终高度自觉二者的分别与联系，是治经学史的应有之义。

就此而论，经学史时代的经学研究与经学时代的经学研究有着一脉相通的一面。研究被称为经的书，未必就是经学研究。同样，那些附庸蔚为大国的专门，也不等于就是经学的分支。在经学史的

---

1 钱穆不以汉宋分争讲清三百年学术，较梁为高明，但完全抹杀汉宋，则嫌太过。其关于民国学术的论述，也承认为清学余绪，则汉宋并非没有。

时代，如何把握研究被称为经的书以及由经学衍生出来的专门与研
究经学的联系和分别，成为对学人学识的一大考验。

三　经学史时代经学的作用

经学在中国长期同时作为知识体系和价值体系的重要载体。经
学史时代，经学只是走下神坛，离开历史舞台的中心，并没有完全
退出历史。在知识体系方面，经学不仅是经学史研究必不可少的前
提，同时也是中国历史（包括思想、学术、政治、制度等专史）、
哲学、文学、法学、民俗学等学科的重要内容。

由于中国文化的非宗教性和泛宗教性并存，经学时代的经学不
仅是学问，更主要是伦理的规范，社会秩序的基础，或者说意识形
态的正统。从礼制到礼俗，形成庙堂、市井、乡土各个社会层面相
互连接的道德观念、人伦关系和制度体系。这在少有终极关怀宗教
信仰的中国尤为重要。也就是说，作为价值体系载体的经学，除了
政治的和宗教的作用之外，更重要的是承担了道德伦理的支撑。如
果说宗教社会的伦理主要是依靠宗教来支撑，中国则是由经学来维
系。经学时代随着皇权专制的终结而告结束，经学的价值体系作用
却并未就此消失。专制皇权的皮之不存，经学的政治与宗教价值确
有毛将焉附的尴尬，经学的道德伦理支撑作用在经学史时代是否继
续存在并发生作用以及如何存在并发生作用，如果没有存在的可
能，也不应继续发生作用，那么拿什么作为替代，或者说有没有可
以替代之物，成为民初以来中国社会面临的一大难题。

虽然近代以来皇权帝制不断遭到质疑和抨击，但是在中国历
史上，皇朝体系如果不存在，国家乃至民族都可能消亡，所以通
经致用首先就是要千方百计维系皇权体制并阐明其法理依据，也
就是统治的合法性。追究层累叠加的古史辨，虽然对三代以上翻
箱倒柜、穷究事实，却不及两汉以下的社会需求。而古人重构三

代以上，正是为了两汉以下。努力梳理和重建三代以上的事实，无疑是必要和有益的，但是因而否认原来的重构对于两汉以下有用，就是过犹不及。任何民族的上古发源，都有类似的神话、传说与实事的联系及分别。尽管如此，也有是否圣贤本意的问题，而疑古辨伪，以汉还汉，所争与其说在是非正误，不如说是解释权和话语权。随着皇权体系的终结，经学失去重要的社会基础和政治依附，但对于梳理历史思想学术文化以及重新构建伦理秩序的作用依然存在。尽管清季以来经学不断因为正统地位而遭受严厉批判，也不可能被根本打倒，完全抹杀，或者说无论如何也打不倒、抹不掉。

　　经学作为道德伦理的重要支撑，维系以人伦关系为基础的社会秩序，根基恰好在于其世俗性。按照陈寅恪的说法，纵向看，两千年来华夏民族所受儒家学说影响，在制度、法律、公私生活方面最深最巨，在学说思想方面，反而可能不如佛道二教。横向看，中国家族伦理的道德制度发达最早，周公的典章制度实为中国上古文明之精华。至于后人盛赞的周秦诸子，实无足称。而柳诒徵从史学着眼的说法是，人类的知识都是从经验出来，有经验才能知道种种事情的利害，这就是学问。老子和孔子是中国两个学问最大的人，他们的大学问都是从史学中产生出来的。"老子是周朝的柱下史，管理藏书，就如今日的图书馆，所以他对于周朝以前历朝历代的成败兴亡以及各种社会人事的利害祸福，都看得烂熟，后来写了五千言，将他的学问经验，归纳起来，说了许多原理以及公式。大概人类的事，都逃不出老子所说的原理和公式。所以老子的学说，自汉以来，就是支配中国政治以及社会的唯一要书。"孔子删订经书，而各种经书都是史书，所谓六经皆史，所以孔子不是经学家，而是史学家。"孔子说：'其事则齐桓、晋文，其文则史，其义则丘窃取之矣。'孔子是据史书上的事情，看出道理来，讲明立国和做人的大义。一切人伦道德，所以应当如此，不可如彼的。并非孔子自己要创造一种学说，他是从史书上看出这种道理，是不可违反的。比如孝弟忠信等等德目，行之就与人群有大利，不行就使人群发生大害。所以孔子的学说，支配二千余年的人群，至今还是要信奉的。"[1]

陈寅恪与柳诒徵的理据各自有别，共同之处在于肯定儒家的人伦道德与中国制度、法律、公私生活的契合，所确立的一整套行为规范以及建立于这一基础之上的社会秩序，不仅能够久远维系华夏民族的生生不息，而且凸显了中国文明的精髓。也就是说，经学作为知识体系的同时还作为价值体系，而价值体系不仅包括周予同强调的政治与宗教作用，尤其重要的是具有道德伦理的功能。三任集于一身，使得问题变得相当棘手。中国文化既是非宗教化的体系，同时又具有泛宗教化的色彩。缺少所谓终极关怀，令中国人的精神世界必须靠现世的道德伦理来维系。中国社会最发达的为人伦关系以及与此相关的制度和秩序，而经学起到枢纽性的支撑作用。关于此节，在经学退出的经学史时代，已有来自各种视角的相同意见。梁启超以为，研究国学有两条应走的大路：一是文献的学问，应该用客观的科学方法去研究；二是德性的学问，应该用内省的和躬行的方法去研究。前者即整理国故，虽然是急务，"但是我们最特出之点，仍不在此。其学为何？即人生哲学是"。此学又称为德性学，"可说是国学里最重要的一部分，人人应当领会的。必走通了这一条路，乃能走上那一条路"。在梁启超看来，"西方讲他的形上学，我们承认有他独到之处。换一方面，讲客观的科学，也非我们所能及。不过最奇怪的，是他们讲人生也用这种方法，结果真弄到个莫明其妙"。[2] 用形而上或科学的方法讲人生，无论如何难得一是，果真拿来与儒家相比，仍然幼稚。儒家主张的知行一贯，天人合一，立达人类，是人生唯一的安身立命之具，中国人应当好好守护这美

1　柳诒徵：《讲国学宜先讲史学》，《广播周报》1935年第25期，第25页。

2　梁启超：《治国学的两条大路》，《饮冰室合集》文集之三十九，中华书局，1989，第110~114页。

妙的人生观。

梁启超的说法，被胡适等人斥责为东方文化的自大狂。而马一浮更加自信，他高调宣称：

> 六艺之教，固是中国至高特殊之文化，唯其可以推行于全人类，放之四海而皆准，所以至高。唯其为现在人类中尚有多数未能了解，百姓日用而不知，所以特殊。故今日欲弘六艺之道，并不是狭义的保存国粹，单独的发挥自己民族精神而止，是要使此种文化普遍的及于全人类，革新全人类习气上之流失，而复其本然之善，全其性德之真，方是成己成物，尽己之性，尽人之性，方是圣人之盛德大业。若于此信不及，则是于六艺之道犹未能有所入，于此至高特殊的文化，尚未能真正认识也。诸君勿疑此为估价太高，圣人之道，实是如此。世界无尽，众生无尽，圣人之愿力亦无有尽。人类未来之生命方长，历史经过之时间尚短，天地之道，只是个至诚无息。圣人之道，只是个纯亦不已。往者过，来者续，本无一息之停。此理决不会中断，人心决定是同然。若使西方有圣人出，行出来的也是这个六艺之道，但是名言不同而已。[1]

鉴于当时的时势，为了消除浙江大学来学诸生的疑虑，马一浮还进一步解释道："六艺之道是前进的，决不是倒退的，切勿误为开倒车；是日新的，决不是腐旧的，切勿误为重保守；是普遍的，是平民的，决不是独裁的，不是贵族的，切勿误为封建思想。要说解放，这才是真正的解放；要说自由，这才是真正的自由；要说平等，这才是真正的平等。西方哲人所说的真美善，皆包含于六艺之

1　马一浮：《泰和会语》，虞万里校点《马一浮集》第1册，浙江古籍出版社、浙江教育出版社，1996，第23页。

中。"《诗》《书》是至善,《礼》《乐》是至美,《易》《春秋》是至真。《诗》教主仁,《书》教主智,合仁与智,就是至善。《礼》是大序,《乐》是大和,合序与和,就是至美。《易》穷神知化,显天道之常,《春秋》正名拨乱,示人道之正,合正与常,就是至真。"诸生若于六艺之道深造有得,真是左右逢源,万物皆备。所谓尽虚空,遍法界,尽未来际,更无有一事一理能出于六艺之外者也。"[1]

既然六艺可以包罗万象,行之四海,马一浮断言:

> 天地一日不毁,人心一日不灭,则六艺之道炳然常存。世界人类一切文化最后之归宿,必归于六艺。而有资格为此文化之领导者,则中国也。今人舍弃自己无上之家珍,而拾人之土苴绪余以为宝,自居于下劣,而奉西洋人为神圣,岂非至愚而可哀?诸生勉之。慎勿安于卑陋。而以经济落后为耻,以能增高国际地位,遂以为可矜。须知今日所名为头等国者,在文化上实是疑问。须是进于六艺之教,而后始为有道之邦也。不独望吾国人兴起,亦望全人类兴起,相与坐进此道。[2]

梁启超、马一浮等人从不同角度触碰到经学作为知识体系以外的另一重要功能,即价值体系的载体。经学史时代,经学脱离了皇权,政治与宗教的作用大幅度降低,道德伦理的精神支柱作用却更加凸显。实际上,还在帝制终结之前,面对欧风美雨的侵袭和亡国灭种的危机,有识之士就已经提出国家民族的灵魂究竟为何以及如何维系的问题。许之衡不满《国粹学报》非孔非经的取向以及未及宗教的缺失,提出"国魂与国学"的关系说。他认为:

1　马一浮:《泰和会语》,虞万里校点《马一浮集》第1册,第23~24页。
2　马一浮:《泰和会语》,虞万里校点《马一浮集》第1册,第23~24页。

国魂者，立国之本也。彼英人以活泼进取为国魂，美人以门罗主义为国魂，日人以武士道为国魂，各国自有其国魂。吾国之国魂，必不能与人苟同，亦必不能外吾国历史。若是，则可为国魂者，其黄帝乎？近日尊崇黄帝之声，达于极盛。以是为民族之初祖，揭民族主义而倡导之；以唤醒同胞之迷梦，论诚莫与易矣。然黄帝之政治，犹有可寻，黄帝之道德，则书阙有间矣。今之标民族主义者，于道德多置末议，识者方为前途惧。抑知民族主义，有重要于道德者乎？愚谓黄帝而外，宜并揭孔子，而国魂始全。盖黄帝为政治之纪元，孔子则为宗教之纪元。种族不始于黄帝，而黄帝实可为种族代表；宗教不始于孔子，而孔子实可为宗教之代表。彼二圣者皆处吾国自古迄今至尊无上之位，为吾全历史之关键，又人人心中所同有者。以之为国魂，不亦宜乎！[1]

虽然他说尚武主义著于《儒行》，国家主义著于《春秋》，未免附会，但接下来的话还是有其道理："国魂者，原于国学者也。国学苟灭，国魂奚存？而国学又出于孔子者也。孔子以前，虽有国学，孔子以后，国学尤繁。然皆汇源于孔子，沿流于孔子，孔子诚国学之大成也。倡国魂而保国学者，又曷能忘孔子哉！"既然国学即国魂所存，保全国学，当然就是最头等大事。"然尤当亟思改良，不为守旧，俾合于今日情势，而使必不可磨灭。斯真善言国学者矣。国学当首经史。"[2]

清季以来，受日本的影响，一些人试图将儒的教化之教变为宗教之教。许之衡也大声疾呼：

1　许之衡：《读〈国粹学报〉感言》，《国粹学报》1905 年第 6 期，第 4 页。

2　许之衡：《读〈国粹学报〉感言》，《国粹学报》1905 年第 6 期，第 4~5 页。

呜呼！外人之灭我国也，必并灭其宗教，灭其语言，灭其文字。知文字语言之要，而不知宗教之要，非得也。保全国粹诸子，首以国学为倡，其识诚伟大。读其书，标民族之宏义，发神州之鸿秘。其志可哀，其旨可敬，其文辞尤可感而舞也。然而独不及宗教，无亦滞于远藤隆吉、白河次郎二氏之学说乎？近一二年来，有□氏之论保教，章氏之论订孔，而后生小子，翕然和之，孔子遂几失其故步。彼二子者，其学皆与东洋有渊源，东洋之排斥孔子，则由彼爱国者，恐国人逐于汉化，又恐逐于欧化，故于孔子有微辞，于耶苏亦多议论，以成彼一种东洋之国学，即国粹主义所由来也。论者不省，而据为典要，扬其流而逐其波，不亦误乎！[1]

圣贤之于中国的国学国魂，的确有类似于宗教偶像的作用，非圣则国魂难保。

经学的价值体系作用，从道德伦理上升到国魂的高度，成为个人、社会、国家、民族的精神支柱。皇权帝制过去，经学作为国家民族的精神支撑作用非但没有降低，反而更加重要。与此相应，经学史时代的中国学术思想也要重回以经史为大道的正轨。在东学西学的强力侵袭冲击下，中西学术文化逐渐乾坤颠倒，在西式分科架构的强力主导下，被分解拆装的中学程度不同地发生变形变异，看似一脉相承，实则断裂显然。欧洲的文艺复兴，要借助古本寻求真义，中国也有必要在思想学术领域来一次以复古为创新的文艺复兴。而经学史的取径做法，是让今人可以沟通古人精神世界的有效途径。

回到经学的本义观念看待中国固有学术，具有重要意义。以经学为中心建构起来的中国文化，对于改变三百年来欧洲中心的笼

---

1 许之衡：《读〈国粹学报〉感言》，《国粹学报》1905 年第 6 期，第 5 页。

罩，重构多元化的国际秩序，提供了屈指可数的重要文化物种选项。深入认识历代域外文化的输入融合，分别近代以来借由西学和东学附加的观念条理架构，把握中学本相与变异的进程及形态，以免误将百朵花当成百种花，才有可能探求人类发展的崭新路径。

（本文原载《社会科学战线》2019 年第 11 期）

陈澧《东塾读书记》的经学主旨[*]

姜广辉　许宁宁[**]

20世纪初，蔡元培为中华民国临时政府教育总长，主持废除"尊孔读经"。仿佛冥冥中注定，在此之前的五十年，经学硕儒不约而同，开始筹划对两千年经学历史进行总结性的研究。陈澧应该是第一位，其后王闿运（1833~1916）、皮锡瑞(1850~1908)、叶德辉（1864~1927）、刘师培（1884~1919）等皆曾为中国经学发展的历史做出总结。这个工作的初步成形，当以皮锡瑞的《经学通论》和《经学历史》为标志。而皮锡瑞的成功，未

* 本文为国家社科基金重大项目"中国经学史"（项目号：10&ZD058）阶段性成果。
** 姜广辉，湖南大学岳麓书院特聘教授、经学研究所所长，研究方向为中国思想史、中国经学史。许宁宁，湖南大学岳麓书院2015级博士研究生。

尝没有前数人对两千年经学做出总结的历史贡献。这里所要谈的是陈澧。

陈澧（1810~1882），广东番禺人，字兰甫，号东塾，世称东塾先生。清道光十二年（1832）举人，师承阮元，曾任学海堂学长、菊坡精舍山长。精研经学，于天文、地理、音韵、乐律等亦造诣甚深，其著述达116种，代表作有《东塾读书记》《汉儒通义》《声律通考》等。这里主要讨论其《东塾读书记》，此书由复旦大学杨志刚教授编校，收入钱锺书、朱维铮主编的"中国近代学术名著"。

《东塾读书记》的前身是《学思录》，草创于1858年。作者心仪顾炎武的学问，欲效法顾炎武的《日知录》，而成一通论古今学术的巨著。同治十年（1871），陈澧大病几死，自觉其著述计划过于庞大，难以完成，遂从数百册积稿中，撷取其精华部分，写定成书，改名《东塾读书记》。这部书以讨论经学为主，论述各经源流正变得失，所记皆经学研究的前沿问题，其评论皆公允平实，言而有据。其所讨论虽然只是具体的"经学"问题，而非一般的"经学史"问题，但因为其对所评判的经学问题能持正确的立场和态度，所以后世撰写经学史的作者能有所参酌和取法。这是此部书重要意义之所在。总之，陈澧《东塾读书记》是一部可以比肩顾炎武《日知录》的著作。

陈澧《东塾读书记》于每部经皆提出有许多论点，这里不能一一胪列，只选择其讨论《孝经》《易经》《尚书》《诗经》《春秋》五部经典中的最重要观点，加以介绍。

一 《孝经》"为道之根源，六艺之总会"

明清之时，学界已通行"十三经"之说，至于十三经中哪一部经典最重要，学界并没有一致的意见。但自汉代郑玄以后，有一派学者认为《孝经》最重要，而一直成为学术界的潜流，这是我们所应该知道的。陈澧就属于这一派的学者。朱维铮教授将这种观点看作"陈澧的发明"是不对的。

朱维铮教授认为陈澧将《孝经》列为《东塾读书记》的首篇，是出于"或可以自效"的目的，说白了，是一种迎合"皇上初政"的一种投机。他说：

> 一八七五年清朝改元"光绪"，也许又值"皇上初政"，再度唤起陈澧"或可以自效"的希望的缘故，他在这一年刊布了《东塾读书记》的起首两卷，即《孝经》卷和《论语》卷，就是明证。这不是我的推测。所谓十三经，序次照例先列"五经"，无论经古文学或经今文学都如此，不同的只是"五经"内在次第。而以《孝经》居首，《论语》次之，则是陈澧的发明。卷一读《孝经》记，凡十三则，却有近一半篇幅，历引郑玄、许冲、司马光诸语，称《孝经》"为道之根源，六艺之总会"，合以《论语》，"而立身治国之道，尽在其中"。此卷特引咸丰帝令各省岁科试增《孝经》论一事，赞曰"正合东汉之制"，而谁都知道四岁的新君是作为咸丰继子登极的，陈澧赶在光绪称元这年推出这两卷，不正是《东塾读书记》写作意向的直接发露么？[1]

这一段论述很长，应该说基本是对陈澧的曲解。因为发布"各省岁科试增《孝经》论"的咸丰帝已死，作为咸丰继子的光绪帝年甫四岁，谁会去理睬陈澧"《东塾读书记》的起首两卷"书的刊布呢？朱维铮教授既然已经注意到"卷一读《孝经》记，凡十三则，却有近一半篇幅，历引郑玄、许冲、司马光诸语，称《孝经》'为道之根源，六艺之总会'"，那为什么不从《孝经》本身内容来寻得

1　朱维铮：《导言》，陈澧著，杨志刚编校《东塾读书记（外一种）》，中西书局，2012，第7页。

理解，而要去"深挖"陈澧"或可以自效"的"写作意向"呢？

事实上，经典的排序从来都不是随意的。经典排序先后，反映经典受重视的程度，但它又不是固定不变的，它随着时代的发展而变化。

关于经典排序，可以从西周王官之学说起，最初常见的提法是《诗》、《书》、礼、乐。大约先秦以前，人们最重视《诗》《书》，所以文献中常见对《诗》《书》的引录，即"《诗》云""《书》云"之类。春秋后期，应该是由于孔子的重视，加上了《周易》和《春秋》，后来渐渐在孔门中有了"六经"的名目。汉代由于乐经失传，因而讲"五经"，有时又加上《论语》《孝经》，而称"七经"。西汉末，由于刘歆的倡导，五经开始按《周易》《尚书》《诗经》《礼经》《春秋》的顺序排列，《周易》逐渐被视为五经之首。

至宋初，儒家经典已经增加到十二经，即《周易》《尚书》《诗经》《礼记》《仪礼》《周礼》《春秋左氏传》《春秋公羊传》《春秋穀梁传》《论语》《孝经》《尔雅》。王安石熙宁变法，《孟子》升格为经，至此，儒家经典增加到十三部。

南宋时，朱熹将《大学》《中庸》从《礼记》中抽出，与《论语》《孟子》合编，称为"四书"，并强调学者应先读四书，后读五经，后世因而有"四书五经"的提法。明清科举重视八股文，而八股文常从四书中出题，四书的重要性因而高于五经。

但在明清之际，由于学界对于《大学》的争议非常尖锐，陈确曾提出"还《学》《庸》于《戴记》……出学人于重围之内"，[1]反对朱熹将《大学》《中庸》从《礼记》抽出的做法。陈澧《东塾读书记》不将《大学》《中庸》单独列出，应该说已经受到陈确思想的影响。至于说把《孝经》列于诸经之首，那并不是"陈澧的发明"，而是将"郑玄、许冲、司马光"诸人的意见作为一种集中的表达。况且，南朝梁时尚书令王俭作《七志》时，已将《孝经》列于《七

---

1 《陈确集》下册，中华书局，1979，第559页。

志》"经典志"之首。

其实，自东汉以后，在中国经学史上一直涌动一种思潮，欲将《孝经》作为儒家的最重要经典，驾五经而上之。最明确的表述是东汉郑玄的《六艺论》，其中说："孔子以六艺题目不同，指意殊别，恐道离散，后世莫知根源，故作《孝经》以总会之。"[1] 这一思想在后世一直有不同的表达方式，如明儒曹端说："'孝'云者，至德要道之总名也；'经'云者，出世立教之大典也。然则《孝经》者，其六经之精意奥旨欤！"[2] 又如明儒黄道周说："《孝经》者，道德之渊源，治化之纲领也。六经之本皆出《孝经》。"[3] 类似的言论很多，《东塾读书记》卷一所引只是其中一部分。陈澧显然赞同并接受了这一观点。但前人将此观点通过文章或语录表达出来，而陈澧则是在一部系统讨论经学的论著中表达出来，并明确将《孝经》置于诸经之首。这种情况之所以出现于晚清，有一个原因，就是前此儒者坚信遵循五经所讲的"治道"原则足以治国平天下。而陈澧的时代，由于西方学术与治道的传入，"政治"已成为一种专业化很强的学问，所以陈澧不想妄谈"治法"，"但论学术而已"。在他看来，在当时情况下，儒家经典能对"世道人心"起到教化作用的，当首推《孝经》。这应该是陈澧《东塾读书记》首列《孝经》的主要原因。

二　学《易》:"不必驰心于虚眇"

关于《易经》，历史上有许多神秘而缪悠无凭的说法，后人读《易》，若相信这些说法，便会被误导一生。即使不相信这些说法，弄清它的学术原委，也要浪费许多宝贵的学习时光。陈澧是饱读经书的过来人，他要用自己的学习经历告诉读者哪些该学，哪些不该

1　李学勤主编《十三经注疏·孝经注疏》，北京大学出版社，1999，第6页。
2　曹端:《曹月川集》，《四库明人文集丛刊》，上海古籍出版社，1991，第28页。
3　黄道周:《钦定四库全书·孝经集传》，中国书店出版社，2018，第6页。

学，哪些可以相信，哪些应该存疑，尽量消除那些关于《易经》的毫无根据或不合逻辑的说法。所以，陈澧告诫学者当以一种理性、平实的态度读《易》，"不必驰心于虚眇"。[1]

（一）重卦之人不可知

《易传》中有"伏羲作八卦"的说法。虽然伏羲氏是比炎帝、黄帝还要早的上古传说人物，无从稽考，"伏羲作八卦"也未必是"确定的事实"，但此事载于《易传》，已成为一种"确定的说法"。凡此之类，后世学者因为信经，便不再去考证，陈澧当然也不再去考证。至于重卦（六十四卦）之人是谁，《易经》和《易传》皆未言及。后儒对此有许多不同的说法，如以王弼为代表的伏羲重卦说，以司马迁为代表的文王重卦说，以郑玄为代表的神农重卦说，以孙盛为代表的夏禹重卦说，等等。其中以第一说与第二说影响最大。

唐代孔颖达支持王弼的意见，认为伏羲既画八卦，又自重卦。主要理由是：《周易·说卦》说"昔者圣人之作《易》也，幽赞于神明而生蓍"。孔颖达认为所谓"作"是创造之意，作《易》者只能是伏羲，神农以下只能算"述"，而不能称为"作"，而用蓍之法，十八变而成卦，是指六爻的重卦而言。他又引《周易·说卦》说，"昔者圣人之作《易》也，立天之道曰阴与阳，立地之道曰柔与刚，立人之道曰仁与义，兼三才而两之，故易六画而成一卦"，以证明伏羲"作"易之时，已是六爻的重卦。

陈澧对此批评说："此以伏羲创始牵连于用蓍，又以用蓍傅合于六画，已纡曲矣。且三画非创始，六爻乃为创始乎？六爻诚用蓍矣，何以知三画不可用蓍乎？"[2]

1　陈澧著，杨志刚编校《东塾读书记（外一种）》，第69页。

2　陈澧著，杨志刚编校《东塾读书记（外一种）》，第49页。

至于司马迁的文王重卦说，根据似乎来自《系辞传》之语："《易》之兴也，其当殷之末世、周之盛德邪？当文王与纣之事邪？"但《易经》中的一些爻辞如"箕子之明夷""王用享于岐山"等显然为文王以后之事。所以陈澧批评说："孔子言《易》之兴，但揣度其世与事，而未明言文王所作也。孔子所未言，后儒当阙疑而已，何必纷竞乎？"这是说孔子当年并未明言何人重卦，那各种猜测皆无意义，凡此之类，秉持"阙疑"态度，不为无知。

但陈澧对于此类问题，并非全无作为。他肯定《三国志》曹魏高贵乡公所说"后圣重之为六十四"，认为"此语最审慎"，[1] 因为"后圣"是个笼统说法，可以包括伏羲之后的任何人。同时他认为重卦形式的出现需要一个条件，即文字发明之后。他说："其重为六十四卦者何人，则不可知矣。然必在仓颉造文字之后也。八卦之为数少，可以口授卦名；至六十四卦，若无文字以标题卦名，上古愚民，安能识别乎？"这是说六十四卦数目较多，卦画变化复杂，若无文字加以标识区别，筮史将无法演卦与交流。陈澧此言极有价值。

（二）反对"卦气""纳甲""爻辰""先天"诸说

"卦气"说传自汉儒孟喜，在汉唐时期一直有较大影响。所谓"卦气值日"，是用《周易》六十四卦来解释历法，即由坎、离、震、兑为四正卦，分主冬、夏、春、秋四时，其余六十卦分属十二月，因一年时间为 365 日 1/4，所以每卦值 6 日 7/80，省称"六日七分"。汉儒认为《周易》中包含宇宙的根本信息与奥秘，当然也包含天文历法的奥秘，因而将六十四卦与一年 365 日 1/4 相比附匹配。实际上这种比附匹配，非但无益，反而有害。所以陈澧批评说："以《易》说历，与以历说《易》，同一牵附。""六日七分，必非章

1　陈澧著，杨志刚编校《东塾读书记（外一种）》，第 62 页。

句中之说。"[1]

汉儒京房还发明一种"纳甲法"。所谓"纳甲"，即以"甲"代表十干——甲、乙、丙、丁、戊、己、庚、辛、壬、癸。纳甲法就是八卦与十干相配合，以反映月相变化。反过来，学者又可用纳甲法解释《易经》经文。陈澧批评说："纳甲、卦气，皆《易》之外道。赵宋儒者，辟卦气而用先天；近人知先天之非矣，而复理纳甲、卦气之说，不亦唯之与阿哉？"[2]这是说，无论汉儒的京房、孟喜的纳甲、卦气之说，还是宋儒邵雍的"先天"说，皆非易学正道，因而为陈澧所反对。

汉儒中郑玄还提出"爻辰"说，与京房"纳甲"说不同，但性质相同。"爻辰"说是以《周易》乾坤六爻与十二时辰、二十八宿相配合，解释星象，反过来又用"爻辰"说解释《周易》。陈澧引清儒张惠言之语，并加以评论说："张皋文云：'《乾》《坤》六爻，上系二十八宿，依气而应，谓之爻辰。'……澧谓：郑氏'爻辰'之说，实不足信也。……李鼎祚《集解》序云：'补康成之逸象'。然其书不采爻辰之说，是其有识也。"[3]

陈澧虽然反对"卦气"说，但又肯定"卦气"说中的"十二消息卦"说。他指出："卦气之说……上下经、十翼皆无之，谓之外道可矣。十二消息卦之说，则必出于孔门。""十二消息卦"，又称"十二辟卦"，即通过十二卦中的阳和阴的逐渐生息与消减来反映一年十二月中的气候变化，具体而言，复卦一阳初起，表农历十一月（冬至），此后阳爻逐次增长，临卦二阳爻表十二月、泰卦三阳爻表正月、大壮卦四阳爻表二月、夬卦五阳爻表三月，至乾卦全为阳爻表四月，此六卦为"息卦"。而姤卦一阴初起表五月，此后阴爻逐次增长，遁卦二阴爻表六月、否卦三阴爻表七月、观卦四阴

1　陈澧著，杨志刚编校《东塾读书记（外一种）》，第62页。

2　陈澧著，杨志刚编校《东塾读书记（外一种）》，第50页。

3　陈澧著，杨志刚编校《东塾读书记（外一种）》，第52页。

爻表八月、剥卦五阴爻表九月，至坤卦全为阴爻表十月，此六卦为"消卦"。陈澧相信"十二月卦说"来自孔门，以为《系辞传》说的"往者屈，来者信""原始反终""通乎昼夜之道"，皆必指此而言之。[1]

（三）易学正宗

陈澧认为，汉儒中易学正宗第一人为费直，费直的特点是以《易传》解《易经》。这是"费氏家法"，解《易》当遵循"费氏家法"。他说：

> 《汉书·儒林传》云：费直"以《彖》《象》《系辞》十篇解说上、下经"。此千古治《易》之准的也。孔子作十篇，为经注之祖；费氏以十篇解说上、下经，乃义疏之祖。……此后诸儒之说，凡据十篇以解经者，皆得费氏家法者也。其自为说者，皆非费氏家法也。说《易》者当以此为断。[2]

陈澧于费直之后，推王弼为易学之正宗，理由是王弼注《易》多引《易传》，如说"《文言》备矣""《系辞》具焉""《说卦》备矣"等。然而关于王弼尽扫汉儒象数之学，学界争议很大。晋代范宁甚至认为，魏晋学者以"浮虚相扇"，始于王弼、何晏，二人之罪，深于桀纣。陈澧大段引录朱彝尊和钱大昕的话，并表达自己的意见说：

> 朱竹垞《王弼论》云："毁誉者，天下之公，未可以一人之是非，偏听而附和之也。孔颖达有言：'传易者更相祖述，惟魏

1　陈澧著，杨志刚编校《东塾读书记（外一种）》，第66页。

2　陈澧著，杨志刚编校《东塾读书记（外一种）》，第49~50页。

世王辅嗣之注，独冠古今。'汉儒言《易》，或流入阴阳灾异之说，弼始畅以义理。惟因范宁一言，诋其罪深桀纣，学者过信之。读其书者，先横'高谈理数，祖尚清虚'八字于胸中，谓其以《老》《庄》解《易》。吾见横渠张子之《易说》矣，开卷诠《乾》四德，即引'迎之不见其首，随之不见其后'二语。中间如'谷神''刍狗''三十辐共一毂''高以下为基'，皆老子之言。在宋之大儒，何尝不以《老》《庄》言《易》？然则弼之罪，亦何至深于桀纣耶？"钱辛楣亦云："若王辅嗣之《易》、何平叔之《论语》，当时重之，更数千载不废。方之汉儒，即或有间，魏晋说经之家，未能或之先也。"

澧案：此皆公允之论。宋人赵师秀诗云："辅嗣《易》行无汉学。"百年以来，惠氏之学行，又无辅嗣之学矣。[1]

在易学史上，象数派与义理派两家争胜，自王弼之后一千五百余年，义理派成为易学发展的主流。清中叶惠栋《易汉学》出，学界又尊郑玄、虞翻象数之学，而弃王弼义理之学。陈澧对此深有不满，故称"百年以来，惠氏之学行，又无辅嗣之学矣"。

三 《尚书》："别有《舜典》已亡"之说可疑

清代自阎若璩、惠栋之后，关于《尚书》的争议已经尘埃落定。但在三十年后，在赵翼与王鸣盛之间又有一次较小的争论，可以视之为尚书学争论的余波。他们所讨论的问题，一是究竟应该如何拆分《尧典》，从而分出《尧典》《舜典》两篇；二是在伏生所传二十九篇今文《尚书》之外，是否别有《舜典》一篇已经亡佚。陈澧认为，《尚书》其他问题，学者已经详加讨论，只有这个问题尚在

---

[1] 陈澧著，杨志刚编校《东塾读书记（外一种）》，第56页。

未定之数，因而提出讨论，并提供了自己的意见。

不过，要讨论这个问题，还要从源头说起，我们今天所能上溯的是孔颖达《尚书正义》所提供的较为原始的资料。孔颖达《尚书正义·原目》《虞书疏》谓：

> 孔（安国）则于伏生所传二十九篇内，无古文《泰誓》，除《序》，尚二十八篇，分出《舜典》、《益稷》、《盘庚》二篇、《康王之诰》，为三十三，增二十五篇为五十八篇。郑玄则于伏生二十九篇之内，分出《盘庚》二篇、《康王之诰》，又《泰誓》三篇为三十四篇，更增益伪书二十四篇为五十八，所增益二十四篇者，则郑注《书序》：《舜典》一，《汩作》二……《冏命》二十四，以此二十四为十六卷，以九共九篇共卷，除八篇故为十六。[1]

这是说，《尚书》托名孔安国的传本，新增二十五篇伪《古文尚书》中并无《舜典》一篇，因而从伏生所传之《尧典》"慎徽五典"以下分出为《舜典》。但既然是后世人为拆分，就有一个拆分是否恰当的问题。

而郑玄注本《尚书》，新增二十四篇（《九共》九篇若合为一篇则为十六篇）中有《舜典》一篇，那当然就不必再拆分《尧典》了。问题是伏生所传之《尧典》中已经比较详细地讲了帝舜的生平，那新增之《舜典》又会讲什么呢？

关于这个问题，前此学者并没有太多探讨，但到了清中叶，它成为学者所重点讨论的问题。赵翼首先挑起了这场争论，其所著《陔余丛考》卷一有"《舜典》当从'月正元日'分起"一节，认为《尧典》不当从"慎徽五典"以下拆分，而应再往后，从"月正元日"开始拆分，其理由是：

1　李学勤主编《十三经注疏·尚书正义》，北京大学出版社，1999，第21页。

　　"月正元日，舜格于文祖"，即位之后，咨岳牧，命九官，皆是尧崩后之事。且前此不称帝，此后皆称"帝曰"，明是《舜典》原文，岂得俱指为《尧典》？其末"陟方乃死"一节，更是总结舜之始终，与尧何涉，而可谓之《尧典》乎？又《史记·舜本纪》：即位后，咨岳牧，命九官，即今《舜典》"月正元日"以后之事。迁既从安国问故而作《舜本纪》，可知古文《舜典》本即此"月正元日"以后数节，并非别有《舜典》一篇。而必泥于今文《尚书》之旧，以今《舜典》作《尧典》，亦窒碍而不可通也。[1]

　　赵翼不认同伏生今文《尚书》所传之《尧典》，认为伏生是误将《舜典》合于《尧典》之中了。在他看来，"月正元日"以后之文，正是《舜典》。因此他也不相信郑玄注本"别有《舜典》一篇"的说法。而同时代的王鸣盛并不赞同赵翼的观点。

　　陈澧在尚书学上是支持赵翼意见的。他认为，前此儒者关于《古文尚书》的考辨已经很详尽了，但关于《舜典》问题还有必要再讨论。他说："《尚书》今文、古文，近儒考之详矣。惟谓今之《舜典》亦为《尧典》，而别有《舜典》已亡，则尚可疑也。"[2]他认为赵翼"所驳最精审"，[3]因而站在赵翼的立场反驳王鸣盛的意见。

　　王鸣盛认为，尧殂落、舜即位后，直至"陟方"，皆在《尧典》，"古史义例不可知"。[4]在王鸣盛看来，尧死后之事写在《尧典》之中，在今人看来有些不合情理，但这是古史义例，不应以今人眼光来看"古史义例"。陈澧驳斥说，王鸣盛抬出的不可知的"古史

1　赵翼著，栾保群、吕宗力点校《陔余丛考》，河北人民出版社，1990，第12页。
2　陈澧著，杨志刚编校《东塾读书记（外一种）》，第66页。
3　陈澧著，杨志刚编校《东塾读书记（外一种）》，第84页。
4　王鸣盛：《尚书后案》，北京大学出版社，2012，第629页。

义例"不能作为反驳赵翼的理由。他说:"此但云'不可知',不能解赵氏所驳也。"[1]

王鸣盛又举出汉唐儒者若干称引《尧典》的例子,所引用的材料皆在今《舜典》中,可证《舜典》原属《尧典》。他说:

> 《王莽传》两引"十有二州",皆云《尧典》。光武时,张纯奏宜遵唐尧之典"二月东巡"。章帝时,陈宠言唐尧著典"眚灾肆赦"。晋武帝初,幽州秀才张髦上疏,引"肆类于上帝"至"格于艺祖",亦曰《尧典》。刘熙《释名》云:"《三坟》《五典》《八索》《九丘》,今皆亡,惟《尧典》存。"刘熙时,真《舜典》已出。熙非《尚书》儒,或未之见,故云尔。后汉周磐学古文《尚书》,临终写《尧典》一篇置棺前。若如今本,磐安得专写《尧典》乎?[2]

又说:

> 《仪礼》注引"扑作教刑",《公羊》注引"岁二月东巡",贾公彦、徐彦皆云《尧典》文,盖马、郑本犹存,有识者犹知援据也。[3]

陈澧回应说,王鸣盛所举这些例子,皆在"月正元日"之前,正好证明赵翼"月正元日"之前为《尧典》的观点,并不能证明《舜典》原在《尧典》之中。他说:

> 澧案:"十有二州""二月东巡""眚灾肆赦""肆类于上

1　陈澧著,杨志刚编校《东塾读书记(外一种)》,第66页。
2　王鸣盛:《尚书后案》,第629页。
3　陈澧著,杨志刚编校《东塾读书记(外一种)》,第84~85页。

帝""扑作教刑",皆在"月正元日"之前,而未有引"月正元日"以后之文为《尧典》者,亦不能解赵氏所驳也。周馨专写《尧典》,刘熙言惟《尧典》存,此可证今《舜典》汉时在《尧典》之内,而不足以证别有《舜典》也,仍不能解赵氏所驳也。[1]

陈澧引前辈陈祖范《经咫》之文:"本无别出《舜典》……《大学》引《书》,通谓之《帝典》而已。虞夏之书,不若后世史家立有定体,二帝必厘为两纪也。"又引刘逢禄《书序述闻》说:"《大学》引作《帝典》者,盖《尧典》《舜典》,异序同篇,犹之《顾命》《康王之诰》,伏生本合为一篇,则亦一篇而两序也。"然后加按语说:"澧案:陈说通矣。刘说以《康王之诰》为比,尤通。若云《舜典》亡失,岂可云《康王之诰》亦亡失乎?"[2]

陈澧不相信郑玄一派的说法,即伏生二十九篇今文《尚书》之外,别有《舜典》已亡。陈澧认为《舜典》就是《尧典》"月正元日"以后部分,两篇最初只是笼统名曰"帝典",并无《尧典》《舜典》之分,或本是一篇而有两序。

我们以为,重新讨论《尧典》如何拆分成《尧典》《舜典》两篇未尝不可,但否认别有《舜典》,就会连带否定孔颖达的《虞书疏》中所引的郑玄《书序》,因为恰恰是在郑玄《书序》中言及孔壁《古文尚书》十六篇中包含《舜典》,而否定别有《舜典》,也可能会连带否定《史记》关于孔壁《古文尚书》十六篇的记述。这就要重新讨论已经成为"定谳"的问题。况且陈祖范与刘逢禄皆带有推论的性质,实际情况未必就是如此。不过,陈澧能就赵翼与王鸣盛的争议,从尚书学史的角度加以关注和评判,也还是可取的。

---

1 陈澧著,杨志刚编校《东塾读书记(外一种)》,第66~67页。
2 陈澧著,杨志刚编校《东塾读书记(外一种)》,第67页。

四 《毛诗》:"《小序》显有续作之迹"

在经学史上,有关《诗经》的讨论,两千年来多集中在《毛诗序》的作者问题,其中最有名的是郑玄的见解。郑玄撰有《诗谱》,其中有图,排比各诗传授谱系。其图后亡佚。南朝沈重精研《诗经》及郑玄笺注,曾说:"案郑《诗谱》意,《大序》是子夏作,《小序》是子夏、毛公合作。卜商意有不尽,毛更足成之。"[1]子夏是孔子弟子卜商,毛公(指大毛公毛亨)是卜商数传之弟子。唐代学者成伯玙《毛诗指说》进一步认为《小序》由子夏裁成初句,以下出于毛亨。他说:"其余众篇之《小序》,子夏唯裁初句耳,至'也'字而止。'《葛覃》,后妃之本也''《鸿雁》,美宣王也',如此之类是也。其下皆是大毛自以《诗》中之意而系其辞也。"[2]

后世关于《毛诗》《小序》作者有许多不同的意见,但大多只限于提出一种观点,并无详细论证。到了清代陈澧这里,便对之加以详细讨论。他赞同沈重"《小序》是子夏、毛公合作。卜商意有不尽,毛更足成之"的说法,但不赞同成伯玙所说《小序》"子夏唯裁初句耳,至'也'字而止"的简单划一的方法。他更倾向于对具体问题做具体分析。他说:

> 今读《小序》,显有续作之迹。如《载驰》序云:"许穆夫人作也。闵其宗国颠覆,自伤不能救也。"此已说其事矣。又云:"卫懿公为狄人所灭,国人分散,露于漕邑。许穆夫人闵卫之亡,伤许之小,力不能救,思归唁其兄,又义不得,故赋是诗也。"此以上文三句简略,故复说其事,显然是续也。

1　陈澧著,杨志刚编校《东塾读书记(外一种)》,第99页。

2　成伯玙:《毛诗指说》,《影印文渊阁四库全书》第70册,台北,台湾商务印书馆,1982,第174页。

《有女同车》序云："刺忽也，郑人刺忽之不昏于齐。"此已
说其事矣。又云："太子忽尝有功于齐，齐侯请妻之。齐女贤而不
取，卒以无大国之助，至于见逐，故国人刺之。"此以上文二句简
略，故亦复说其事，显然是续也。郑君虽无说，读之自明耳。[1]

陈澧认为，第一例中前三句为一人作，后面一段话是后人续作；
第二例中前两句为一人作，后面一段话是后人续作。陈澧又举例证
明郑玄本人并未认为对于《小序》"子夏唯裁初句"，他说：

郑君非以《小序》皆子夏、毛公合作也。《常棣》序云：
"燕兄弟也，闵管、蔡之失道，故作《常棣》焉。"孔《疏》引
《郑志·答张逸》云："此《序》子夏所为，亲受圣人。"是郑以
此《序》三句，皆子夏所为，非独"燕兄弟也"一句矣。[2]

类似的例子还有许多，有些诗的《小序》应该皆是子夏所写。
若认为《小序》"子夏唯裁初句"，那就有些诗而言，便会不明所
以。陈澧举例说：

或谓《序》之首句，传自毛公以前；次句以下，毛公后人
续作，尤不然也。如《终风》序云："卫庄姜伤己也，遭州吁
之暴，见侮慢而不能正也。"若毛公时，《序》但有首句，而无
"遭州吁之暴"云云，则次章"莫往莫来"，《传》云"人无子道
以来事己，己亦不得以母道往如之"，所谓子者谁乎？以母道
加谁乎？[3]

1　陈澧著，杨志刚编校《东塾读书记（外一种）》，第78页。

2　陈澧著，杨志刚编校《东塾读书记（外一种）》，第99页。

3　陈澧著，杨志刚编校《东塾读书记（外一种）》，第100页。

卫庄姜是卫庄公的夫人，《诗经・卫风・硕人》所描写的美女"手如柔荑，肤如凝脂……巧笑倩兮，美目盼兮"就是庄姜。她秀外慧中，《毛诗序》认为，《诗经》中有四首诗出自庄姜之手——《绿衣》《燕燕》《日月》《终风》。庄姜无子，视太子（公子完）如己出。卫庄公去世，公子完即位，是为卫桓公。其后卫桓公为异母弟州吁弑杀，州吁自立为君。《毛传》谓"人无子道以来事己，己亦不得以母道往如之"，指的即是庄姜与州吁的关系。陈澧意谓，若《终风》小序只写一句，"卫庄姜伤己也"，那《毛传》所说的"人无子道以来事己，己亦不得以母道往加之"，就不知所云了。所以，《诗经》小序并不像唐代成伯玙所说的"子夏唯裁初句"那么简单，有些诗的《小序》整段话都应该是子夏一人所作。这样的例子应该有许多。陈澧认为："自《节南山》以下，序言'刺幽王'者三十篇（应为三十二篇——引者按）。《雨无正》《巧言》《巷伯》《谷风》《蓼莪》《四月》《北山》《楚茨》《信南山》《甫田》《大田》《瞻彼洛矣》《裳裳者华》《桑扈》《鸳鸯》《頍弁》《车牵》《鱼藻》《采菽》《角弓》《菀桑》《瓠叶》《渐渐之石》《何草不黄》二十四篇之序，次句以下，皆言所以刺之意。"[1]这二十四篇首句之下"皆言所以刺之意"，构成完整意思，应该皆是子夏所作（《节南山》以下尚有《菀柳》《黍苗》二篇《小序》亦言"刺幽王"，应补）。而另有"《节南山》《正月》《十月之交》《小旻》《小宛》《小弁》六篇序，亦只'刺幽王'一句，无足成之语，以诗中明有刺语，不必足成耳"。[2]在陈澧看来，这些《小序》都应是子夏所作，毛公并未参与"足成之"。

但有一种情况比较特殊，就是《鼓钟》篇，其《小序》也只有一句"《鼓钟》，刺幽王也"。[3]其实此篇毛公是有续序以"足成之"

---

1 陈澧著，杨志刚编校《东塾读书记（外一种）》，第101页。

2 陈澧著，杨志刚编校《东塾读书记（外一种）》，第101页。

3 李学勤主编《十三经注疏・毛诗正义》，北京大学出版社，1999，第805页。

的。在此诗首句下《毛传》云："幽王用乐，不与德比。会诸侯于淮上，鼓其淫乐以示诸侯，贤者为之忧伤。"[1]陈澧认为，此句实为毛公续序，后人误入《传》中："澧案：此是毛公续序，误入于《传》文之首也。"[2]

还有一种情况，即在郑玄看来，有些诗的《小序》，不是子夏并作的，而是毛公一人所作。这同样要以郑玄本人的话来证明。如《十月之交》《雨无正》《小旻》《小宛》四篇序，原《小序》皆称"刺幽王也"。而郑玄《诗谱》则认为是"刺厉王。……汉兴之初，师移其第耳"。[3]孔颖达作《疏》解释说："《十月之交》，笺云《诂训传》时移其篇第，因改之耳。则所云'师'者，即毛公也。"[4]这是说，郑玄称之为"师"的毛公在为《十月之交》等四篇诗作《小序》时，移动了《诗经》原有的排序，将之视为周幽王时期的诗，其实，此四篇诗应排在前面，是周厉王时期的诗。由此一来，《十月之交》等四篇诗《小序》便与子夏完全无关，而是毛公所作。关于这些材料，前人多疏忽不提。陈澧读书甚精细，发现了这些证据，因而评论说："据此，则郑君以《序》皆毛公所定，虽首句亦有非子夏之旧者也。"[5]

更有一种情况，《毛诗》中有的续序，并非毛公所作，而是另有其人。陈澧举例说：

> 《丝衣》序云："绎，宾尸也。高子曰：灵星之尸也。"孔《疏》引《郑志·答张逸》云："高子之言，非毛公，后人著之。"此郑以"高子曰灵星之尸也"八字，非毛公所著，乃后

1　李学勤主编《十三经注疏·毛诗正义》，第805页。

2　李学勤主编《十三经注疏·毛诗正义》，第101页。

3　李学勤主编《十三经注疏·毛诗正义》，第552页。

4　李学勤主编《十三经注疏·毛诗正义》，第553页。

5　陈澧著，杨志刚编校《东塾读书记（外一种）》，第100页。

人著之，故《笺》绝不言"灵星之尸"，而亦不驳之也。孔
《疏》误读"非毛公后人著之"七字为一句，遂谓子夏之后，
毛公之前，有人著之矣。[1]

陈澧讨论《诗经》《小序》作者问题，分别不同情况，指出
何者为子夏所作，何者为毛公续作，何者为他人续作，远较他人
精细。他相信沈重"《小序》是子夏、毛公合作"的说法，所有
立论皆基于此。至于宋儒怀疑《小序》的种种论说，已不在他的
视野中了。

五　治《春秋》应"以《左传》为主"

关于春秋学，陈澧比较关注《春秋》经的起始、《左氏》是否传
《春秋》，以及《春秋》三传当以何者为主的问题。

（一）《春秋》何以始于鲁隐公元年

《春秋》本是鲁国史，鲁国史理应从周公的儿子伯禽写起，即
使从中间写起，那周平王东迁也算是历史大事件，至少也要从周平
王东迁时写起。而《春秋》实际始于鲁隐公元年。从这一年写起有
什么意义？《史记·周本纪》：（周）平王"四十九年，鲁隐公即位"。
（周）桓王"八年，鲁杀隐公"。[2]这个简短的记述，隐藏着在鲁隐公
与鲁桓公之间发生的令史家扼腕叹息的大事件，而此后诸侯国之间
的大事件也接连不断。

对于《春秋》始于鲁隐公的原因，陈澧给出的答案是：春秋
之前，周天子尚能讨伐乱贼；进入春秋时期，周天子已无力讨伐乱

1　陈澧著，杨志刚编校《东塾读书记（外一种）》，第100页。
2　司马迁：《史记》，中华书局，1959，第150页。

贼。他举例说：

> 春秋之前……（鲁）懿公之兄子伯御，弑懿公而自立。《春秋》不始于彼者，周宣王伐鲁，杀伯御而立孝公。是时天子尚能治乱贼也。[1]

陈澧所述的历史背景是：鲁武公九年（前817）春，武公率长子公子括和次子公子戏朝见周宣王。周宣王喜爱公子戏，遂违反祖训，废长立少，立公子戏为鲁国太子。鲁武公从周王朝回到鲁国后即去世了。公子戏即位，是为鲁懿公。鲁懿公九年（前807），时公子括已去世，公子括儿子伯御不甘心失去原本属于他的君位，遂弑杀鲁懿公而自立，史称"鲁废公"。前796年，周宣王兴兵伐鲁，杀死伯御，立鲁武公三子公子称为君，是为鲁孝公。陈澧接着说：

> 至隐公为桓公所弑，天子不能治之。此则孔子所以惧而作《春秋》也。[2]

"孔子所以惧"，是惧怕从此人间失去了公正和道义，他以"作《春秋》"的方式来为人间伸张正义。鲁隐公是一位仁君，由于西周时期的君位继承制度是"立嫡以长不以贤，立子以贵不以长"，鲁惠公去世时，太子（后来的鲁桓公）尚幼，庶长子摄政，是为鲁隐公，鲁隐公是准备将来还政给太子的。但太子听信佞臣谗言，弑杀了鲁隐公。《穀梁传·桓公元年》评论此事说："桓弟弑兄，臣弑君，天子不能定，诸侯不能救，百姓不能去，以为无王之道，遂可以至焉尔。"正是由于春秋时期屡屡发生类似的"弟弑兄，臣弑君"

1　陈澧著，杨志刚编校《东塾读书记（外一种）》，第145页。
2　陈澧著，杨志刚编校《东塾读书记（外一种）》，第145页。

人伦之变的事件，所以孔子要作一部《春秋》以彰显人间的伦常
大法。

关于《春秋》何以始于鲁隐公元年，两千年中春秋学家有过无
数次讨论，像陈澧用了两个事例寥寥数语解释清楚的实不多见。

（二）《左氏》"不传《春秋》"？

曾有人认为《左传》犹如《晏子春秋》《吕氏春秋》一类
书，并不是专门为《春秋》经所作的传。这类说法一直使人信疑
参半，挥之不去，历史上未曾得到有力驳斥。陈澧却做到了这
一点。他说：

> 汉博士谓《左氏》"不传《春秋》"。晋王接谓《左氏》"自
> 是一家书，不主为经发"。近时刘申受云："《左氏春秋》，犹
> 《晏子春秋》《吕氏春秋》也。冒曰《春秋左氏传》，则东汉以
> 后之以讹传讹矣。"澧案：《汉书·翟方进传》云："方进虽好
> 《穀梁》，然好《左氏传》。"此西汉人明谓之《左氏传》矣，或
> 出自班孟坚之笔，冒曰《左氏传》欤？然翟方进受《穀梁》而
> 好《左氏》，《穀梁》是传，则《左氏》非传而何哉？……《晏
> 子春秋》《吕氏春秋》，则虽以讹传讹，能谓之《春秋晏氏传》
> 《春秋吕氏传》乎？[1]

陈澧从班固《汉书·翟方进传》中找到了"《左氏传》"这个概
念。翟方进是西汉人，班固是东汉人。当东汉人述西汉事时，所使
用的"《左氏传》"概念是西汉时已有的，还是班固发明的？陈澧分
析认为，"翟方进受《穀梁》而好《左氏》"，《穀梁》和《左氏》应
该是对等的，不应《穀梁》是传，而《左氏》是《晏子春秋》《吕

---

1 陈澧著，杨志刚编校《东塾读书记（外一种）》，第 148 页。

氏春秋》一类作品。

　　陈澧还反对汉博士一种成见，以为只有句句解释经文，如《春秋公羊传》《春秋穀梁传》那种形式才叫"传"。《左传》以叙事为主，并不句句解释经文，应是一种独立著述的编年史书。况且一直有人说，是刘歆将之拆散附于各条经文之下的。陈澧则认为，"传"的文体可以多样，句句解释经文可以是"传"，"依经而述其事"也可以是"传"。他说：

　　　　《左传》记事者多，解经者少。汉博士以为解经乃可谓之传，故云"《左氏》不传《春秋》"。然伏生《尚书大传》不尽解经也;《左传》依经而述其事，何不可谓之传? ……其作此书，则依《春秋》编年，以鲁为主，以隐公为始，明是《春秋》之传。[1]

　　在陈澧看来，《春秋》作为一部编年史，"以鲁为主，以隐公为始"，《左传》也是作为一部编年史，"以鲁为主，以隐公为始"。显然，《左传》是为解释《春秋》经而作。如果说它是一种独立著述的编年史书，为什么这么巧，也是"以鲁为主，以隐公为始"?

　　综上所述，陈澧关于《左传》是《春秋》之传的论述，有力回击了历史上"《左氏》不传《春秋》"的观点。

（三）《左传》以记事为主，记事较《公》《穀》准确

　　陈澧从《经典释文·序录》中引录桓谭《新论》之语说：

　　　　桓谭《新论》云："《左氏传》遭战国寝藏。后百余年，鲁人穀梁赤作《春秋》，残略多有遗文，又有齐人公羊高缘经文

作传，弥失本事。"澧案："郑伯克段于鄢"，《左传》云"太叔
出奔共"，后十年，郑庄公犹有"寡人有弟糊口四方"之语。
此必不能虚造者，而《公》《榖》则皆以为"杀之"。《左传》
寝藏，《公》《榖》未得见之故尔。[1]

如前所述，儒家讲求君臣、父子、兄弟的伦常关系，并将之
视为人间最重之事。比如《春秋》开篇便记下"郑伯克段于鄢"
的历史事件，讲的是郑庄公与共叔段兄弟之间的事情。但孔子只
记此一事件之标题，并未详述事情原委。《公羊传》《榖梁传》以
及后世春秋学家普遍认为，郑庄公当时杀了发动叛乱、企图篡权
的共叔段。但大家犯了一个共同的错误，没有细读《左传》，其
实，郑庄公当时只是战胜了叛军，并未杀掉叔段，并且似乎有意
给叔段留下后路。叔段兵败，由鄢地出奔共国，并长期居住在那
里，所以人们称他为"共叔段"。《左传·隐公十一年》记载郑庄
公入许国，对许国国君说："寡人有弟，不能和协，而使糊其口于
四方。"郑庄公算是尽到了兄弟情谊。《公羊传》《榖梁传》缺乏事
实根据，谴责郑庄公毫无兄弟情谊是不对的。这就说明价值判断
必须建立在事实判断的基础上。也正因为如此，学习《春秋》，必
先精研《左传》，弄清历史事实，再参考《公羊传》《榖梁传》做
出恰当的价值判断。

陈澧进而提出："诸儒言《左氏春秋》，而皆取《公羊》《榖梁》，
诚以三传各有得失，不可偏执一家，尽以为是，而其余尽非耳。……
师法固当重，然当以一传为主，而不可尽以为是。……郑君注《左
传》未成，以与服子慎。而不闻注《公羊》《榖梁》。是郑君之治
《春秋》，以《左传》为主也。陆氏《纂例》谓'左氏功最高'，盖

---

1 陈澧著，杨志刚编校《东塾读书记（外一种）》，第 155 页。

其意亦以《左传》为主。"[1] 郑玄是经学名家，陆淳是春秋学名家，他们治春秋学皆以《左传》为主，言下之意，学者治春秋学，皆应以《左传》为主。以《左传》为主，不意味偏主一家，也要参考《公羊传》《穀梁传》两家的说法。

［本文原载《湖南大学学报》（社会科学版）2020 年第 1 期］

---

[1]　陈澧著，杨志刚编校《东塾读书记（外一种）》，第 167 页。

戊戌时期康有为"大同三世说"思想的再确认

——兼论康有为一派在百日维新前后的政治策略

茅海建[*]

一 问题的提出

我先前的研究试图证明,康有为在戊戌变法期间已经有了"大同三世说"的思想——这隐约地出现在光绪二十四年(1898)春刊行的《孔子改制考》《春秋董氏学》之中;更为明显且明确的是,梁启超在光绪二十三年即在《知新报》《时务报》上宣传了这一学说,并在湖南时务学堂的教学中讲授了这一学说。其中最为重要的文献,是发表在《时务报》上的政论文章《论君政民政相嬗之理》和记录其在时务学堂对学生进行指导的《湖南时务学堂初集》。

---

[*] 茅海建,澳门大学历史系讲座教授,华东师范大学历史系特聘教授,研究方向为中国近现代政治与外交。

我先前的研究试图说明，康有为的"大同三世说"是对人类社会发展进程的一种普世性解说。按照康的说法，这一学说是由孔子创制，口传其弟子，藏于儒家诸经典和相关史传，主要是《春秋》及《公羊传》、《礼记》（尤其是《礼运篇》、《中庸篇》和《大学篇》)、《易》、《孟子》、《论语》等文献，以留待"后圣"之发现。泰西各国对此学说亦有所体会，有所施行。若用最简约的文字来说明"大同三世说"的基本概念，可谓：据乱世，多君世，尚无文明；升平世，一君世，小康之道，行礼运，削臣权；太平世，民主世，大同之道，行仁运，削君权。"大同"虽是孔子创造出来的理想境界，但其时不可行，只能以"小康"来治世，只能待之于后人来实现。

康有为的"大同三世说"与其晚年的著作《大同书》，有着比较明确的差异，是其思想发展中的一个阶段。这一学说的主要著作虽完成于戊戌变法之后，刊行更晚，但其基本思想已于光绪二十三年由梁启超道出。也就是说，康有为在戊戌时期所持有的政治思想与学术思想不仅仅是"新学伪经说""孔子改制说"，而更为重要的是"大同三世说"。[1]

既然"大同三世说"已在康有为的《孔子改制考》《春秋董氏学》中提出，已在梁启超的《论君政民政相嬗之理》《湖南时务学堂初集》中得以阐发，那么，若要进一步地加以验证，最为合理且显现出唯一性的路径，就是去看看康有为其他弟子对此的言说。我为此而重新阅读《知新报》和《时务报》。[2]

《知新报》创办于光绪二十三年正月（1897 年 2 月），由澳门赌商何连旺与康有为、梁启超等人在澳门共同筹办，销往内地。其

---

1 以上论点，参见茅海建《戊戌时期康有为、梁启超的思想》上编第三节之"大同三世说"和下编第一章"论戊戌时期梁启超的民主思想"、第二章"康有为与进化论"，三联书店，2021。
2 本文主体部分大体写毕，又读到吴义雄《古老的理想与维新的意义——试论 19 世纪后期的大同思想》(《孙中山与近代中国的改革》，中山大学出版社，1999)，是最早对《知新报》《时务报》这批材料进行释读的论文，可参见该文第三部分。

撰述（执笔者）都是康有为弟子，负责每期的政论文章。《时务报》创办于光绪二十二年七月（1896 年 8 月），由汪康年、梁启超、黄遵宪等人在上海共同筹办，亦可见张之洞在武昌远程遥控之手。除了主要发表梁启超的政论文章，康门其他弟子亦有政论文章发表。在这些梁启超以外的政论文章中，我又看到了"大同三世说"的影子，且大多发表在《孔子改制考》《董氏春秋学》刊行之前。由此，我可以再确认，康有为在戊戌时期已有"大同三世说"的思想。

从思想史的角度来看，"大同三世说"是一种革命思想。这对黄彰健提出的"康有为保中国不保大清"的论点是一个补证，且其他研究先进亦有与黄彰健观点相近的研究成果。由此，我再加以申说，以能说明康有为、梁启超一派在百日维新前后的政治策略。

二　康有为弟子的言说

1920 年，梁启超著《清代学术概论》，言及康有为戊戌时期的思想，称言：

　　……有为以《春秋》"三世"之义说《礼运》，谓"升平世"为"小康"，"太平世"为"大同"。《礼运》之言曰："大道之行也，天下为公……是谓大同"。有为谓此为孔子之理想的社会制度，谓《春秋》所谓"太平世"者即此……虽然，有为著此书时，固一无依傍，一无剿袭，在三十年前，而其理想与今世所谓世界主义、社会主义者多合符契，而陈义之高且过之……有为虽著此书，然秘不以示人，亦从不以此义教学者，谓今方为"据乱"之世，只能言小康，不能言大同，言则陷天下于洪水猛兽。其弟子最初得读此书者，惟陈千秋、梁启超，读则大乐，锐意欲宣传其一部分。有为弗善也，而亦不能禁其所为，后此万木草堂学徒多言大同矣。而有为始终谓当以小康义救今世，对于政治问题、对于社会道德问题，皆以维持旧状为职志……启超屡请印布其《大同书》，久不许，卒乃印诸《不忍杂志》中，仅三之一，杂志停版，竟不继印。

……有为不轻以所学授人，草堂常课，除《公羊传》外，且点读《资治通鉴》、《宋元学案》、《朱子语类》等，又时时习古礼。千秋、启超弗嗜也，则相与治周秦诸子及佛典，亦涉猎清儒经济书及译本西籍，皆就有为决疑滞。居一年，乃闻所谓"大同义"者，喜欲狂，锐意谋宣传。有为谓非其时，然不能禁也……[1]

此为事隔二十多年后的回忆。根据梁启超的这一说法，他在光绪十七年（1891）已闻"大同义"，并与陈千秋共同阅读过康有为关于大同思想的著述。值得注意的是，"后此万木草堂学徒多言大同矣"一句，说明除了梁、陈之外，万木草堂的许多学生也得知"大同"学说。

先来看《知新报》，从光绪二十三年正月二十一日（1897 年 2 月 22 日）第 1 册到光绪二十四年八月十一日（1898 年 9 月 26 日）第 66 册，即得知北京政变之前，康有为的学生徐勤、韩文举、刘桢麟、何树龄、孔昭焱、王觉任、黎祖健、欧榘甲、陈继俨一共发表了 58 篇政论文章。[2] 再来看《时务报》，从光绪二十二年七月初一日

1　朱维铮校注《梁启超论清学史二种》，复旦大学出版社，1985，第 66~68 页。"居一年"，指梁启超入学后一年，应是光绪十七年（1891）。按照"大同三世说"，清朝应属"升平世"；梁此处却称康"谓今方为'据乱'之世"。梁为何如此分类，我还不能说详，可能是梁之误笔，也有可能指世界范围而言。值得注意的是，梁启超在此之前的三次回忆——光绪二十七年（1901）梁发表《南海康先生传》，光绪二十八年（1902）梁撰写《三十自述》，宣统三年（1911）梁出版《南海先生诗集》，皆明确说明康在戊戌时期有"大同三世说"的思想。相关的叙述与分析，可参见茅海建《戊戌时期康有为、梁启超的思想》上编第三节之"大同三世说"。

2　这里的篇数是指全篇而言，有些文章分多次连载，亦算成一篇。作者的排名顺序，按照其在《知新报》上发表文章的前后，并不代表他们在"康党"团体中的地位。此外，梁启超（6 篇）、康广仁（2 篇）、康同薇（2 篇）未统计在内。

（1896 年 8 月 9 日）第 1 册到光绪二十四年三月初一日（1898 年 3 月 22 日）第 55 册，即康有为、梁启超一派完全退出《时务报》之时，除了梁启超之外，康有为的学生麦孟华、徐勤、欧榘甲一共发表了 9 篇政论文章。[1] 也就在这些文章中，我看到了忽隐忽现的"大同三世说"的痕迹。

1. 徐勤

徐勤（1873~1945），广东三水人，字君勉，号雪庵。光绪十六年（1890）就学于康有为，为"长兴里十大弟子"之一。康有为携梁启超等人进京会试或外出讲学时，命徐为万木草堂学长。[2] 其家境宽裕，对万木草堂及同学多有资助。光绪二十一年，康在上海办《强学报》，曾调徐至上海办事。[3] 光绪二十三年正月《知新报》创办，徐任撰述。是年冬，日本横滨侨商邝汝磐欲为侨民子弟办学，康命之前往日本，主持横滨大同学校。[4] 百日维新期间，仓场侍郎李端棻

1　《时务报》最后一篇康、梁派的文章发表于第 55 册，即梁启超的《经世文新编序》。实际上，从第 51 册（光绪二十四年正月二十一日）起，康、梁一派已退出《时务报》。

2　参见陈汉才《康门弟子述略》，广东高等教育出版社，1991，第 18~24 页；沈成飞：《徐勤早年活动评述》，《广东史志》2003 年第 3 期。

3　康有为在《我史》（《康南海自编年谱》）中称："……冬迁草堂于府学宫仰高祠，赁之十年，为久计，徐君勉、梁卓如之力也。君勉急朋友之难，常供养朋友之才贤者，以及刻书、移草堂之资皆任焉，几以任恤破其家矣。"又称："……吾以十二月母寿，须归，先调君勉、易一来办事，急须开报。以用孔子纪年，及刊上谕事，江宁震动。适有京师劾案，遂藉此停止。"（中国史学会主编《中国近代史资料丛刊·戊戌变法》第 4 册，上海人民出版社，2000，第 126、135 页）"易一"，何树龄。康有为堂兄康有仪致山本宪信中称："徐勤……曾游学舍弟之门五六年。此人志趣颇佳，尚气节，好学，爱才，能倾家养士（富人也）。前曾在上海强学会襄办撰述，会为御史杨崇伊奏劾，电闻，为之吐血。是时弟子寄居会内，所目击也。举此一端可见其为人。"（吕顺长：《清末维新派人物致山本宪书札考释》，上海交通大学出版社，2017，第 101~102 页。字与标点稍有变易）

4　参见冯自由《戊戌前孙、康两派之关系》，《革命逸史》初集，中华书局，1981，第 48 页；梁启超：《日本横滨中国大同学校缘起》，《时务报》第 47 册，光绪二十三年十一月十一日，中华书局影印本，1991，第 4 册，第 3187~3188 页。又，康有为流亡日本后，日本学者中西牛郎与之访谈，著文《论康有为氏之理想及事业》，称言："……门下实称济济多士。如梁启超、徐勤二氏，尤为铮铮者，号称康门颜、曾。盖梁氏以颜渊之明敏兼子路之勇，徐氏以曾参之笃实加子贡之才也。是故康以梁氏为大同译书局总理，以徐氏为大同学校校长。"〔《太阳》第 4 卷第 23 号，1898 年（明治三十一年）11 月 20 日，第 14 页。吉辰译，见《戊戌政变后〈太阳〉杂志关于康有为的两篇文章》，

保举"经济特科",徐勤亦在列。[1]

徐勤在《知新报》上共发表了《地球大势公论》《〈春秋存中国说〉序》《〈二十四朝儒教会党考〉序、例》《〈孟子大义述〉自序》《拟粤东商务公司所宜行各事》《〈丁酉列国岁计政要〉序》《复友人论铁路书》等7篇政论文章,另在《时务报》上发表了《中国除害义》。[2] 其中涉及"大同三世说"的,为《地球大势公论》和《〈孟子

上海中山学社主编《近代中国》第29辑,上海社会科学院出版社,2018]"颜渊",颜回,子渊;"子路",仲由;"曾参",子舆;"子贡",端木赐;皆孔子门下大弟子。康有为弟子,互以孔门大弟子戏称,见下文所言梁启超、麦孟华相关内容。

1　胡思敬:《戊戌履霜录》,《续修四库全书》史部第446册,上海古籍出版社,1995,第345页;《国闻报》光绪二十四年五月二十九日、六月二十二日。

2　《春秋存中国说〉序》》刊于《知新报》第11册,光绪二十三年三月十一日。该文称,孔子著《春秋》,意在保存中国,若"人人以存中国为心,而明《春秋》之大义,则中国可为也"。又称:《春秋存中国说》,凡二卷,序其首而系之辞曰……"但未称作者之名,很可能是徐勤的著作。该书今未见存。《二十四朝儒教会党考〉序、例》刊于《知新报》第20册,光绪二十三年五月初一日。该文所称的"会党"既是学术组织,也是政治组织,徐勤企图用历史的"会党"来证明当下建立此类组织的正当性。该文又称"卷分二十,类别为三",可见是一部很大的著作。该书今未见存。《拟粤东商务公司所宜行各事》刊于《知新报》第24、25册,光绪二十三年六月十一日、二十一日。该文所言的"商务公司",是介于政府和商会之间的组织,总办以"公举"产生,所办之事为"创商报"、"开商会"、"立商学堂"、"立工艺院"、"开博物院"(类似展览会或展销会)、"立功牌"(类似奖状)、"设轮船"、"办团练"、"修街道"。其经费来源为"募捐""集股""例捐""劝捐",而后两种"捐",很容易流变为摊派。该文开首之言也值得重视:"合群之义有三,言政则议院,言学则学会,言商则公司,之斯三者而已。然学校不兴,科举不变,民智未开,国是未定,则议院末由开也……"徐强调了议院的意义及其开设的条件。《〈丁酉列国岁计政要〉序》刊于《知新报》第24册。《列国岁计政要》英文原名为 The Stateman's Year Book,是年鉴式手册,英国驻华公使提供该书1874年(同治十三年)版,由林乐知等译述,光绪三年(1877)在江南制造局出版。《知新报》从第24册开始连载由周逢源翻译的新版,徐勤为之序。《复友人论铁路书》刊于《知新报》第33、34册,光绪二十三年九月十一日、二十一日。该文叙述了建设铁路的八项好处:"广人才""饬吏治""通商务""便行旅""利调兵""改漕运""防灾荒""兴屯垦"。《中国除害义》,连续刊于《时务报》第42、44、46、48册,光绪二十三年九月二十一日、十月十一日、十一月初一日、十一月二十一日,中华书局影印本,第4册,第2839~2844、2979~2987、3115~3120、3251~3256页。该文所论兴学校、废科举、立孔教,是一篇未完成的大文章。徐勤该文的起首称:"凡今中国之大害,无学为害,无教为害,忘国为害,忘君为害,蔽塞为害,古老为害,愚瞽为害,束缚为害,虚侨为害,狭小为害,倾诈为害,险薄为害,流荡为害。"共计有十三"大害"。其第一篇未列副题,以"何以谓无学之害也"讲起,第二篇列题为"除不学之害二",第三篇为"继前稿无学之害三",第四篇为"续前稿无教之害四",以此而论,仅写了两"大害"。然从文章内容来看,从"忘国"到"流荡",还有十一"大害",虽不能说完全未涉及,也不知徐勤的写作计划,但其主要部分尚未写完是可以确定的。

大义述〉自序》。

《地球大势公论》是一篇类似于梁启超《变法通议》那样的大文章,分次刊于《知新报》第2、3、4、5、10、11、12、13、20册,断断续续,时间从光绪二十三年正月到五月,已刊出的部分为"总序""一、总论亚洲""一之一、中国盛衰关于地球全局""一之二、论俄国不能混一亚东""一之三、论日本自强之故"。从已刊内容来看,徐勤还没写完。该文的主旨是说明世界发展的大趋势,因没写完,能看到各篇章的基本观点,总体性的观点尚未展示。[1]该文言及"大同三世说"思想的,有以下两段。其一,徐勤称:

> ……故天下之势,始于散而终于合,始于塞而终于通,始于争而终于让,始于愚而终于智,始于异而终于同。古今远矣,中外广矣,要而论之,其变有三:
>
> 洪水以前,鸟兽相迫,昆仑地顶,人类自出。黄帝之子孙,散居于中土;亚当之种族,漫衍于欧东。创文字,作衣冠,立君臣,重世爵。由大鸟大兽之世,而变为土司之世。其变一。
>
> 周秦之世,地运顿变,动力大作。争夺相杀,而民贼之徒偏于时;兼弱攻昧,而强有力者尊于上。嬴政无道,驱黔首以为囚;罗马暴兴,合欧西而一统。由土司之世,而变为君主之世。其变二。
>
> 百余年间,智学竞开,万国杂沓。盛华顿〔华盛顿〕出,而民主之义定;拿破仑兴,而君主之运衰;巴力门立,而小民

1　"总论亚洲"谈到人类文明仅四千年,从"地顶"(昆仑山)发源,以四条河流入俄罗斯、波斯、印度、中国。亚洲古国若能"维新""自强"、发挥"旧教"之义,当可"富强"。"中国盛衰关于地球全局"认为英俄互争是对中国有利的国际局势,中国若能行"兴学校""开议院""改官制"诸项,就可以自立。"论俄国不能混一亚东"称俄国虽有诸强项,但其"霸道虐民,威权无限,议院弗立,私利其国",不可能称霸亚洲。"论日本自强之故"强调了日本明治维新变学术、变学校、变科举("日本自强"一节似未完)。

之权重。由君主之世，而变为民主之世。其变三。

　　故结地球之旧俗者，亚洲也；开地球之新化者，欧洲也；成地球之美法者，美洲也。[1]

"大同三世说"反映的是世界的变局，徐勤的着眼点也是世界的。他没有用"据乱""升平""大同"之词语，而代以"酋长""君主""民主"之三变。"洪水""地顶""地运""动力"也是康有为讲学时使用过的概念。[2]其二，徐勤又称：

　　……抑吾闻之，治尚麤觕之世，以力胜；治著升平之世，以智胜；治著大同之世，以仁胜。以智胜者强，以仁胜者乐，以力胜者愚而亡。亚洲自洪水以来，四千余年，诸教并起，皆能以智胜者也。至宋元之间，成吉思汗之俗出，而力胜之世复见矣……

此处的"麤觕""升平"，皆源于何休《春秋公羊传解诂》；而"仁"是康有为"大同三世说"中的关键词。徐勤在文章中激烈批评国家之间的暴力与屠杀，认为"天道循环，物极必反"。还需注意的是，徐勤在文中称：

　　……《书》道政事，《易》道阴阳，《春秋》经世。孔子之道，盛水不漏。凡泰西所谓合众、议院之义，教民、养民之法，皆六经所咸备，而不假外求者也……[3]

1　《地球大势公论·总序》，《知新报》第 2 册，光绪二十三年正月二十六日，上海社会科学院出版社影印本，1996，上册，第 10 页。"巴立门"，parliament，英国议会。

2　进一步的叙述与分析，参见茅海建《戊戌时期康有为、梁启超的思想》下编第五章"戊戌时期康有为的'洪水说''地顶说''地运说'"。

3　《地球大势公论·总论亚洲》，《知新报》第 4 册，光绪二十三年二月初六日，上海社会科学院出版社影印本，上册，第 25 页。相同的言论见于梁启超给徐勤所作《春秋中国夷狄辨》一书的序言，后将述及。"《书》"，书经，《尚书》。"合众"，指联邦制度。

他认为，孔子之道已经包含了西方的政治、经济和社会诸方面的思想和制度，这与"大同三世说"是相吻合的。

《孟子大义述》是徐勤的著作，未见刊行。《知新报》刊出其自序，大体说明该书的主旨。该文开首即称：

> 有一国之士焉，有一时之士焉；有天下之士焉，有古今之士焉。所谓一国一时之士者，其聪明才力皆域于一国，其他弗知也。吴起、商鞅之流是也。所谓天下古今之士者，其聪明才力皆专于为民，其他弗知也。孟子是也。

徐勤认为，孟子的政治思想可通行于"天下古今"，其原因在于"以民为体"。他又称：

> ……孟子至今有识者尊而重之，西士译是书，亦敬服焉。何也？盖为民不为民故也。此一时与古今、一国与天下所由判也。三代圣王尚矣，而孔子独尊尧、舜者。何也？为其官天下而为民也；泰西贤君众矣，而今人独称华盛顿者。何也？为其变民主而为民也。

> ……故由今以前，君之世，非民之世也，一国之世，非天下之世也。吴起、商鞅所以诩诩焉称为一国之士，一时之士，所由来也。由今以后，君民之世，非君之世也，天下之世，非一国之世也。此孟子所以卓然为天下之士，古今之士，所由来也。[1]

以上引文前段提到了尧、舜，提到了华盛顿，皆是"大同三世说"

---

1 《知新报》第 21 册，光绪二十三年五月十一日（1897 年 6 月 10 日），上海社会科学院出版社影印本，上册，第 170~171 页。又，"大同三世说"中尧、舜的地位与意义，后将详述。

中的民主阶段；后段提到了"君民之世""天下之世"，皆是"大
同三世说"中的发展方向。人类将会经过"君民共主""民主"而
最后达到消灭国家的"世界大同"。徐勤的著作虽未见，然其自序
所表达的思想，与梁启超为湖南时务学堂所作《读〈孟子〉界说》
（作于光绪二十三年冬）和康有为的《〈孟子〉微》（完成于光绪
二十七年）是一致的。

徐勤是康有为弟子中用力最勤的写作者之一，除了为《知新
报》《时务报》撰述外，另撰写多部著作。梁启超在《时务报》上
发表《〈春秋中国夷狄辨〉序》，称："徐君君勉既学于南海，治《春
秋》经世之义，乃著《中国夷狄辨》三卷，一曰中国而夷狄之，二
曰夷狄而中国之，三曰中国夷狄进退微旨。于以犁千年之谬论，抉
大同之微言……"从梁的序言可以看出，徐在该书中讲的是"大同
三世说"的内容。[1] 由此再加上前文提到的三篇序言（《〈春秋存中
国说〉序》《〈二十四朝儒教会党考〉序、例》《〈孟子大义述〉自
序》），可见其雄心壮志。他的写作戛然而止，很可能与被派到日本
主持横滨大同学校有关。[2]

2. 刘桢麟

刘桢麟，字孝实，广东顺德人，康有为弟子。[3] 光绪二十三年春，
他在其顺德同乡、澳门赌商何连旺（即《知新报》的主要出资人）
家中授馆课其子。《知新报》创办时，任撰述。

刘桢麟在《知新报》上共发表了《地运趋于亚东论》《〈地球六

---

1 《〈春秋中国夷狄辨〉序》，《时务报》第 36 册，光绪二十三年七月二十一日（1897 年 8 月 18
日），中华书局影印本，第 3 册，第 2418~2420 页。又，根据大同译书局的广告，《春秋中国夷狄
辨》已刊刻，定价两角，可见该书的大体规格（《时务报》第 51 册，光绪二十四年正月二十一
日，中华书局影印本，第 4 册，第 3522 页）。
2 徐勤在《知新报》第 52 册（光绪二十四年闰三月二十一日，1898 年 5 月 11 日，上海社会
科学院出版社影印本，上册，第 670~671 页）发表《日本横滨中国大同学校学记》，提出了"立
志""读书""合群""尊教""保国"的要求，仍有着"康学"的许多色彩。
3 参见陈汉才《康门弟子述略》，第 117~119 页。

大罪案考〉总序》《论暹王出游》《中国宜开赛会以兴商务》《论德人寻衅于中国》《论中国守旧党不如日本》《论今日西学当知急务》《富强始于卫生论》《复仇说》《〈公羊初学问答〉自叙》《恭读上谕开经济特科书后》《论西学与西教无关》《论变科目宜并变考官》《译书局末议》《实事始于空言说》等 15 篇政论文章，此外另有《澳门戒鸦片烟分会序》《顺德逢简乡拟设公书会公启、章程》。他是这一时期在《知新报》上发表文章最多的撰述。[1] 他于光绪二十三年四月十一日（1897 年 5 月 12 日）发表文章《论德人寻衅于中国》，半年后果真发生了德国强占胶州湾事件，显示其先见之明，在康党中

---

1 《论暹王出游》刊于《知新报》第 9 册，光绪二十三年三月初一日。该文表彰暹罗国王将出行欧洲，比之若俄国彼得大帝和日本明治天皇。《中国宜开赛会以兴商务》刊于《知新报》第 16 册，光绪二十三年四月初六日。该文提出开赛会（博览会），并论证其有利之处。《论中国守旧党不如日本》刊于《知新报》第 21、22 册，光绪二十三年五月十一日、二十一日。该文称赞了日本攘夷派"能尊王、能保国"，要求中国士人能奋起担当。其中提到变科举、开学会、设议院："若夫变科举，此自强之本原也，而以为碍于成法；开学会，诸学之植基也，而以为大干例禁；设议院，上下之相通也，而以为侵于君权。"按此说法，"议院"的功能是"通上下"，且不侵犯君权。《论今日西学当知急务》刊于《知新报》第 31 册，光绪二十三年八月二十一日。该文强调西学中的政治诸学说，也说明中西学互通。《富强始于卫生论》刊于《知新报》第 39 册，光绪二十三年十一月十一日。该文主要倡导环境卫生，并提倡体育与营养。《复仇说》刊于《知新报》第 40 册，光绪二十三年十一月二十一日。该文要求国人在德国强占胶州湾后"激烈振起，思雪大耻"。《恭读上谕开经济特科书后》刊于《知新报》第 45 册，光绪二十四年二月十一日。该文以力学中的吸力以加引申，赞扬开设特科，称"我君相其知以热力行吸力之术"。该文还介绍了西方的专利制度。《论西学与西教无关》刊于《知新报》第 49 册，光绪二十四年三月二十一日。该文谈到西教与西学的差别，并延伸到西学与中学的关系。《论变科目宜并变考官》刊于《知新报》第 59 册，光绪二十四年六月初一日。该文谈到此时清朝科举改制后教官将成问题，提议两条：以学堂代科举；以保举的方法产生新的考官。《译书局末议》刊于《知新报》第 63 册，光绪二十四年七月十一日。该文谈到梁启超编书、译书之难，并提议各省设立分局。《澳门戒鸦片烟分会序》刊于《知新报》第 58 册，光绪二十四年五月二十一日。《顺德逢简乡拟设公书会公启、章程》刊于《知新报》第 60 册，光绪二十四年六月十一日。"公书会"，图书馆。又，光绪二十三年三月初三日，梁启超（时在上海）写信给康有为（时在桂林）："……顷长驻澳中者，君勉、实孝二人而已，其余皆若即若离之。二人者勤劳已甚，安得复有暇日致力于此。草堂诸人，多不顾大局，不听调遣……"（丁文江、赵丰田编《梁启超年谱长编》，上海人民出版社，1983，第 78 页）"君勉"，徐勤。"实孝"，孝实之误，刘桢麟。由此可见，该报创办之初以徐、刘为主力。

亦闻名一时。[1]《知新报》的忠实读者皮锡瑞，对刘桢麟的文章十分关注，在日记中有5次评论。[2] 在这些文章中，涉及"大同三世说"的，有《地运趋于亚东论》《〈地球六大罪案考〉总序》《〈公羊初学问答〉自叙》和《实事始于空言说》。

《地运趋于亚东论》刊于《知新报》第7、8册，所论的主旨是康有为在万木草堂所授的"洪水说""地顶说""地运说"，即洪水之后，人类文明起始于昆仑山（地顶），向四方流传，而今将汇聚于亚洲东部，是中国的契机。梁启超、徐勤对此亦有所阐发。[3] 刘桢麟此文详加叙说，"今日天道之推移，地运之趋变者哉"，称言：

> 桢麟曰：大地之转机，百年以往，由东而趋于西焉，百年以来，由西而趋于东焉；千年以后，合东、西而为一焉。百年以往，吾得观之史氏之言；千年以后，吾惟俟之蓍龟之验。语曰：夏道不亡，殷道不作，周道不亡，春秋不作。吾今且谬为之语曰：亚洲不蹶，美洲不兴，欧洲不亡，地球不一。今百年之运，其在斯乎，其在斯乎！

其中"千年以后，合东、西而为一焉"一句，指的即是"世界大同"；"欧洲不亡，地球不一"一句，意在说明：当地球合一、实现"大同"之后，欧洲也就不存在了。在这篇文章的最后，刘桢麟呼唤"大同世界"的到来：

1　《论德人寻衅于中国》，《知新报》第17册，光绪二十三年四月十一日，上海社会科学院出版社影印本，上册，第130页。该文认为，德国会利用"三国干涉还辽"对清朝有所予求，并称其已"操心审虑，决于一逞"。是年十月十九日（11月13日），德国借口巨野教案，派兵强占胶州湾（今青岛）。

2　《皮锡瑞日记》，光绪二十三年六月十一日、十月十六日，光绪二十四年闰三月十三日、六月十五日、七月初四日。见《皮锡瑞全集》第9册，第670、722页；第10册，第857、926、940页。皮锡瑞在日记中敬称刘桢麟为"刘桢卿"。

3　相关的叙述与分析，参见茅海建《戊戌时期康有为、梁启超的思想》下编第五章"戊戌时期康有为的'洪水说''地顶说''地运说'"。

　　呜呼！尝闻之南海先生之言矣：世界之公理，由力而趋于智，由智而趋于仁。上古千年，力之世也；中古千年，智之世也；后古千年，仁之世也。力之世，治据乱；智之世，治太平；仁之世，治大同。今其智之萌芽乎，夫大地万国，寐觉已开，中土蚩氓，蒙翳渐辟，远识之士，竞驰新学之途，杞忧之儒，群倡开化之术。吸呀所接，或有动于当途；阖辟所关，即不朽之巨业。匪一隅之偏局，实万国之同风。乘朕兆已萌之后，为有开必先之举。将岂徒一国、一洲蒙靡穷之利赖欤，其将以是期之百千年后，凡我圆颅方趾之伦——黄人、白人、红人、黑人、棕色人、半黄半白淡黑人、不可思议之诸色人——咸被此靡穷之利赖焉，而为智、为仁之世界，均于是起点也，而又何东、西之有耶，而又何趋、变之有耶？[1]

刘桢麟十分清楚地说明了前、中、后三世，分别崇尚力量、智慧和仁爱。他误将"小康""太平"，说成"太平""大同"。他认为，当今"智"已"萌芽"，其后的发展趋势将不可抵挡；当此"朕兆已萌"，"百千年后"人类（即"圆颅方趾之伦"）将不分国家、不分洲别、不分肤色，共同经由"为智"而进入"为仁"的世界。到了那个时候，东、西可不必分，趋、变可不必论。这是康有为及其党人所认定的"世界之公理""不朽之巨业"。

　　《〈地球六大罪案考〉总序》刊于《知新报》第9、10册，所谓"六大罪案"指亚历山大（马其顿王）、秦始皇、摩哈默（先知穆罕

---

[1]　《地运趋于亚东论》，《知新报》第7、8册，光绪二十三年二月二十一日、二十八日，上海社会科学院出版社影印本，上册，第49~50、57~58页。"夏道不亡，殷道不作……"一句，见于刘向《说苑·君道》，文字稍有异。康有为在万木草堂讲学时曾引用之（见《万木草堂口说》，楼宇烈整理《长兴学记·桂学答问·万木草堂口说》，中华书局，1988，第107页）；在《孔子改制考》中亦引用之（姜义华、张荣华编校《康有为全集》第3集，中国人民大学出版社，2007，第116页）。

默德）、成吉思汗、明太祖、拿破仑六人之事功。他们被称为伟人，创大国之基业，但他们使用暴力手段，杀人无数，即与"大同三世说"中所标明的"智"（升平）和"仁"（太平）恰恰相反，属于《春秋》经中"立诛意之条"。[1]刘桢麟的《地球六大罪案考》一书，不知是否写完，但未见刊刻。其总序涉及"大同三世说"的，有以下两段：

> 大同之世尚仁，据乱之世尚力。先王之治天下也以公，后世之治天下也以私。先王之于民也欲其智，后世之于民也欲其愚。古今魁桀雄武之流，乘时而起，欲以利其天下，厚其权力，尊其禄位，顺其臂指。据他人之自有，而不使其知，攘他人之所共，而悉归于独者，盖比比然矣，而犹未以为大罪也。夫天下之大，民物之众，画而沟之，封而域之，界而国之。各魁其土，各傅其氓，各善其纪，虽其私也，宁不校善。而独有污君、独夫、民贼，纵一人之怒，而屠毒千万人之生灵，顾百年之图，而愚弱千万年之世界……

> 嗟乎，我孔子爱人之教主也，作《春秋》以改制，以君治人，以天治君，惧君位至高，无所敬畏，将为民祸也。疾始火攻，疾始灭国，恶其伤人类也。始托文王，而终道尧舜，以其有天下而不居，让天下而不争也。后世人主利天下而私之，于

1　亚历山大大帝、秦始皇嬴政、成吉思汗、明太祖朱元璋、拿破仑皆是武力征服者，但先知穆罕默德非为君王，且以传教立国。刘桢麟对此写道："今夫亚喇伯［阿拉伯］野悍之番族，摩哈默出，创回回之教，著可墨之经，隶属者十余国，皈依者数百万人，遂赫然为千年之教主矣。""摩哈默窃摩西之绪余，诱无知之愚贱，从之者生，不从者死，以战死为天堂，以溅血为功德，是愚民之术悍而诬。"这是刘的历史观，未必属实。

是有攘夺惨戮之患，有压抑钳制之术，而人类遂无所逃矣……[1]

上引前一段话提到了"仁"，提到了"公"，提到了"智"，反对以武力开疆拓土的"魁桀雄武"（即"六大罪案"），刘桢麟在此使用的是反衬法，即以对"暴力"贬斥来显示对"仁爱"的崇尚。同样，他对"各魁其土，各傅其氓，各善其纪"（即"界而国之"）的批评，正是暗地里称颂着"天下为公"（无国家）的"大同世界"。上引后一段话说明了"大同三世说"为孔子所创，藏于《春秋》；"始托文王，而终道尧舜"，是《公羊传》的说法，即以此说明孔子虽言"小康"而寄希望于"大同"，是"大同三世说"的主要论据之一。

《〈公羊初学问答〉自叙》刊于《知新报》第 42 册，所谓《公羊初学问答》，是刘桢麟在澳门赌商何连旺家中教其子的教材。对此，刘桢麟称：

> 桢麟懵陋，昔年学于南海先生，始闻有所谓圣人之道者。既而先生授以《公羊》标例举义，为绅绎而诏之。既卒业，桢麟于是瞿然喜，皇然惧，乃知孔子改制立教之本，在于六经，乃知六经之关键，在于《春秋》，乃知《春秋》之微言大义，

1　《〈地球六大罪案考〉总庁》，《知新报》第 9、10 册，光绪二十三年三月初一日、初六日，上海社会科学院出版社影印本，上册，第 65~66、73~74 页。"疾始火攻，疾始灭国"，皆出自《公羊传》。《春秋》桓公七年记："春，二月，己亥，焚咸丘。"《公羊传》记："焚之者何？樵之也。樵之者何？以火攻也。何言乎以火攻？疾始以火攻也。"何休《春秋公羊传解诂》称："征伐之道，不过用兵，服则可以退，不服则可以进。火之盛炎，水之盛冲，虽欲服罪，不可复禁，故疾其暴而不仁也。"《传》不托始者，前此未有，无所托也。"《春秋》隐公二年记："无骇帅师入极。"《公羊传》记："无骇者何？展无骇也。何以不氏？贬。曷为贬？疾始灭也。始灭昉于此乎？前此矣。前此则曷为始乎此？托始焉尔。曷为托始乎尔？《春秋》之始也。此灭也。其言入何？内大恶，讳也。"何休《春秋公羊传解诂》称："《春秋》托王者始，起所当诛也。言疾始灭者，诸灭复见不复贬，皆从此取法，所以省文也。"又，刘桢麟在文中还称："虑战祸之害民也，则设万国太平之会以弭之。虑两国之构争也，则立凭公调处之约以和之。"讲的是西方的"弭兵会"，不知其根据为何。

赖公羊氏与何邵公发明而光大之。是故不通六经，不足以通圣
人之道，不通《春秋》，不足以通六经，不通《公羊》，不足
以通《春秋》。一发之微，千钧之系，然则公羊氏真孔教之向
导哉。

这些都是"孔子改制"的说法。至于"大同三世说"，刘桢麟仅提
到一句"三科九旨之例，太平大同之义"，没有加以细说。[1] 对于刘
以《公羊》之深意来教育儿童的施教法，梁启超颇有异议（后将
述及）。

《实事始于空言说》刊于《知新报》第 66 册，是戊戌政变之前
刘桢麟的最后一篇政论文。若用今天的语言来说明，该文所论指理
论对于实践的重要性。其中一段言及孔子之微言大义：

> 如孔子作《春秋》，张三世之义，由据乱而升平而太平；
> 《礼运》志于三代之英，由小康而大同。澈上澈下，范围万世。
> 其事未尝即见，其理未尝不验，故百世可知，孔子固已言之。
> 使当时以实事相绳，则定、哀何以有太平？三代何尝有大同？
> 恐孔子亦哑然无以自解耳。然而今日中华人士，曾有不受治于
> 孔子之教者乎？地球诸国政，能有外于《春秋》《礼运》所言
> 者乎？则空言之效验诚多矣。[2]

---

1 《〈公羊初学问答〉自叙》，《知新报》第 42 册，光绪二十三年十二月十一日，上海社会科学院
出版社影印本，上册，第 509 页。关于"三科九旨"，徐彦称："何氏之意以为三科九旨，正是一
物。若总言之，谓之三科，科者，段也。若析而言之，谓之九旨，旨者意也。言三个科段之内，
有此九种之意。故何氏作《文谥例》云：'三科九旨者，新周、故宋、以《春秋》当新王，此一
科三旨也'。又云 '所见异辞、所闻异辞、所传闻异辞，二科六旨也'。又 '内其国而外诸夏，
内诸夏而外夷狄，是三科九旨也'。"（何休解诂，徐彦疏，刁小龙整理《春秋公羊传注疏》，上
海古籍出版社，2014，第 5 页）徐彦又谈到宋氏的解读。
2 《实事始于空言说》，《知新报》第 66 册，光绪二十四年八月十一日，上海社会科学院出版社
影印本，上册，第 898~899 页。"定、哀"，指鲁定公、鲁哀公，按照何休的说法，属"至所见之
世，著治大平"。

所言虽然仍是"孔子改制"的内容，但已涉及"大同三世说"。"太平""大同"皆非当时的事实，而是孔子创造出来"范围万世"的教义（就时间而言）；且地球各国的政治与社会，也不能出乎孔子在《春秋》《礼运》所言教义（就地域而言）。此即何休所言的"天下远近大小若一"。

3. 王觉任

王觉任（1860~1929），字公裕，号镜如，广东东莞人。光绪十七年（1891）就学于康有为，是"长兴里十大弟子"之一。康离开广州时，亦曾命其为万木草堂学长。《知新报》创办后，任撰述。[1]曾任《孔子改制考》总校，《春秋董氏学》复校。

王觉任在《知新报》上共发表了4篇政论文：《论列国息争之公理》《寝兵说》《开储才馆议》《增广同文馆章程议》，其中涉及"大同三世说"的为前两篇。[2]

《论列国息争之公理》刊于《知新报》第19册，所论是反对由古至今的武力征伐，主张列国列强"息争"；其所持者，为孔子反战的理念；其欲施者，是召集各国"公议"之会。对此，王觉任称言：

> 昔春秋之时，战事以百十数，孔子必一二书，所以重民命也。是故伐者为主，伐者为客，其所以深恶而痛绝之之意甚明。佛法之普度，墨家之非攻，耶氏之救世，岂非与疾始取邑、疾始灭国、疾始火攻同一义哉？故争夺相杀，人之大患，天心之所忿恶，圣人之所隐痛，而亦环球诸国之所大患者也。不以为

1　参见陈汉才《康门弟子述略》，第36~39页。

2　《开储才馆议》刊于《知新报》第30册，光绪二十三年八月十一日。该文提议在军机处之下设"储才馆"，汇聚精英，随时上书。所言内容与康有为《上清帝第三书》中的"议郎"有相似之处，与后来《上清帝第六书》中的"制度局"亦有相似之处，但权力没有"制度局"大。《增广同文馆章程议》刊于《知新报》第35、36册，光绪二十三年十月初一日、十一日。该文要求京师同文馆大规模地增加西学的内容，并设立图书馆、博物院、译书处、译报处。所言内容与康有为所拟《上海强学会章程》有相似之处。

患，斯亦已矣，如以为患，则禁攻寝兵之约其亦不可以已乎？

　　二人同舍，各持一义，争欲求胜，不能决也，是非无所折衷，曲直无所赴诉。《春秋》不书离会，其此意矣。地球之上，纷纷者五十余国。今议院，天下之平也，各国有行之者，其明效大验，不可见乎？充斯例也以往，纠合若民主、若君民共主、若君主之邦，共立明约，申以大信：继自今有两国龃龉，各国会于其所，开诚心，布公道，定三占从二之例，平其曲直，定其是非。理之否者，小而谢罪赔款，大而纳地请荆，一唯各国之公议是听。其有倔强不如约者，天下共起而击之，废其君而谋立贤者。

上引前一段话说的是义理。孔子是看重人民生命的，佛教、墨家、基督教的主张与孔子"疾始取邑，疾始灭国，疾始火攻"的理念是大体相同的，环球诸国完全可以由此达成"禁攻寝兵之约"。上引后一段话说的是方法。既然"议院"的方式体现了"天下之平"，许多国家行之有效，那么，世界上三种国体（民主、君民共主、君主）的国家也可以订立明约，仿效"议院"而设置超越国家的"公议"之所。此后两国若有争议，可由各国共同平曲直、定是非；若有不从者，天下各国可共击之。这表面上谈的是西方式的"议院"，然其内在的规制却在仿造何休在《春秋公羊传解诂》中提出的"自三国以上言会者，重其少从多也"。按照"大同三世说"的说法，孔子的学说经天纬地，是解决世界一切问题的至理；王觉任对世界的未来充满信心，在文章的最后呼唤道：

　　呜呼！以不忍人之心，行不忍人之政，尚矣。诚由吾之前说，使地球五十余邦，十五万万人，咸同斯福。孟子曰："域民不以封疆之界，固国不以山溪之险，威天下不以兵革之利"。《春秋》之义："有分土无分民"。太平之运，大同之治，意在斯

乎，意在斯乎！¹

"不忍"是"大同三世说"的重要概念，在"大同"世界中将没有"封疆"与"兵革"，"太平之运，大同之治"是当时世界五十多个国家十五亿人口共同的美好未来。这也是王觉任此文的结论。

———————————

1 《论列国息争之公理》，《知新报》第 19 册，光绪二十三年四月二十一日，上海社会科学院出版社影印本，上册，第 145~146 页。王觉任此文用典甚多，校于下：其一，"伐者为主，伐者为客"，出自《公羊传》。《春秋》庄公二十八年记："春，王三月，甲寅，齐人伐卫。卫人及齐人战，卫人败绩。"《公羊传》记："伐不日，此何以日？至之日也。战不言伐，此其言伐何？至之日也。《春秋》伐者为客，伐者为主。故使卫主之也。曷为使卫主之？卫未有罪尔。败者称师，卫何以不称师？未得乎师也。"何休《春秋公羊传解诂》称："用兵之道，当先至竟侵责之，不服乃伐之。今日至，便以今日伐之，故曰以起其暴也。"又称："未得成列为师也。诈战不言战，言战者，卫未有罪，方欲使卫主齐，见直文也。不地者，因都国也。"其二，"疾始取邑"，亦出自《公羊传》。《春秋》隐公四年记："春，王二月，莒人伐杞，取牟娄。"《公羊传》记："牟娄者何？杞之邑也。外取邑不书，此何以书？疾始取邑也。"何休《春秋公羊传解诂》称："外小恶不书，以外见疾始，著取邑以自广大，比于贪利差为重，故先治之也。内取邑常书，外但疾始不常书者，义与上逆女同。不传托始者，前此有灭，不嫌无取邑，当托始明。故省文也。""疾始灭国，疾始火攻"两条，见前注。其三，"禁攻寝兵"是战国人宋钘、尹文的学说，见于《庄子·天下篇》："……见侮不辱，救民之斗；禁攻寝兵，救世之战。以此周行天下，上说下教，虽天下不取，强聒而不舍者也。"其四，"离会"指两国意见不合，各执己见。《春秋》桓公二年记："蔡侯、郑伯会于邓。"《公羊传》记："离不言会，此其言会何？盖邓与会尔。"何休《春秋公羊传解诂》称："二国会曰离，二人议各是其所是，非其所非，所道不同，不能决事，定是非，立善恶，不足采取，故谓之离会。"又称："时因邓都得与邓会，自三国以上言会者，重其少从多也，能决事，定是非，立善恶。《尚书》曰：'三人议，则从二人之言'。盖取诸此。"《春秋》桓公五年又记："夏，齐侯、郑伯如纪。"《公羊传》记："外相如不书，此何以书？离不言会。"何休《春秋公羊传解诂》称："时纪不与会，故略言如也。《春秋》始录内小恶，书内离会；略外小恶，不书外离会。至所闻之世，著治升平，内诸夏而详录之，乃书外离会。嫌外离会常书，故变文见意，以别嫌明疑。"其五，"三占从二"，典出《尚书·洪范》："三人占，从二人之言。""占"，占卜之意。前引何休《春秋公羊传解诂》将"占"改为"议"。其六，"域民不以封疆之界……"一段，出自《孟子·公孙丑下》，其结论是"得道者多助，失道者寡助"。其七，"有分土无分民"见于何休说。《春秋》昭公十五年记："二月，癸酉，有事于武宫。籥入，叔弓卒，去乐卒事。"《公羊传》记："其言去乐卒事何？礼也。君有事于庙，闻大夫之丧，去乐，卒事。大夫闻君之丧，摄主而往。"何休《春秋公羊传解诂》称："臣闻君之丧，义不可以即行，故使兄弟若宗人，摄行主事而往。不废祭者，古礼也。古有分土无分民，大夫不世，己父未必为今君臣也。《孝经》曰：'资于事父以事君而敬同'。"以上将王觉任之文与所引经典一一对照，可明其文的立论基础与思想方法，《公羊传》与何休的学说是他最主要的读经之途，亦可窥"康学"之结构。此外，康党非常重视"弭兵会"，该文亦有涉及，称言："世之通士，心知此义者众矣。故东方则有太平会焉，西土则有弭兵会焉，虽然心则有余，术犹未至。英美海内之雄国也，此季始订立条约，将共恪守，化争为让，转祸为福。"王觉任此言，不知其根据为何。

　　《寝兵说》刊于《知新报》第27册，所论亦是反对武力征伐，反对扩军备战，主旨与《论列国息争之公理》相同，但"大同三世说"不是结论，而成了该文的论据。王觉任称言：

　　　　《春秋》之言三世也，曰据乱世，曰升平世，曰太平世。据乱之世，以兵为命，朝无法，上无律，群竞其私，劲于仇杀。非洲之土人，南洋之岛夷，与夫土番野猺，犷悍顽剽，身以兵长，家以兵立，国以兵成，其生死与兵相终始。久之久之，而易世为升平也，朝有法，上有律，人禁私战，家禁私仇。然而内夏外夷，峻其限界。私有不遂，则奔蹄劲角，奋相壒躏，糜他人之民以及己之民之世也，以兵为辅。又易世而为太平也，"夷狄进爵，远近大小若一"，国同天邑，人同天民。故人爱他人之身如其身，爱他人之家如其家，爱他人之国如其国。长训其幼，上训其下，鬼训其裔，天训其君，暗暗晌晌，以兵为大戒。升平非治之至也。记曰："大同之世，天下为公，讲信修睦"。诗曰："无彼疆尔界，陈常于时夏"。上天恫而厌乱，下姓号而求治。霸天下者，则盍公其国，而勿私之矣；公之如何，则盍寝兵而休民矣。[1]

在据乱世，以兵为命；在升平世，以兵为辅；到了太平世，以兵为大戒。王觉任据此历史发展观而作醒世之言：太平世必将到来，至时将"盍寝兵而休民"。然而，义理的正确不等于现实的有效性，

1　《寝兵说》，《知新报》第27册，光绪二十三年七月十一日，上海社会科学院出版社影印本，上册，第267~268页。"夷狄进爵"一句，出自何休《春秋公羊传解诂》隐公元年。"大同之世"一句，出自《礼记·礼运篇》。"无彼（此）疆尔界"一句，出自《诗经·周颂·思文》。该文又称："夫西方之国，诸雄错处，密其防围……于是群议息兵，纠为公会，交涉之道，约之公法。强勿蹄弱，众勿暴寡，衅之兆也，公断于局外之国，法荷属地之鳕，英美捕鱼之衅，以此释纷，固已数数……此固人道之公理，先圣古王之公言，而非泰西之私义也。"此处的"公会""公法"讲的还是弭兵会之事，不知王的根据为何。

王觉任手持"大同三世说"式的这般兵器，又何能阻挡甲午战后各国帝国主义的强猛进逼之势。

4. 黎祖健

黎祖健，字砚贻、砚诒，广东番禺人。他最初是陈荣衮的学生，光绪二十年（1894）随陈荣衮同拜康有为为师。现存的《万木草堂口说》是他的录本，可见其在草堂学习用功之勤，对康的思想理解之深切。[1]《知新报》创刊时，他未列入撰述之列，从《知新报》第25册起，开始撰文。[2]

黎祖健在《知新报》上共发表了5篇政论文：《说任篇》《驳龚自珍〈论私〉》《弱为六极之一说》《说通篇》《论各国当以仁心维持大局》。[3] 其中涉及"大同三世说"的，为《驳龚自珍〈论私〉》和《说通篇》。

《驳龚自珍〈论私〉》刊于《知新报》第26、27册，所论以龚自珍《论私》一文为辩难对象，反对"独"，反对"私"，主张"同"，主张"公"。该文起首即明其宗旨为：

1　参见陈汉才《康门弟子述略》，第149页。陈汉才称其名为"砚诒"，字"祖健"，然黎祖健在《知新报》上刊文皆署名"祖健"，似为"祖健"为名，"砚诒"为字或号。关于黎祖健所录《万木草堂口说》的介绍，参见茅海建《戊戌时期康有为、梁启超的思想》下编第五章第一节"万木草堂中的口说：'洪水说''地顶说'"。

2　《知新报》第1至10册皆开列"撰述"名单，共有8位，未列入黎祖健。第11册起不再开列"撰述"名单，不知黎祖健何时被聘为"撰述"。

3　《说任篇》刊于《知新报》第25、26册，光绪二十三年六月二十一日、七月初一日。该文以"羽琫龚子"（龚自珍）的《尊任》一文为论题，设"青萝子""智芒子"之辩难，主张起而任之，勇于任事。《弱为六极之一说》刊于《知新报》第46、47册，光绪二十四年二月二十一日、三月初一日。前一篇有副标题为"总论"，说《洪范》言六极，而以弱殿之"，要求发奋而以弱而变强。黎祖健在该文中称："今中国不特国势孱弱而已，以言乎教则弱也，以言乎种则弱也，以言乎士气则弱也，以言乎兵则弱也，以言乎农则弱也，以言乎工则弱也，以言乎商则弱也。弱固不可以敌强，此孟子所谓天理者也。"由此而论，他似乎要作一篇大文章。后一篇有副标题"教弱种弱"，说"新学伪经"，说"孔子改制"，又说胎教养生医学诸项。《论各国当以仁心维持大局》刊于《知新报》第50册，光绪二十四年闰三月初一日。该文称列强争霸使"大局沦危"，其主张与王觉任《论列国息争之公理》《寝兵说》大体相同，并称："是欧西诸国，自以为仁心仁闻，进于文明者，皆见绝于孔、孟，宜伏上刑之诛者也。"这又与欧榘甲《〈春秋公法〉自序》的说法相同。

　　吾闻天下之义，莫善于同，莫不善于独，莫善于公，莫不善于私。孔子言大同，墨子言尚同。同也者，教主之宏旨也……《礼运》言天下为公，《白虎通》言通正为公，公也者，群善之总汇也。《韩非子》谓自营为私，许慎谓奸邪为私，私也者，万恶之起点也。同也，公也；独也，私也。其义一也。

龚自珍称"圣帝哲后，明诏大号"，"亦不过曰：庇我子孙，保我国家而已"；黎祖健以"大同三世说"为批判的武器，称言：

　　天下之治分三等，春秋之义，有乱世，有升平世，有太平世。乱世，尚力之世也；升平世，小康也；太平世，大同也。乱世尚力，故英辟悍主，恃其兵力，夷人之国，覆人之宗，灭人之祀，戮人之君臣、父子、兄弟、夫妇、师弟、朋友，告之太庙，镌之金石，侈然犹自以为功。若曰：吾之有此天下，固将贻诸来叶，传之无穷，为子孙帝王万世之利也；是其夷人国，覆人宗，灭人祀，戮人君臣、父子、兄弟、夫妇、师弟、朋友，孰非"保我国家"、"庇我子孙"一念之私，有以致之？此秦政、成吉思汗、亚力山大、拿破仑之流，孟子所殊［诛］其徽号，谓之残，谓之贼，谓之匹夫者也。即曰小康之世，"天下为家，各亲其亲，各子其子，货力为己，大人世及以为礼，城郭沟池以为固"，亦无非为庇子孙，保国家之计。然孔子即断之曰："谋乱［用］是作，兵由此起"；且仅目之为小康，而不足与言大同。若夫大同之世，"天下为公，选贤与能，讲信修睦。故人不独亲其亲，不独子其子，使老有所终，壮有所用，幼有所长，鳏寡孤独废疾者皆有所养，男有分，女有归。货恶其弃于地也，不必藏于己；力恶其不出于身也，则不必为己。"

斯其为公天下者哉。

这些都是"大同三世说"的典型说法，以《礼运篇》和《孟子》为说辞，说明"三世"的发展之进程。龚自珍又称，燕王子哙让位于子之，汉哀帝欲让位于董贤，岂不是"天下之至公"？"此二子者，其视文、武、成、康、周公，岂不圣哉？"黎祖健再用"大同三世说"驳斥之：

> 让者，孔子之所重也。其许尧、舜以大同，谓其能让也；称泰伯文王为至德，谓其能让也；托隐公为《春秋》始受命王，谓其能让也。吾观孔子之尚让，有民主之意焉。故《易》曰："见群龙无首，吉。"今试合天下公理家，列地球帝皇表为九等：则尧、舜、华盛顿之伦，必居第一等，何也，为其公天下也；秦政、朱元章［璋］、拿破仑之流，必居第九等，何也，为其私天下也。故孟子曰："民为贵，社稷次之，君为轻。"墨子曰："选天下之贤者，立以为天子。"庄子曰："臣妾不足以相治，必递相为君臣。"《传》曰："天生民而牧之君。"又曰："岂其使一人肆于民上。"《白虎通义》："天子者，爵称也。"董子《繁露》：天下归往谓之王，能群天下谓之君。斯义甚著。吾意百年以后，地球必尽变为民主之国也。若以子哙、哀帝之事例之，今试问子之何如人，董贤何如人，子哙何如主，哀帝何如主乎？以此为公天下之必不可也，其识与井之蛙、夏之虫相去几何矣？

按照"大同三世说"的说法，禅让是孔子在六经（尤其是《尧典》）中所藏的深意，是未来施行"民主"制度之先兆。黎祖健引经据典，对君主（天子）专制制度进行了批判。他据此认为，历史将按照圣人指明的道路前行，"百年之后"，世界上将没有君主国，全变成"民主之国"。他为此宣称:"舜、尧为大同之君,地球民主之鼻祖也。《春秋》之义,太平世天下大小远近若一。"[1]

《说通篇》共三篇,分别刊于《知新报》第50、58册,所论以"通""塞"为命题,主张智,主张强。其中一段言及"孔子改制",稍涉大同:

> 中国三代之际,禹会诸侯于涂山,执玉帛者万国,武王誓师孟津,不期而会者八百国。推之三代以前,为国必当数万,然则尧、舜亦不过如土司中之豪长耳。(孔、墨改制皆托古尧、舜,而所言各不同,韩非《显学篇》能言之。)由周而下,国犹以百数,至秦始行孔子大一统之制。由是而以《春秋》三世之义例之,荒古则国愈多,远古则国渐少,近古则统一焉。国

<hr>

1 《驳龚自珍〈论私〉》,《知新报》第26、27册,光绪二十三年七月初一日、十一日,上海社会科学院出版社影印本,上册,第250~251、266~267页。黎祖健此文引经典较多,有小误,校于下:其一,"《白虎通》言通正为公",此中的公,是公侯之意:"所以名之为公侯者何? 公者,通也。公正无私之意。侯者,候也。候逆顺也。"(陈立著,吴则虞点校《白虎通疏证》上册,中华书局,1994,第7~8页)其二,称"孟子所殊其徽号"一段,见《孟子·梁惠王章句下》:齐宣王"曰:臣弑其君,可乎? 曰:贼仁者谓之'贼',贼义者谓之'残'。残贼之人谓之'一夫'。闻诛一夫纣矣,未闻弑君也"。其三,引《易》"见群龙无首"一句,见《易·乾卦》,梁启超亦多次引用之。其四,引"民为贵"一句,见《孟子·尽心章句下》。其五,引墨子"选天下之贤者"一句,见《墨子·尚同》,文字稍有异。墨子两次提到"立天子",称"天下贤可者""天下贤良圣知辩慧之人",并称:"国君者,国之仁人也。"其六,引庄子"臣妾不足以相治"一句,见《庄子·齐物论》,文字稍有异。其原文下一句为"其有真君存焉?"其七,引《左传》"天生民"一句,见《左传·襄公十四年》师旷对晋悼公之言,文字稍有异。其八,引《白虎通义》之语,见该书卷一《爵》之首:"天子者,爵称也。爵所以称天子何? 王者父天母地,为天之子也。"(陈立著,吴则虞点校《白虎通疏证》上册,第1~2页)其九,引"天下归往谓之王,能群天下谓之君"一句,见董仲舒《春秋繁露·灭国上第七》:"王者,民之所往;君者,不失其群者也。故能使万民往之而得天下之群者,无敌于天下。"这一条是周明昭告诉我的。又,《荀子·正论》称"天下归之之谓王,天下去之之谓亡"。韩婴《韩诗外传》卷五称:"道者,何也? 曰:君之所道也。君者,何也? 曰:群也。为天下万物而除其害者,谓之君。王者何也? 曰:往也。天下往,之谓之王。"又称:"往之谓之王,去之谓之亡。故曰:道存则国存,道亡则国亡。"(许维遹校释《韩诗外传集释》,中华书局,1980,第197~198页)康有为在《孔子改制考》中对此叙述较多,指称"王"即孔子(见姜义华、张荣华编校《康有为全集》第3集,第101、105、107、218、235页)。

愈多则畛域之见愈深，渐少则畛域之见渐化，至统于一，则群
奉一人之正朔，咸禀一人之号令。襄日之争城争地，杀人盈
野，皆国界有以使之。试问一统之后，有以南省督臣与北省督
臣构兵者乎，有以东省抚臣与西省抚臣结杀者乎？虽甚暗愚，
皆有以知其必不然矣，故《礼运》之言小康曰："大人世及以为
礼，城郭沟池以为固"，为有国界者言之也。孟子传孔子大同
之学，其言曰：'域民不以封疆之界，固国不以山溪之险，威天
下不以兵革之利'，则破国界而以大一统言之也。

这是"大同三世说"的历史观。黎祖健前在《驳龚自珍〈论私〉》
中称"舜、尧为大同之君，地球民主之鼻祖"，此处又称"然则尧、
舜亦不过如土司中之豪长"，恰正是"孔子改制说"和"大同三世
说"核心论点。就历史而言，康有为说"尧、舜如今土司头人"；
"周公不知有尧、舜，可知尧、舜乃孔子追王耳"（此二语可见于黎
祖健所录《万木草堂口说》[1]）。就学理而言，康有为说"孔子最尊禅
让，故特托尧、舜"；"尧舜为民主，为太平世，为人道之至"；"孔
子拨乱升平，托文王以行君主之仁政，尤注意太平，托尧、舜以行
民主之太平"。[2]"荒古""远古"的三代皆是蛮荒世界，"尧、舜禅让"
本是孔子为改制而创造、用于描绘"大同""民主""太平世"的
"虚事"。黎祖健此处所言，多为康有为在万木草堂中的"口说"，
将其师的秘密话都说了出来。我个人更关心的，是《说通篇》中以
中学经典来谈西方议会制度，其称言：

　　　欲联上下之势，则莫若求通下情，盖尝反复于欧、美富强
　　之故，而叹议院立法之善也。然吾尝求斯义于六经传记、诸子

1　楼宇烈整理《长兴学记·桂学答问·万木草堂口说》，第88、106页。
2　《孔子改制考》，姜义华、张荣华编校《康有为全集》第3集，第147、149~150页。

百家，盖已多能言之。然则三代以来，古先哲王美备之政，其推行异域而臻文明之治者，可胜道哉！故《诗》曰："先民有言，询于刍荛。"《吕刑》曰："皇帝清问下民。"《大学》曰：文王"与国人交"，则君之求言于民也。《尧典》曰："辟四门"，则辟门集议也。《洪范》曰："谋及卿士，谋及庶人"，卿士从，庶民从，则上、下两院之制也；曰："三人占，则从二人之言"，则择其说之多者而从之也。《坊记》曰："上酌民言，则下天上施。上不酌民言，则犯也。下不天上施，则乱也。"夫君不酌民言为犯，民不上言于君为乱，其于君民之际何如矣。《王制》曰："太史采诗，而观民风"，其勤求民隐为何如矣。《周礼·地官·司徒》："大询于众庶，则各帅其乡之众寡而致于朝"，以视君臣隔绝者何如矣。大王之迁岐也，"属耆老而告之"。盘庚之迁殷也，"率吁众戚出矢言"，"咸造，勿亵在王庭"，其君民之相亲为何如矣。晋人"听舆人之诵"，子产不毁乡校，其博采舆论何如矣。《王制》曰："爵人于朝，与众共之，刑人于市，与众弃之。"《孟子》曰："国人皆曰贤，然后用之"；"国人皆曰可杀，然后杀之"。以视威福自专者何如矣。《管子》曰："庶人欲通，吏不为通，七日，囚"，以视壅塞民情、抑不上达者何如矣。孔子之作《易》也，乾下坤上则曰泰，兑上艮下则曰咸。夫"乾天也，坤地也"，乾专［尊］而坤卑，卑者在上，尊者在下，其位乖矣，而反谓之泰者；天气下降，地气上腾，然后"天地交而万物通"也。"艮山也，兑泽也"，艮刚而兑柔，刚者处下，柔者处上，其义紊矣，而反谓之咸者；刚能下人，柔能上达，而后"二气感应以相与"也。经义彰彰如是，然则通下者岂非求治之第一义哉？西国议院之制，权舆于希利尼，当中国商小甲十七年（当时希国立一大会于得满拜力，各举邦人充之，以议国事）；推行于罗马，当中国周贞定王十九年（罗马选十人，以充议政大臣）。近欧美诸国，决大疑，定大策，皆视议院之可否，以定从违，其与我古先哲王之政，何相似之甚哉？[1]

以中国经典来言西方议会，是康学的特点。康有为认为，议会的职责为"通下情"，在其早期著作《论时务》和《上清帝第三书》已有阐述，并引经据典：其一，《尚书·洪范》"谋及卿士，谋及庶人"；其二，《孟子·梁惠王章句下》"国人皆曰贤"；其三，《尚书·盘庚》"王命众，悉至于庭"；其四，《尚书·尧典》"辟四门，明四目，达四聪"；其五，《礼记·大学》"与国人交止于信"；其六，《周礼·秋官·小司寇》"一曰询国危，二曰询国迁，三曰询立君"。康还以汉代的"议郎"、"征辟"制度和宋代给事中"封驳"制度为根据。梁启超接受了康的思想，著《古议院考》，除了以上经典外，另外引证：其一，《易·泰卦》"上下交而志同也"；其二，《尚书·大禹谟》"询谋金同"；其三，《礼记·大学》"民之所好好之"；其四，《孟子·滕文公章句上》滕文公"三年之丧"；其五，《国语·周语》"周厉无道"；其六，《左传》襄公三十一年即子产"不毁乡校"。梁还引证汉代的"贤良""文学"。[2]黎祖健吸取了康、梁的这些营养，并增加引证：其一，《诗·大雅·板》"询于刍荛"；其二，《尚书·吕刑》"皇帝清问下民"；其三，《礼记·坊记》"上酬

1　《说通篇》，《知新报》第50、58册，光绪二十四年闰三月初一日、五月二十日，上海社会科学院出版社影印本，上册，第637~638、766~767页。黎祖健此文引经典较多，亦有小误，除去康有为、梁启超已征引者外，补校于下：其一，"先民有言"一句，见《诗·大雅·板》。其二，"太史采诗"一句，见于《礼记·王制》，文字稍有异："命大史陈诗，以观民风。"其三，引"大询于众庶"一句，出处有误，非为"司徒"之职，而是"乡大夫"之职。其四，太王（古公亶父）迁岐，"属耆老而告之"，典出自《孟子·梁惠王章句下》。其五，"晋人'听舆人之诵'"，典出于《左传》僖公二十八年："楚师背郦而舍，晋侯患之，听舆人之诵曰：原田每每，舍其旧而新是谋。公疑焉……"其六，引管仲之语，见《管子》大匡第十八（黎翔凤：《管子校注》上册，中华书局，2004，第368~369页）。另，《礼记·坊记》《易·咸卦》引文皆不误。

2　参见茅海建《戊戌时期康有为、梁启超的思想》上编第二节之《上清帝第一书》与《论时务》、第三节之"三条建策——求才、慎左右、通下情"及下编第一章第一节《古议院考》及其思想资料之辨识。

民言"；其四，《礼记·王制》"大史陈词""爵人以朝"；其五，《周
礼·地官·司徒（乡大夫）》"国大询于众庶"；其六，《孟子·梁惠
王章句下》"属者老而告之"；其七，《左传》僖公二十八年晋侯"听
舆人之诵"；其八，《管子·大匡》"庶人欲通"。康有为、梁启超力
图证明，中国圣贤早已有与西方议会制度相同的政治思想，恰好说
明了他们对包括"人民主权论"在内的西方代议制议会的误读；黎
祖健深受康有为的影响，称言"古先哲王美备之政，其推行异域而
臻文明之治"，而其所录《万木草堂口说》记录了康的口说："今西
人有上议院、下议院，即孔子之制。""孟子用贤用杀皆听'国人曰
可'，亦'与众共之'义也。西人议院即是。"[1] 由此可见，康有为、
梁启超、黎祖健所言的"议院"，其作用在于通下情，是"大同三
世说"的民主，与西方的民主思想是不同的。至于希利尼（希腊）、
罗马的民主制度，黎祖健可能受到了唐才常的影响。[2] 在《说通篇》
的结尾，黎祖健不同意立即设立"议院"，而是主张变科举、兴学
校，这与康、梁此期的策略是相同的。

5. 欧榘甲

欧榘甲（1865~1913），字云樵，广东归善（今惠阳）人，生员。
光绪十七年就学于康有为，也颇受康之器重。[3] 曾任《孔子改制考》
总校。欧为《时务报》撰稿，亦为《知新报》撰稿，但《知新报》

1　楼宇烈整理《长兴学记·桂学答问·万木草堂口说》，第116、141页。进一步的叙述与分析，
参见茅海建《戊戌时期康有为、梁启超的思想》下编第四章第三节"康有为在万木草堂及桂林讲
学内容的中、西学比例关系"。

2　参见唐才常《各国政教公理总论》，中华书局编辑部编，刘泱泱审订《唐才常集》（增订本），
中华书局，2013，第29页。

3　欧榘甲的身世，可参见陈汉才《康门弟子述略》，第47~51页；宋德华、刘雪琴：《辛亥前期
欧榘甲革命自立主张探析：以〈新广东〉为中心》，《南方职业教育学刊》2011年第5期；刘雪
琴：《欧榘甲思想演变研究——兼与康有为及康门弟子相比较》，硕士学位论文，华南师范大学，
2012；王占宇：《欧榘甲思想研究》，硕士学位论文，湖北大学，2012；罗更晓、李青海：《家国之
光耀百年——记近代教育启蒙者、光祖中学首任校长欧榘甲》，《未来教育家》2013年第5期；夏
晓虹：《〈新广东〉：从政治到文学》，《学术月刊》2016年第2期。其中关于欧的生卒年记载不同，
此处采用刘雪琴硕士学位论文的说法，其称查自族谱。

创办之时，他与黎祖健一样，未列入撰述之列。[1]他曾到长沙，是湖南时务学堂分教习之一。[2]百日维新期间，仓场侍郎李端棻保举"经济特科"，欧榘甲亦在列。[3]

欧榘甲在《知新报》上共发表了《变法自上自下议》《论中国变法必自发明经学始》《〈春秋公法〉自序》《〈泰晤士报〉论德据胶州事书后》《〈南海先生五上书记〉序》5篇政论文，还在《时务报》上发表了《论大地各国变法皆由民起》《〈日本高等师范学校章程〉叙》。[4]其中涉及"大同三世说"的，为《〈春秋公法〉自序》《〈日本高等师范学校章程〉叙》。

《〈春秋公法〉自序》刊行于《知新报》第38册，所论是称其将按《春秋》之大义来写一部"公法"。按照"康学"的说法，"公理"似属一种客观的存在，人只能去发现；"公法"却是人所制定的。美国传教士丁韪良（William Alexander Parsons Martin）为总理衙门翻译了惠顿（Henry Wheaton）的《万国公法》（Elements of International Law）。为帮助中国人的理解，丁韪良在任职同文馆期间

1　由于康有为与汪康年《时务报》之争，汪将之改为《昌言报》，并在其第1册刊出汪所作的"跋语"："谨案：康年于丙申之春，倡设《时务报》，惟时南皮张制军提倡于先，中外诸大吏振掖于后，各省同志复相应和，先后延请梁卓如、麦孺博、章枚叔、徐君勉、欧云樵诸君为主笔……"（《昌言报》，中华书局影印本，1991，第4页）"欧云樵"，欧榘甲。然《时务报》仅刊出欧榘甲一文，其是否到上海任职，未详。

2　当时时务学堂中文总教习为梁启超，分教习为韩文举、叶湘南、欧榘甲。但《湖南时务学堂初集》（长沙戊戌刻本）中有梁启超批语（最多）、韩文举批语（次多）和叶湘南批语，不见欧榘甲批语，原因不详。亦有可能欧榘甲到达较晚，时务学堂已放年假。

3　胡思敬：《戊戌履霜录》，《续修四库全书》史部第446册，第345页；《国闻报》光绪二十四年五月二十九日、六月二十二日。

4　《变法自上自下议》，本文第三节将评述。《论中国变法必自发明经学始》刊于《知新报》第38册，光绪二十三年十一月初一日。该文所言皆是"孔子改制说"，此时《孔子改制考》尚在刊刻之中。《〈泰晤士报〉论德据胶州事书后》刊于《知新报》第48册，光绪二十四年三月十一日。该文所言多是立孔教之事，本文第四节将述及。《〈南海先生五上书记〉序》刊于《知新报》第61册，光绪二十四年六月二十一日。该文是称颂康有为之作。《论大地各国变法皆由民起》刊于《时务报》第50册，光绪二十三年十二月十一日。该文体现的是民本思想，但该文未完，无续作，其最后的思想还不能确定。

亦编写了《中国古世公法论略》，于光绪十年（1884）刊印。按照
"康学"的说法，孔子作《春秋》，即是制定公法，不仅是万世的公
法，而且是万国的公法。欧榘甲由此称言：

> 呜呼！自圣师孔子卒后，至今二千三百七十五年，榘甲乃
> 获南海先生之绪论，稍通《春秋》之义，知天之生孔子也，为
> 神明圣王，不治一国而治万国，不教一世而教万世。窃推其
> 意，辑《春秋公法》数卷，爰系之以辞曰：上古之世，鸟兽与
> 人争；近古之世，人乃与其类争。其争也，或以国殊，或以种
> 殊，或以族殊，或以教殊。瑕衅俟构，则骴骨烧飞于烟尘，膏
> 血溅洒于冥海。一枪之力，夷数十人焉；一分之时，歼数十万
> 人焉……孟子谓：率土地食人肉，罪不容于死；残贼谓之一夫；
> 辟土地充府库，今谓良臣，古谓民贼。呜呼！震旦不灵，坐受
> 削弱，痛何言矣？而数十国之君若臣，顾处心积虑，以争城争
> 地，杀人父兄，涂人肝脑，纪为一代盛事，以《春秋》之法律
> 之，此皆不免于独夫民贼之诛者也。

欧榘甲同本节前文所论的王觉任一样，持《春秋》大义及《孟子》
言辞为批判的武器，指责因"国家""种族""族群""宗教"之不
同而进行的战争，称"争城争地"的"数十国之君若臣"，自当列
立"诛"条。他由此解释《春秋》公法之大义：

> 《春秋》爱民，故恶战，恶火攻。《春秋》存亡继绝，故
> 善救邻，善保小，恶灭国。《春秋》弭兵，故善同会，恶逃会，
> 恶不合群。《春秋》贵自立，故恶弃民以取亡；先自正，故恶
> 无义而为利。《春秋》天下为公，故讥世卿而选贤与能。《春
> 秋》有分土无分民，故仁德广被，无一夫不得其所。然而大地
> 之运，由野蛮而入教化，由教化而进文明。故昔之闭关自守

者，今则洞开其门户；昔之仇雠相视者，今则揖让而往来。而《春秋》则有三世之义：据乱世以力胜，升平世以智胜，太平世以仁胜。力胜故内其国而外诸夏，智胜故内诸夏而外夷狄，仁胜故天下大小远近若一，讲信修睦之事起，争夺相杀之患泯。环球诸国，能推《春秋》之义以行之，庶几我孔子大同大顺之治哉？故曰：《春秋》者，万国之公政，实万国之公法也。

欧榘甲此处所言，正是"大同三世说"之要义：据乱世，力，内其国而外诸夏；升平世，智，内诸夏而外夷狄；太平世，仁，天下大小远近若一。并分别对应着"野蛮""教化""文明"。他称，"欧西群雄角立，器械新美，战事之兴，视中土尤烈焉"；世界各国若皆遵行《春秋》公法，将会进入孔子设计的"大同大顺之治"。对其正在"辑"的《春秋公法》，欧榘甲亦充满信心，自我认定必将超越前贤：

> 果鲁西士虎哥、惠顿之伦，悯然忧之，箸为公法，以保弱小而贬强暴……末由通《春秋》之旨，怀志芳芬，而陈义麤牾。丁韪良氏，乃以《左氏》集中国公法，岂知本哉？……《春秋》为万国公法，吾士夫尚昧然，遑论他族乎？榘甲窃私忧过计，以为《春秋》之义不明，孔子之仁不著于天下，环球之民将无所托命。爰大明之，以告万国之君若臣，无为率土地食人肉，甘弃民以坐亡，蹈《春秋》《孟子》之所诛，蒙独夫民贼之恶谥。知我罪我，所不辞焉。[1]

---

1 《〈春秋公法〉自序》，《知新报》第38册，光绪二十三年十一月初一日，上海社会科学院出版社影印本，上册，第444~445页。"率土地食人肉"一句，见《孟子·离娄章句上》；"残贼谓之一夫"一句，见《孟子·梁惠王章句下》；"辟土地充府库"一句，见《孟子·告子章句下》。欧榘甲所言《春秋》公法诸义，因引言过于细碎，无法一一核校，但可以大体看出，有出自《春秋》、《公羊》和何休《春秋公羊传解诂》者，亦有出自《礼记》和《论语》者。

欧榘甲认为，果鲁西士虎哥（格老秀斯，Hugo Grotius）、惠顿虽有"芳芬"之志，但因不通《春秋》之大旨，其义仍粗；丁韪良著《中国古世公法论略》，错引《左传》（古文经，伪经）为据，失去其"本"义；就中国士大夫而言，知道《春秋》为万国公法者也不多。于是，他不辞使命而"爱大明之"。欧榘甲自称所辑"数卷"的《春秋公法》是否完成，尚不可知。[1] 假设其著《春秋公法》真的完成了，刊刻了，甚至翻译成世界各国语言（此类微言大义的学说，翻译难度估计也很大），当时"以力胜"的各国帝国主义真会因此而改变吗？

《〈日本高等师范学校章程〉叙》刊于《时务报》第 50 册，本是为《时务报》日文翻译古城贞吉所译《日本高等师范学校章程》所作的序言，欧榘甲却从"君""民""师"而引出议论，额外加入了"大同三世说"的内容：

> 欧榘甲观于坤维之变，暗暗思其故，曰：君权绌而民权起，民权起而师统兴，师统兴而天下治也。

> ……能以养以教者，谓之君，谓之教化之国，不能此者，谓之独夫民贼，谓之无教化之国。《春秋》之义，乱世削大夫权，升平世削诸侯权，太平世削天子权。圣师欲致太平，故使君、民各有其权。君能从圣师之教，以养以教，不自把持其权，则太平矣。是故治统于教，君统于师。

> 元、明以后，侏优儒者，师统既微，君权独尊，民生益瘵。举世不知孔子为教主，为师统，推孔子之教以行治……盖

1　梁启超对《春秋》与"公法"的关系亦有论述，参见茅海建《戊戌时期康有为、梁启超的思想》第四章第四节"梁启超的说法：'中学西学''折中孔子'"。梁也称湖南时务学堂学生戴修礼对"公法"颇有体会。

中土师范之绝也，久矣。泰西见君不跪，见师则跪。每七日袖
经跪师而诵之。七尺之童，无不知有其教主。君民之颂祷，号
其教主而视之。饮食男女之猥琐，悬其教主之像而膜拜之。得
一新义，创一新器，莫不归于其教主之全能而尸之。于是师范
之义，旁见于泰西。[1]

以上第一段话提出了"师"高于"民"、"民"高于"君"的阶梯；
第二段话提出了"太平世削天子权"，这也是康有为在《孔子改制
考》中所言；第三段话提出了"孔子为教主"，即有意于仿效泰西
而立教，欧榘甲此期政论文《〈泰晤士报〉论德据胶州事书后》在
这方面的叙述甚多，后文将述之。

6. 麦孟华

麦孟华（1875~1915），字孺博，广东顺德人。光绪十七年就
学于康有为，为"长兴里十大弟子之一"，亦在康门内被称为"驾
孟"。光绪十九年，麦孟华中举人（与康有为同科）。光绪二十年，
随康有为、梁启超入京会试，未中式。光绪二十一年，再随康、梁
入京会试，仍未中式，参加"公车上书"。光绪二十三年（1897），
到上海参与编辑《时务报》，为主笔之一。光绪二十四年（1898），
与梁再到北京参加会试。根据康的指示，再次发动"公车上书"，
要求拒绝租让旅顺、大连，签名者达830人。康、梁等人发起保国
会，麦为康讲演的记录者。[2] 百日维新期间，礼部侍郎唐景崇保举

1　《〈日本高等师范学校章程〉叙》，《时务报》第50册，光绪二十三年十二月二十一日，中华书
局影印本，第4册，第3389~3992页。

2　麦孟华的身世，可参阅陈汉才《康门弟子述略》，第10~14页；郭卫东：《丁未政潮中康梁派
活动考略》，《历史档案》1990年第1期；张锡勤：《麦孟华思想简论》，《求是学刊》2004年第1期；
曾光光：《麦孟华研究》，人民出版社，2011。冯自由在《戊戌前孙康二派之关系》中称"麦孟华
号驾孟"（《革命逸史》初集，第47页）。"孟"，孟子。又，麦孟华之弟麦仲华，也是康有为弟
子，娶康有为之长女康同薇；麦孟华之妹嫁给康有为弟子罗普。

"经济特科"，麦孟华在列。[1]

麦孟华在《时务报》上共发表《榷关议〈内地机器制造货物征税章程〉书后》《论中国宜尊君权抑民权》《论中国变法必自官制始》《民义》《尊侠篇》《论中国会匪宜设法安置》等6篇政论文章。[2]麦作为康有为的大弟子，言及"大同三世说"却很少，仅两处，分别在《尊侠篇》和《民义》上。

《尊侠篇》刊于《时务报》第32册，所论是呼唤"侠士"的精神，以对抗各国列强的处处进逼，以行慷慨变法之事。在该文中，"大同三世说"被放在非难者的位置上：

> 难者又曰：吾闻《春秋》之义：太平之世，远近大小若一；大同之治，爱邻国如己国。区区恩怨，魁儒勿道也。

麦孟华此处仅引"大同三世说"的第三世，即"大同世"，所言是"世界大同"之后的政治秩序；由此，他又用"大同三世说"的"第一世"，即"据乱世"之理来驳斥之，称言：

> 至治之极，义贵平等。西人薮我中国，百端窘辱，揆之以理势，岂可谓平。侠者振弱锄强，取其不平者而平之，公法家之所谓平权者也。且国之相处，必重报施，虽致太平，犹所不免。况今日之天下，据乱世之天下也，必骤陈高义，不自奋拔，低头齰舌，腆颜受辱。则印度、土耳其岂不甚盛矣乎？然

1　胡思敬：《戊戌履霜录》，《续修四库全书》史部第446册，第345页。
2　《榷关议〈内地机器制造货物征税章程〉书后》刊于《时务报》第20册，光绪二十三年二月十一日。该文反对总税务司对内地使用西洋机器制造货物征收税款的做法。《论中国宜尊君权抑民权》《论中国变法必自官制始》两篇，本文第三节将予以叙评。《论中国会匪宜设法安置》刊于《时务报》第40册，光绪二十三年九月初一日。该文主张使用日本明治维新的方法（上策）或俄国彼得改革的方法（中策），来安置各类会匪（"哥老会、袍哥会、理教会、小刀会、三合会、三点会、兴中会……"）。麦孟华将"兴中会"列入会匪，但如何具体安置会匪，并没有细说。

> 报施之道奈何？曰：始则以力鼓其勇，继则以气莘其党，终则
> 以智御其变……[1]

根据"大同三世说"，清朝此时已处于"升平世"，但从世界范围来看仍属"据乱世"，即梁启超所称之"五洲万国，直一大酋长之世界焉耳"。[2]麦孟华对此的方法是"以力""以气""以智"进行对抗，这与前文所称王觉任、欧榘甲、黎祖健的列立"诛条"、蒙受"恶谥"——在经典与史籍中斥之为"六大罪案"或"残贼一夫"——是大不相同的。

《民义》刊于《时务报》第26、28、30、34册，原本是类似梁启超《变法通议》之类的大文章。麦孟华在"自叙"中称，"谨最其要图，条为八事，为三十二篇"，但刊出仅是三篇，即"自叙""民义总论""公司"，可见发表者仅是其原设计撰写的极小部分。由于该文尚未写完，宗旨未能全显，但从已刊的内容来看，是在讲"君""民"两义及其相互关系。麦称，"中国文学未昌，风气未辟，民智未开，民事未习"，若设立"议院"，"止足取乱"；由此设立"公司"，合众人之财力，从事"生利公司"（种植、畜牧、渔务、纺织、制造）和"通利公司"（轮船、内运、洋庄、保险）。"大同三世说"到了他的笔下，却是重点讲君的作用：

> 然吾闻古圣治民之道矣，曰："天下有道，则庶人不议。"

---

1 《尊侠篇》，《时务报》第32册，光绪二十三年六月十一日，中华书局影印本，第3册，第2141~2148页。麦孟华在该文中盛赞司马迁《史记·游侠列传》所记朱家、郭解两人之精神。

2 此语见梁启超《论君政民政相嬗之理》，《时务报》第41册，光绪二十三年九月十一日，中华书局影印本，第3册，第2771~2777页。梁启超在时务学堂学生李泽云的札记上批曰："文明与野番争，至今日犹此世界。如二十年时西班牙与亚齐、去年意大利与阿比西尼亚是也。要之，世界尚有野番而不能不有争，轨道并行而不相悖。有竖三世，有横三世。竖三世者，日日所言者是也。横三世者，如今阿州方为据乱世、而欧洲已升平、美洲已近太平是也。故人与禽兽争之世界，今且未息。印度于光绪六年一年中为虎所伤者二百余人是也。"（《湖南时务学堂初集》第4册《札记》卷三，长沙戊戌刻本，第52页）"二十年"，指光绪二十年。"阿州"，指非洲。

又曰："民可使由之，不可使知之。"墨子治兼爱尚同之言者也，曰："一人一义，十人十义，百人百义"，则不可为政。民自为谋，顾可求治邪？曰：《春秋》之义，世有三等。据乱之世，犷犷莽莽，罔识君民。升平之世，以君统民。事总一智，万愚受治；权属一尊，万卑受成；以一人而任众人之事，则众人不可纷扰以乱之也。故民智皆敛其力以待用，驯其气以听命。圣人非欲愚民也，民愚因以愚道治之也。久之久之，而智者失智，愚者安愚，则权堕事败而不可为治矣，不能不进之以太平。太平之世，万力毕奋，万智毕张，尊仍于上，事分于下。故升平之治，君劳而民受成；太平之治，民劳而君受成。且"天生民而立之君，师之牧之，保之傅之"，将以善其事而使之得所也。

根据"大同三世说"的学理，各世的变更替代，有其严格的规定，"未及其世，不能躐之"。既然清朝乃处于升平世，还未能向太平世过渡，君权仍然是必需的。麦孟华再从"古者"中找到"井田"等多项制度，称"今则垦因任力，上不过问"，进一步地推论："则是保母既去，而婴孩犹呱呱以索乳哺，其不馁而致毙也几何矣？"[1]

麦孟华如此解读"大同三世说"，是其主张"自上而下"进行改革。这在他的其他政论文章中有较多阐述，我将在本文第三节叙述之。

7. 韩文举、何树龄、孔昭焱、陈继俨的言说

除了前述徐勤、刘桢麟、王觉任、黎祖健、欧榘甲、麦孟华六人外，康门弟子还有韩文举、何树龄、孔昭焱、陈继俨四人在《知

---

[1]《民义》,《时务报》第26、28、30、34册，光绪二十三年四月十一日、五月初一日、五月二十一日、七月初一日，中华书局影印本，第2册，第1730~1737页，第3册，第1865~1872、2001~2008、2277~2283页。"洋庄"，即进出口贸易行。麦引用的经典，校于下：其一，"天下有道"一句，见《论语·季氏》。其二，"民可使由之"一句，见《论语·泰伯》。其三，"一人一义"一句，见《墨子·尚同》，其结论是"是故择选天下贤良圣知辩慧之人，立以为天子"。其四，"天生民而立之君"一句，见《左传》襄公十四年师旷对晋悼公之言，文字稍有异。

新报》上发表政论文章。他们共同的特点是很少提到"大同三世说"或者是干脆不提。

韩文举（1864~1944），字树园，广东番禺人。光绪十七年就学于康有为，是"长兴里十大弟子之一"，亦在康门内被称为"乘参"。曾任《新学伪经考》初校。《知新报》创办后，任撰述。后又随梁启超去长沙，是湖南时务学堂分教习之一。[1]特别值得注意的是，康有为逃亡日本后，韩亦随侍。康在东京著《我史》（《康南海自编年谱》），一度手累，由其口授，命韩代为笔录，一晚上录十页，可见韩对其师的思想比较了解。[2]

韩文举在《知新报》上发表了《万国公政说》《国朝六大可惜论》《治始于乡说》《推广中西义学说》《童蒙艺塾说》，涉及的改革内容诸多，但不见"大同三世说"。[3]很可能他的政论文章多涉及教育，由此往聘于湖南时务学堂任教。然他在给学生做批语时，言"改制"，罕言"大同""太平"，这与梁启超大不相同。

何树龄（1868~1908），字易一，广东三水人。早年就读于康有

1　参阅陈汉才《康门弟子述略》，第24~31页。冯自由在《戊戌前孙康二派之关系》中称："韩文举号乘参。"（《革命逸史》初集，第47页）"参"，曾参，子舆。

2　可参见拙著《从甲午到戊戌：康有为〈我史〉鉴注》，三联书店，2012，第4~5页。

3　《万国公政说》刊于《知新报》第5、6册，光绪二十三年二月十一日、十六日。该文以"仁"为议题，主张"地球仁""亿万世仁"，提议一部《万国古今善政录》，记录其善政与秕政，由此来约束各国的行为，颇有孟子所言"孔子成《春秋》，而乱臣贼子惧"之意（《滕文公章句下》）。在该文中，韩文举还揭到了"今之西人，弭兵有会，其心不可谓不仁也，而法仍未行"，不知其根据如何。《国朝六大可惜论》刊于《知新报》第6册，光绪二十三年二月十六日。该文称清朝在顺治帝、康熙帝、恭亲王奕䜣、曾国藩、同光之际和甲午战后共有六次变法机会，未行改革，为"六大可惜"。《治始于乡说》刊于《知新报》第8册，光绪二十三年二月二十八日。该文力主乡治，"治天下莫如治国，治国莫如治乡"。其方法是设乡师，即士师、农师、工师、商师，并设立士学院、农学院、工学院、商学院以培养乡师。《推广中西义学说》刊于《知新报》第15册，光绪二十三年四月初一日。该文主张大规模设立义学，学习中学与西学知识，并提出了五种集资方式。其中一段涉及政治设计："今者书籍无藏，钳其思也；翻书无局，蔀其目也；新闻乏馆，囿其识也；讲学无会，塞其智也；议院不设，靳其权也。缚之于科举，奔之于官宦，趋之于酬酢。"这实际上提出了开办图书馆、译书局、报馆、学会、议会的要求。《童蒙艺塾说》刊于《知新报》第23册，光绪二十三年六月初一日。该文主张在儿童时期进行"艺学"（西方的声光化电知识和工程制造技艺）的培训。

为，是其最早的弟子。¹ 光绪二十一年秋，康有为在上海办《强学报》，调何树龄、徐勤北上助编。《知新报》创办后，任撰述。戊戌政变后，康有为从香港逃亡日本，何是随行弟子之一。² 值得注意的是，何与孙中山一派亦有关系。³

何树龄在《知新报》上共发表了《爱同类说》《论今之时局与战国大异》《论实学》三篇政论文。⁴ 其中言及"大同三世说"者，为《论今之时局与战国大异》。

《论今之时局与战国大异》刊于《知新报》第 12 册，所论称"昔战国之政，出自君王。今欧洲之权，在于议院。君民之趋向不同，而古今之世变遂悬殊矣"；又称"今则议政之局，谋及庶人，辩难周详，集思广益"。何树龄由此说明当下时局与战国时期相比

1　参阅陈汉才《康门弟子述略》，第 146 页；张荣华编校《康有为往来书信集》，中国人民大学出版社，2012，第 256 页。又，康有为《我史》(《康南海自编年谱》)光绪九年记："何易一来，馆之于家，易一聪明过人，能深思妙悟，至是皆馆于我。"(中国史学会主编《中国近代史资料丛刊·戊戌变法》第 4 册，第 116 页)据此，何易一为康有为的第一个学生。梁启超《康烈士广仁传》中称："三水何树龄易一者，南海门下之奇才也。好学而深思，奇警精辟，纵横中外，出入天人，十年馆于南海家。君与何树龄为兄弟之交，同居十年，抵掌可足。"(《哀烈录》卷一，蒋贵麟主编《康南海先生遗著汇刊》第 17 册，台北，宏业书局，1976，第 9 页)

2　参阅拙著《从甲午到戊戌：康有为〈我史〉鉴注》，第 156~160、846 页。

3　宫崎滔天称，他通过陈白（陈少白）而认识何树龄，又通过何找到区凤墀，再通过区得知孙中山的消息（[日]宫崎滔天著，林启彦改译、注释《三十三年之梦》，花城出版社，1981，第 112~117 页）。光绪二十一年十二月十二日，康有为致信何树龄、徐勤："今彼既推汪穰卿来，此人与卓如、孺博至交，意见亦同（能刻何启书三千部送人，可想是专持民主者，与易一必合）。"（上海市文物保管委员会编《康有为遗稿·戊戌变法前后》，上海人民出版社，1986，第 236~237 页）"汪穰卿"，汪康年。光绪二十二年五月二十六日，梁启超致汪康年信称："康先生书又极言何易一之叛教，盖其丧心之故，亦由去年不得意有以激之也，然已令人发指。昨遇燕生，今复闻此，愤气填膺，势将欧血，奈何奈何！"（上海图书馆编《汪康年师友书札》第 2 册，上海古籍出版社，1986，第 1836~1837 页）"燕生"，宋恕。由此推之，梁称何"叛教"一事，很可能指其与孙中山一派有联系。

4　《爱同类说》刊于《知新报》第 7 册，光绪二十三年二月二十一日。该文以"春秋之意，诛灭国，疾火攻"为立意，要求人类相爱戒杀。《论实学》刊于《知新报》第 14 册，光绪二十三年三月二十六日。该文称："曰礼节，曰仪文，曰名分，曰习俗，皆人事之制作也，虚也。曰理势，曰象数，曰仁智，曰忠信，皆天道之自然也，实也。"何树龄由此要求改科举、译西书等项，以转移世风。

有八项差别，其论据大多由欧、美、日本的政经制度引申出，最后的结论是：

> 既有八异，经世者当翻然改图矣。不可自私，惧刺客之众多也。不可自尊，惧公法之摈斥也。敬教劝学，惧为荒岛野国也。舍己从人，惧为独夫民贼也。俯就舆情，避亚力山德第二之覆辙也。任言民政，散梯能欷邻尔之乱党也。大同之运方长，"域民不以封疆之界"也。息争之会可成，"威天下不以兵革之利"也。凡此数端，已露萌芽，培而植之，易为力耳。舍地球之善士而不为，而欲为战国之良臣，其不为子舆氏所痛诋者几希。[1]

何树龄没有谈三世的递进，而是直接言大同，这是他倾向革命的政治态度之所致。光绪二十一年（1895），他给康有为的信称："先生为何等人，贪污佞谄断不可避。注意大同国，勿注意大浊国，以大浊国为开笔衬笔可耳（知其不可尚为之耶）……大浊国必将大乱，为人所瓜分……"[2]

孔昭焱（1883? ~1943），字希白、希伯，贡生，广东南海人。光绪二十一年就学于康有为。[3]光绪二十二年致信康有为，以家中迫

1　《论今之时局与战国大异》，《知新报》第12册，光绪二十三年三月十六日，上海社会科学院出版社影印本，上册，第90~91页。"亚力山德第二"，指被暗杀的俄国沙皇亚历山大二世。"梯能欷邻尔"，很可能指丹尼尔·奥康奈尔（Daniel O'Connell, 1775–1847），爱尔兰独立运动的先驱者。"息争之会"，指康党传说中的"弭兵会"。"子舆"，此处指孟子。

2　叶德辉辑《觉迷要录》录四，清光绪三十一年刻本，第25~26页。何树龄在信中还称："武子（孙武子，指孙文，即孙中山）果然在日本处曾见伊藤博文云。窥其行径，大约有联英、日以拒俄之说动日政府。中朝托俄为腹心，正犯英、日之大忌。彼在英国，大约亦见尼希利党人，与之同病相怜矣。""武子"之读，采自赵立人之解读（本文第三节将述及）。"尼希利党"，指俄国虚无党。

3　参阅陈汉才《康门弟子述略》，第140~141页；并可参阅孔昭焱在康有为《我史》手稿上的跋语，见拙著《从甲午到戊戌：康有为〈我史〉鉴注》，第870页。

其习举业为由，希望能去上海，在《时务报》馆做事。[1]《知新报》创办后，从第3册开始，列他为撰述。孔昭焱在《知新报》上共发表《论中国变法之害》《改官制莫先于翰林院始》两文，未涉及"大同三世说"。[2]

　　陈继俨，字仪侃，广东南海人，早年就学于康有为。《知新报》成立后，任撰述。[3]陈继俨在《知新报》上发表了《论粤人不知变之失计》《论自强军逃亡》《忧教说》《前明科举说》《论中国今日联欧亚各国不如联美国之善》《〈保教末议〉自叙》《论德人人据胶州湾》《军机处会同兵部〈议复武备特科折〉书后》《论中国拘迁之儒不足以言守旧》《说丕但》《伸民权即以尊国体说》《中国不可开议院说》《整顿刑狱私议》等13篇政论文章，另有《南海九十六乡倡办不缠足会叙》。[4]他在《知新报》刊文数量仅次于刘桢麟，是该报光绪

1　叶德辉辑《觉迷要录》录四，第22~23页。

2　《论中国变法之害》刊于《知新报》第13册，光绪二十三年三月二十一日。该文称清朝先前的变法在于西式战具、同文馆、买办通事、西国报馆、专属于总税务司的寄信局、西式轮船、洋元洋钞、西式服饰、西式房舍等十五项，即"由前之说，其变如此，战具也，学堂也，文言也，报馆也，邮政也，舟舶也，银币也，衣服也，庐屋也，饮食也，利用也，玩好也，风尚也，仪饰也，术智也"，皆未带来利，反带来了害处。此处孔昭焱颇作戏谑言辞，正话反说。康党认为，过去的变法只变了器物，没有变制度，孔文正是此意，但他没有进一步说明正确的变法之途。《改官制莫先于翰林院始》刊于《知新报》第23册，光绪二十三年六月初一日。该文认为若要改科举，须先改变翰林院的官制，设教习大臣、掌院学士、小教习等职；"弃汉人破碎之学，割爱六朝隋唐绮华浮藻之词，破除宋学末流束身自私之习"；所习者为"先圣经术，本朝掌故，历代掌故，郡国利病，中外大势，富强之本"。

3　参阅陈汉才《康门弟子述略》，第139~140页。

4　《论粤人不知变之失计》刊于《知新报》第29册，光绪二十三年八月初一日。该文称广东士人在变法精神上不如安徽、江苏、浙江、上海、北京、天津、广西、湖南等地，如能做到"合大群"诸项，"吾粤之兴，正未可量"。《论自强军逃亡》刊于《知新报》第31册，光绪二十三年八月二十一日。该文称张之洞在甲午战争期间在南京所练自强军，"计初时训习者，已亡去十之八九"，并分析士兵逃亡的五项原因。《前明科举说》刊于《知新报》第37册，光绪二十三年十月二十一日。该文批评明太祖朱元璋开科举为"愚民"。《军机处会同兵部〈议复武备特科折〉书后》刊于《知新报》第53册，光绪二十四年四月初一日。该文认为"不当以科第成人才"，建议京师设武备大学堂、各省设武备学堂。《论中国拘迁之儒不足以言守旧》刊于《知新报》第54册，光绪二十四年四月十一日。该文大谈西学中源论：议院、预算、陪审、工部工厂、弭兵、学校、驻使等，以"吾中国之旧，而为今日之善政"。该文称："春秋之义，疾始灭，疾火攻，

二十三年八月之后的主要写手。其中稍稍涉及"大同三世说"的，为《论德人据胶州湾》。

《论德人据胶州湾》刊于《知新报》第 44 册，所论是反对当地人激烈的反教行为，以送借口给德国而采取军事手段，称言："德人之取胶州也，非有爱于彼教也，将以自利也；华人之杀教民也，非有爱于其国也，实以自亡也。"陈继俨在此文引"大同三世说"为论据，以反对"尊中国而攘夷狄"之说：

> 且今之攘臂奋腕、嚣然自大、疾欧西之人，如复"九世之仇"者，试叩其故，则罔不曰：吾将以'尊中国而攘夷狄'也。夫攘夷之说，起于宋世，而托始于《春秋》，顾吾尝闻之《春秋》矣。《春秋》立三世之义，以治万国而范万世，其言曰：据乱之世，内其国而外诸夏；升平之世，内诸夏而外夷狄；太平之世，远近大小若一。其内外之者，盖将以先后之也，非直有所好恶于其间也，又乌得而攘之。且其所谓夷狄也，以其有夷狄之行，不以其有夷狄之名。[1]

按照何休的说法，"至所见之世，著治太平，夷狄进至于爵"，即到

疾取邑，墨子有《非攻》之篇，宋钘倡寝兵之说，此即西人弭兵之会也。"即再次谈到西方的"弭兵会"。《说丕但》刊于《知新报》第 56 册，光绪二十四年五月初一日。"丕但"，patent，专利。该文倡导实行专利制度。《整顿刑狱私议》刊于《知新报》第 64 册，光绪二十四年七月二十一日。该文主张用西法来改善清朝的司法制度。但该文未刊完，政变发生，其主旨尚未说清楚。《南海九十六乡倡办不缠足会叙》刊于《知新报》第 36 册，光绪二十三年十月十一日。其余《忧教说》《论中国今日联欧亚各国不如联美国之善》《〈保教未议〉自叙》《伸民权即以尊国体说》《中国不可开议院说》等五篇，本文下文将予以叙评。

1 《论德人据胶州湾》，《知新报》第 44 册，光绪二十四年二月初一日，上海社会科学院出版社影印本，上册，第 541~542 页。"九世之仇"，见《春秋公羊传》庄公四年。"尊〔救〕中国而攘夷狄"，见《春秋公羊传》僖公四年。该文又称："夫教士者，非所谓先知觉后知、先觉觉后觉，推其道以仁天下之人者乎？是故未兵以前，则联万国息兵会以调息之，而杀人之徒不能逞也；既兵以后，则立红十字会以补救之，而杀人之事犹少戢也。""万国息兵会"，即康党所传的"弭兵会"，陈继俨称是"教士"所为，不知其指何人，亦不知其根据之所在。

了不分诸夏与夷狄的"天下远近大小若一"。这正是"大同三世说"的重要论据。陈继俨与何树龄一样，只提了一次"大同三世说"，且也没有细说。

8. 一般性的结论与梁鼎芬、梁启超的评论

以上，我详细考察了梁启超以外的康门弟子在《知新报》《时务报》上的言说，详细引证了他们关于"大同三世说"的叙述，这可以大体坐实梁启超在《清代学术概论》所言："后此万木草堂学徒多言大同矣。"这是从"有无"的界分，来判断戊戌时期康有为"大同三世说"之存在。

然而，万木草堂学生众多，其中在《知新报》《时务报》发文者仅10人（不算梁启超、康广仁、康同薇），比较主动谈"大同三世说"者6人，比较被动谈者2人，不谈者2人。即便是谈得比较主动的，如徐勤、刘桢麟、黎祖健，所言"大同三世说"的内容也只占其全部著述的极小篇幅，其深度更是远远比不上梁启超；而在报刊上不谈者，如韩文举，与梁启超同在时务学堂任教，梁在学堂里大谈特谈，韩却是慎笔罕言。这是从"宽窄"的幅度，来判断戊戌时期康有为"大同三世说"之传播。

前节所引梁启超《清代学术概论》称，"有为虽著此书，然秘不以示人，亦从不以此义教学者"，"其弟子最初得读此书者，惟陈千秋、梁启超"，即康有为将"大同三世说"教授于陈、梁；梁启超又称，陈、梁"读则大乐，锐意欲宣传其一部分，有为弗善也，而亦不能禁其所为"，即陈、梁将"大同三世说"转手教授于万木草堂其他学生。然《清代学术概论》写于1920年，所言是光绪十七年至二十三年（1891~1897）之事，这一类的回忆不能精确到每一个字。从《知新报》《时务报》所发表的政论文章来看，我以为，康有为在万木草堂对其他学生也说过"大同三世说"（即"以此义教学"）；既然公开刊刻的《孔子改制考》《春秋董氏学》中都有"大同三世说"的内容，康也没有必要完全保密不说，只是所说的内容

与深度，要远远少于对梁启超之授。康有为的同乡、昔日好友、张之洞的幕僚梁鼎芬，在康流亡日本后，以"中国士民公启"之名，作《康有为事实》，由张之洞递交给来访武昌的日本驻上海总领事小田切万寿之助，以能让日本驱逐康出境。其第三条称：

> 　　康有为之教，尤有邪淫奇谬、不可思议者，其宗旨以"大同"二字为主（其徒所设之局、所立之学，皆以"大同"为名），创为化三界之说：一化各国之界。谓世间并无君臣之义，此国人民与彼国人民一样，古人所谓忠臣、义士，皆是多事。一化贫富之界。富人之财皆当与贫人公用，此乃袭外国均贫富党之谬说、小说戏剧中强盗打富济贫之鄙语。一化男女之界。谓世界不必立夫妇之名，室家男女皆可通用。将来康教大行后，拟将天下妇女聚在各处公所，任人前往淫乱。生有子女，即筹公款养之，长成以后，更不知父子兄弟为何事。数十年后，五伦全然废绝，是之谓"大同"（少年无行子弟，喜从康教者，大率皆为此为秘密法所误也）。其昏狂謬乱，至于此极，乃白莲教所不忍言，哥老会所不屑为。总之，化三界之说，一则诲叛，一则诲盗，一则诲淫。以此为教，不特为神人所怒，且将为魔鬼所笑矣。或疑此条所谈太无人理，康教何至于此？不知此乃康学秘传，语语有据，试问之康徒便知。若有一言虚诞，天地鬼神，实照鉴之。[1]

梁鼎芬又从何处得知康有为此类"秘传"的"大同"思想？他赌咒发誓称"语语有据"，很可能得自"康徒"。就"化三界"而言，对照此期梁启超及康门弟子在《时务报》《知新报》和时务学堂中的

---

1 《康有为事实》，日本外务省编纂《日本外交文书》第 31 卷第 1 册，日本国际联合协会（东京），1954，第 730 页。

言说，"一化各国之界"可以成立；对照康有为先前和后来所著的《实理公法全书》《〈礼运〉注》《大同书》及梁启超在《清议报》上发表的《南海康先生传》，"一化贫富之界"可以成立；对照康后来所著的《〈礼运〉注》《大同书》，"一化男女之界"也有部分内容可以成立，只是称康门弟子"为秘密法所误"，当属梁鼎芬无根据的诬词。

前引梁启超《清代学术概论》称，当他得闻"大同三世说"的内容时，"读则大乐""喜欲狂"，这也是事后的说法。他当时的感想又是如何呢？梁给康有为的信中曾经说道：

> ……尚有一法于此，我辈以教为主，国之存亡，于教无与。或一切不问，专以讲学、授徒为事。俟吾党俱有成就之后，乃始出而传教，是亦一道也。弟子自思所学未足，大有入山数年之志，但一切已办之事，又未能抛撇耳。近学算、读史，又读内典（读小乘经得旧教甚多，又读律、论），所见似视畴昔有进，归依佛法，甚至窃见吾教太平大同之学，皆婆罗门旧教所有、佛吐弃不屑道者，觉平生所学失所凭依，奈何。[1]

此信所写时间似为梁启超在上海主办《时务报》时期。梁此中谈到的"教"，是超越国家的，即"国之存亡，于教无与"，说的就是"大同三世说"。梁让康"专以讲学、授徒"，当万木草堂学生学成后，出而传"大同三世说"之教。梁对其掌握的"教"义仍不满足，想通过"入山数年"补足。梁又通过数学、历史和佛教经典的学习，自觉"归依佛法"，甚至对"吾教太平大同之学"一度产生怀疑，觉得"所学失所凭依"。梁给康有为的另一信中又说道：

1　叶德辉辑《觉迷要录》录四，第19页。"旧教""婆罗门旧教"，指早期印度教。写信时间的判断，据"但一切已办之事，又未能抛撇开耳"，当指《时务报》。

某宗旨颇与同门诸君不同，诸君开口便劝人传教。新学小生，入馆未及数月，即令其发挥宗旨，令其向人述先生之道。夫己之学且未成，安能发挥他人？其瓶也，必入乎耳，出乎目，日日摭拾听讲之余文，而居然以通学自命。其初也，犹乘其乍发之气，诋斥流俗，志尚嘐嘐然。一二年后，内学未成，而客气已沮，必疲苶与常人等。岂唯如此，自借其一二高论，以巧为藏身之地，谓一切小节皆不足为我累，必卑污苟贱无所不至。吾党中蹈此阱者，盖十之五六，真可愤恨。此非某故为苛论。此阱某曾自蹈之。去年在都几成无赖，瞎马深池，念之犹栗。故深知墙高基下之为大害也。某昔在馆亦发此论，谓吾党志士皆须入山数年，方可出世。而君勉诸人大笑之，谓天下将亡矣，汝方入山，人宁等汝耶？某时亦无以对。不知我辈宗旨，乃传教也，非为政也；乃救地球及无量世界众生也，非救一国也。一国之亡，于我何与焉？且吾不解，学问不成者，其将挟何术以救中国也？即多此数年入山之时日，亦能作何事乎？今我以数年之功成学，学成以后救无量世界。[1]

此信所写时间与前信差不多，也是梁启超在上海主办《时务报》期间。梁对万木草堂同学的学识颇为不满，称"吾党中蹈此阱者，盖十之五六"。"新学小生"一事，指刘桢麟的《公羊初学问答》。"救地球及无量世界众生"，指的是具有世界意义的"大同三世说"。梁再次提到了"入山数年""数年之功"，可见这类"学问"或"教"义的获得方式——不是到泰西各国去求知，而是在自家的深山上苦修，以能理解圣贤经典的真义。梁虽得闻"大同义"，但仍在京中"瞎马深池"，并自认为自己学问"未成"；为了"学成

1　叶德辉辑《觉迷要录》录四，第19~20页。"君勉"，徐勤。写信时间的判断，据"去年在都几成无赖"，光绪二十一年梁启超参加会试，试后在京居住了一段时间。

以救无量世界"而准备放弃"救一国"（大清国）。可是，按照"大同三世说"，梁所憧憬的"救地球及无量世界众生"，毕竟是未来之事，且还相当遥远。

从梁启超以上两信，可以看出他的内心依然彷徨。他已经有了使命在身（"传教"）的自觉，但似乎还没有真理在胸（"学成"）的自信。至于两信中梁反复强调的"传教"，正是他在湖南时务学堂所开展的工作，本文第四节将详述之。

三 "保中国不保大清"与"自上""自下"的变法方案

黄彰健在《论康有为"保中国不保大清"的政治活动》一文中，称康有为、梁启超等人受到光绪帝召见之前有推翻清朝政府，建立汉人的独立政府之意。[1] 黄的论说甚长，然主要证据为两条。一是康有为在辛丑（光绪二十七年，1901）之后给赵必振（曰生）的信：

> 当戊戌以前，激于国势之陵夷，当时那拉揽政，圣人无权，故人人不知圣上之英明。望在上者而一无可望，度大势必骎骎割鬻至尽而后止。故当时鄙见专以救中国四万万人为主。用是奔走南北，大开强学、圣学、保国之会，欲开议院、得民权以救之。因陈右铭之有志，故令卓如入湘。当时复生见我于上海，相与议大局，而令复生弃官返湘。以湘人材武尚气，为中国第一，图此机会，若各国割地相迫，湘中可图自主。以地在中腹，无外人之干涉，而南连百粤，即有海疆，此固因胶、旅大变而生者。诚虑中国割尽，尚留湘南一片，以为黄种之苗。此固当时惕心痛极，斟酌此仁至义尽之法。卓如与复

---

1 黄彰健：《戊戌变法史研究》，《中央研究院历史语言研究所专刊》（54），1970，第1~54页。

生入湘，大倡民权，陈、黄、徐诸公听之，故南学会、《湘报》大行。湘中志士于是靡然发奋，人人种此根于心中，如弟所云是也……[1]

二是狄葆贤的回忆：

> 任公于丁酉冬月（光绪二十三年，1897）将往湖南任时务学堂时，与同仁等商进行之宗旨：一渐进法；二急进法；三以立宪为本位；四以彻底改革，洞开民智，以种族革命为本位。当时任公极力主张第二第四两种宗旨。其时南海闻任公之将往湘也，亦来沪商教育之方针。南海沉吟数日，对于宗旨亦无异词。所以同行之教员，如韩树园、叶湘南、欧榘甲皆一律本此宗旨，其改定之课本，遂不无急进之语。[2]

我一直认为，黄彰健的观点颇具启发性，然若要加以采信，须得认真投子"复盘"。历史研究最难之处，就在于对当事人主观动机的判断。行事可以查证，思想，尤其是秘不示人的思想，难寻其确迹。康有为致赵必振的信写于庚子勤王失败之后，其主旨是劝说赵等不要采取激进的手段，即不要"越级"（有如"大同三世说"的说法）；其中"开议院""得民权""大倡民权"应作何种解读，还有商议的空间。[3]狄葆贤的回忆过晚，其说法用语，有着明显的后来

1　蒋贵麟编《万木草堂遗稿外编》下册，台北，成文出版社，1978，第600~605页。
2　狄葆贤：《任公先生事略》，转引自丁文江、赵丰田编《梁启超年谱长编》，第87~88页。
3　该信最后称："又各国进化，皆有等级。法国越级，则大乱八十余年……欧西各大国所不能之事，而以初胎之中国，极深之旧蔽，乃欲一超，险于欧洲，而直入美国之地。此其无理，犹超大海跳危崖，惟有堕落而已。非徒大乱涂炭吾民，彼使他国收渔人之利，而国种将沦。"这是明显的反对革命。由此而推论，赵必振等人很可能有鼓吹革命之意。此外，该信中孙家鼐与光绪帝的对话，其事极为可疑；该信又称康到上海若死难而光绪帝将被弑，其理亦不能成立。

观念之影响。然黄彰健多爱于我，示教至再。[1]

　　桑兵在《保皇会的宗旨歧变与组织离合》一文中，以相当正面的态度引证了黄彰健所持上述两项证据，并引宫崎寅藏、田野橘次、志贺重昂和冯自由等多人史料加以补充，其结论与黄彰健相近，即梁启超此时在思想上倾向于革命，其在湖南的做法亦相当激进。[2]

　　赵立人在其论文《戊戌变法时期兴中会和维新派的合作与分歧——兼论康有为早期之反清活动》和著作《康有为》中，再引黄彰健所持上述两项证据，并引陈少白、孙中山、何树龄、章太炎、濑川浅之进等多人史料加以补充，称康有为、梁启超最初目标实为革命，欲建立"大同国"。[3]

　　黄彰健、桑兵、赵立人的上述论著皆是严谨之作，史料引用亦有交错，观点相近而不尽相同。然史料作者亦有其主观性，史料

1　2005年10月，我与黄彰健初会于台北，黄向我说明其最重要的贡献就是发现康有为及其党人"保中国不保大清"，我当时没有说话。2009年，黄收到拙著《从甲午到戊戌：康有为〈我史〉鉴注》一书，于8月13日写信给我："康、梁于政变后，对外宣传保皇，故康《自编年谱》及梁《戊戌政变记》均否认康有保中国不保大清的阴谋，对丁酉九月底十月初康党聚议事，亦隐讳不提。（谭嗣同言，丁酉'秋末始遂瞻依之愿'。）此一聚议事，佐证昭然，尊著《〈我史〉鉴注》怎可对此亦只字不提。故读尊著仅可使读者明了康党政治活动可以公开的部分，而对康党秘密活动的一部分一无所知。如了解康党的秘密活动，则对康公开活动的解释亦将不同。此正为研究戊戌变法史困难处，请参看拙著《戊戌变法史研究》自序。康党上海聚议的共识，现在看来，即康《上光绪第五书》的上策与下策，同时分途进行，而康党的主力，梁、谭与康弟子则入湘，进行自立民权革命活动。谭在《湘报》上即盛赞康'第五书'为国朝260余年所未有，而梁、谭在湘亦推行康学。拙著《戊戌变法史研究》辨康《戊戌奏稿》之伪，承尊著赞誉，而康党'保中国不保大清'，实为拙著重点所在。""秋末始遂瞻依之愿"一句，见《壮飞楼治事十篇·湘粤》[蔡尚思等编《谭嗣同全集》（增订本）下册，中华书局，1981，第445页]黄彰健去世多年，然学问长存。我在此与之相商，寄托着对这位优秀学者的长思之意。亦可参见拙文《悼念黄彰健先生》，《依然如旧的月色》，三联书店，2014，第4~12页。
2　桑兵：《保皇会的宗旨歧变与组织离合》，《近代史研究》2002年第3期，该文后编入《庚子勤王与晚清政局》，北京大学出版社，2004，第350~395页。
3　赵立人：《戊戌变法时期兴中会和维新派的合作与分歧——兼论康有为早期之反清活动》，上海中山学社编《近代中国》第16辑，上海社会科学院出版社，2006，该文收入《粤海史事新说》，广东人民出版社，2017；《康有为》，广东人民出版社，2012。赵立人去世亦多年，我在此寄以哀思。

读者不能完全客观；且当时人的思想更有复合性，行为亦常有自相
矛盾。

若要说梁启超"反清"，我还可以再补充两条材料。其一是日
本海军战略间谍宗方小太郎于 1898 年 2 月 28 日（光绪二十四年正
月二十七日）日记称：

> 夜与《时务报》记者梁启超、麦某等会饮于四马路一品
> 香，畅论东方之时事。九时归。梁今年廿四岁，弱冠中举，学
> 术文章冠一世。……梁曰：中国之天下已为满人破坏，欲挽回
> 国运，不可不脱离满人之羁绊，云云。[1]

梁此处所说的正是种族革命，由此再对照梁在时务学堂《日记》中
所作批语："皆后世民贼之所为。读《扬州十日记》，尤令人发指眦
裂。故知此杀戮世界，非急以公法维之，人类或几乎息矣。"[2]宗方小
太郎之说似非孤证。其二是梁启超在《知新报》第 34 册上发表《三
先生传》，称他们是"忧天下"的"天民"，"无所为而为之"的"安
仁"，但仅发表了以乞助教的"张先生"、火中救弱女子的"何先
生"，最后一位未发表，称言：

> 富贵而不仁，不如饿殍；衣冠而不仁，不如优孟；完人而
> 不仁，不如废疾。三先生者，一丐、一伶、一阉，岂非世所谓
> 下流之人，而士大夫所羞与为伍者耶？及其行谊，则士大夫之
> 能之者，何其少也？使天下得千百贤如三先生者，以兴新法，

1　甘慧杰译《宗方小太郎日记》上册，上海人民出版社，2016，第 384 页。"麦某"，麦孟华。
宴聚地点在上海。
2　陈同、宋钻友、承载点校《翼教丛编》，上海书店出版社，2002，第 146~147 页；又可见叶德
辉辑《觉迷要录》录四，第 30 页。此中称"民贼"，又称"公法"，颇有"大同三世说"之意味。

何事不举？以救危局，何艰不济？以厉士气，何气不扬？[1]

此中的"废疾""一阉"，说的就是寇连材。梁启超为此在文末写明"传录二关一（自记）"，不正是关闭其文字来掩盖其反清之意图吗？梁启超流亡日本后，才在《清议报》上发表了《烈宦寇连材传》。[2]

　　读当时汪康年来往书信以及其他人书信，处处可见对清朝政治的批评；读当时孙宝瑄日记及其他人日记，常常看到改变政治状态的诉求。清朝昏乱的政治统治，引出了整个士人阶层普遍的不满。统治阶层内部、满人内部的不满情绪亦在蔓延。[3] 如果说康

1　梁启超：《三先生传》，《知新报》第34册，光绪二十三年九月二十一日，上海社会科学院出版社影印本，上册，第380~381页。该文称："夫自忧其身也，是之谓仁，是之谓人。忧其亲者，谓之孝子；忧其君者，谓之忠臣；忧其国者，谓之义士；忧天下者，谓之天民，墨子谓之任士，佛谓之菩萨行。无所为而为之者，谓之安仁；有所为而为之者，谓之利仁；学而能者，谓之强仁。天下古今，所谓孝子、忠臣、义士者，亦数数见。大率则利仁、强仁，十八九焉。夫既亦仁矣，利焉、强焉何害？独惜论世之士，往往于利焉、强焉者，则津津道之；于安焉者，则莫或知之；即闻其名与其行事，亦若以为无足轻重，置之而已。以吾闻三先生者，其行，孔、墨之行也，其心，佛、菩萨之心也，岂尝有所丝毫求于天下？但率其不忍人之心，乃忘其身之困顿危死，龟焉仡焉以赴之，倘所谓安仁者邪？三先生皆不识一字，其以视读书万卷、著作等身者何如矣？"这段话中的"天民""安仁"，似以"大同三世说"来立意。"忠臣、义士"说，又可见前引梁鼎芬的评说。

2　梁启超：《烈宦寇连材传》，《清议报》第8册，光绪二十五年二月初一日，中华书局影印本，第1册，第459~461页。此后编辑的《饮冰室合集》《三先生传》中列入了寇连材传。关于寇连材的研究，可参阅马忠文《寇连材之死与"烈宦"的诞生》，《清华大学学报》（哲学社会科学版）2012年第3期。

3　宗方小太郎于1898年2月28日（光绪二十四年正月二十七日）日记称：他"至（上海）广东路新利洋行，与名士李盛铎、罗诚伯二人议兴亚大事。李乃江西名家，榜眼出身，翰林之名流也。容貌颇伟，品学兼优，有天下之志"。"李、罗诸人曰：清政府依赖俄国，非ัability国民之舆望，实出自庙堂一二权臣之妄为，即奉承皇太后之意者也。天子与皇太后不和，确实无疑。现清国在上者尽皆腐铄，居下者无知蠢愚，不足道，只中间士子真能做事，他日动天下者必此种族也。"（甘慧杰译《宗方小太郎日记》上册，第384页）唐才常在光绪二十五年十月十三日致信康有为称："而杭州驻防瓜尔佳氏，且敢明目张胆上书那拉，以膺权贵之锋。（其人金梁，满洲生员，年二十余，慷慨有大节。昨常亲至杭州，迳造其庐，与谈半日。闻渠日砺一剑，为杀荣、刚之用。又孔子生日亲率满人设主大祭，而以去秋殉难六君子配之。见者愕然。）由此观之，海内士大夫之议论黑白渐著……"（蒋贵麟编《万木草堂遗稿外编》下册，第870~871页）"荣、刚"，荣禄、刚毅，时任军机大臣。

有为"忠清"，他在变法期间运动袁世凯发动政变，这在当时属最大的反叛。[1] 如果说汪康年"忠清"，他在《时务报》上发文主张民权论，又到日本与孙中山见面，宗方小太郎日记披露出的内容，远远超过梁启超、谭嗣同等人在湖南"大倡民权"。[2] 当时清朝的极大政治困境与社会灾难，使得许多人的思想处于复合状态之中，几种不同的、矛盾的甚至对立的政治观念会同时存在于同一个人的头脑之中，使之在同一个时期内说出不同的话来。这也是那个时代士人阶层思想游移不定、大起大落的主要原因。正是因为如此，当时许多人的思想与行为之间也会有很大的落差。[3] 日本浪人与间谍在寻找反清人士，革命党人在寻找同路人士，他们的主观愿望会使得那些志趣相契的言辞直入其心田，记载会更多些，文辞会更犀利些。

康有为的"大同三世说"是一种革命性的思想。根据这一思

1　梁鼎芬撰《康有为事实》，以此为第一条，称之为"谋逆"（转引日本外务省编纂《日本外交文书》第 31 卷第 1 册，第 729~730 页）。

2　汪康年在《时务报》第 4 册上发表《中国自强策》（光绪二十二年八月初一日）、第 9 册上发表《中国参用民权之利益》（光绪二十二年九月二十一日），皆有兴民权的言论。汪康年与孙中山在日本见面之事，可见于今日史家之著作：李吉奎《孙中山的生平及其事业》，中山大学出版社，2001，第 435~436 页；廖梅《汪康年：从民权论到文化保守主义》，上海古籍出版社，2001，第 162 页。两书作者因立意不同，强调之点亦有别。宗方小太郎日记对此期汪的政治设计有更多的披露。1897 年 12 月 3 日（光绪二十三年十一月十日），"七时时务报馆汪康年进士来访。与予同乘马车，上四马路某酒楼吃洋馔，盛论当世时务。此人有意于支那内另外创立新国，与予所见略同。快谈至十时半散"。1898 年 4 月 9 日（光绪二十四年三月十九日），"午后汪康年来访，前日从湖南归来云。共谈立国之要务。予问曰：湖广总督张之洞、湖南巡抚陈宝箴二氏乃天下之重望，我辈宜说之以大义，使其为我所用，于做事之时，将甚多便益，足下有此意否？汪曰：陈、张二氏，眼前虽不为我用，然当时机来临之日，或可联镳并驰，共同致力中原，云云。四时与汪氏访福本日南，小谈归"。4 月 11 日（三月二十一日），"往至时务报叩汪康年，交付清国时事话片十二则……交汪之话片大要在于：窥时机举义兵，占据湖南、湖北、江西、四川、贵州及广东之一部，使其连成一片，以建立一国。并列举有关之方法手段"（甘慧杰译《宗方小太郎日记》上册，第 405~406 页；中册，第 416~417 页）。

3　其中最为明显的事例是，康有为、梁启超、麦孟华是科举制度的批判者，也是百日维新期间科举改制的推动者，但他们已中举人，一次不缺地赴京参加会试。康在万木草堂讲学中，亦有科举的内容，并称："八股亦不必废，作者能上下古今，何尝不佳。"（楼宇烈整理《长兴学记·桂学答问·万木草堂口说》，第 235 页）

想逻辑，此时的清朝正处于升平、小康前期，必然要进入"君民共主""设议院""兴民权"的阶段，即升平、小康后期；然后，清朝必然要灭亡，中国将成为民主国，即太平、大同前期；再往后，中国也最终将灭亡，地球将进入"天下大小远近若一"的"大同世界"，即太平、大同后期。[1] 按照前引黎祖健的估计，"百年以后，地球必尽变为民主之国"，清朝的寿命最长不过如此。又按照梁启超的估计，"至所谓大同之道与大同之法，五百年以内必遍行于地球"，中国的寿命最长亦不过如此。[2] 梁又称："太平世不行万国公法，而行万人公法。"由此可见，根据"大同三世说"，他们最终将既不保大清也不保中国。[3]

康有为的"大同三世说"也是一种非常保守的思想。根据这一思想逻辑，三世的更替有着严格的条件规定，不可提前越级，即所谓"未及其世，不能躐之"。根据康有为、梁启超等人的观察，清朝正处于"一君世"（升平、小康）之中"君主之世"（前期）向"君民共主之世"（后期）的过渡阶段，许多条件尚未完备；由此须先"开民智"，然后才是"设议院"。梁启超等人在《变法通议》等诸多政论文章中对此大力鼓吹之。除了何树龄等激进分子，康有为一派此时并不倡导政治革命，他们不可能直接建设"大同国"。梁启超给康有为信中称谭嗣同为"伯里玺之选"，应当视作康党内部

---

1 此据梁启超"三世六别说"，见茅海建《戊戌时期康有为、梁启超的思想》下编第一章第二节《论君政民政相嬗之理——'大同三世说'中的民主》。

2 梁启超在李炳寰札记上的批语（《湖南时务学堂初集》第 2 册《札记》卷 1，第 3 页）。梁在答郑宝坤问时又称："必越千数百年后，地球五洲皆合为一，然后'大一统'局乃成，此谓之'大三世'。"（《湖南时务学堂初集》第 1 册《答问》，第 56 页）可见梁的预计并无一定。

3 梁启超在郑宝坤札记上的批语。郑宝坤称："窃以为他日地球合而为一，至太平极盛之世，则人人皆有一性法存于心中，而不必借公法以绳之矣。孔子之作《春秋》也亦然，专立小康之义，所以治万世之民贼也。然而他日地球合而为一，以至于太平者，必《春秋》为之起点也。"（《湖南时务学堂初集》第 4 册《札记》卷 3，第 26 页）

称梁为"轶赐"般的戏语，[1] 似不可由此而认为，康有为一派将发动
政治革命，建立一个"以谭嗣同为大总统、而以康有为为教主"的
国家。[2] 从现有的文献来考察，康有为及其党人经常过高地估计自己
的能力，但此时还不至于狂妄地想象他们有能力创造出一个新国，
也还没有这方面的政治设计。

既然"大同三世说"赋予了康有为一派革命思想，又限制了他
们的革命行动，那么，他们此时又能做、又该做什么呢？

康有为弟子欧榘甲在《知新报》第28、29册上发表《变法自上
自下议》，称言："今日言变法，人人皆有其责，人人当任其事。然
变之之道有二：一曰变之自上，一曰变之自下。"欧所谓"自上"，
即以俄国彼得大帝改革和日本明治天皇维新为榜样。其称言：

> 夫邻我者莫如俄、日，迫我者莫如俄、日，宜取法者亦莫
> 如俄、日，不取法于俄、日，必见歼于俄、日……中国图治久
> 矣，"卧薪尝胆"，布于纶音，"创巨痛深"，昈哉天语。而左右
> 贵近，炀蔽汶暗，无能周知外事，翊赞圣听；畿内外吏，又复
> 忘君父之大仇，无能愤扬国耻，力任新政。是以高拱深宫，独

1　梁启超信中称："甫之子谭服生，才识明达，魄力绝伦，所见未有其比。惜佞西学太甚，伯里
玺之选也。"（叶德辉辑《觉迷要录》录四，第18页）"甫"，敬甫，谭继洵。"服生"，复生。"伯
里玺"，伯里玺天德之简称，president，总统。从梁上引文字而言，应当视为戏语。梁鼎芬在《康
有为事实》中称："轶赐，即梁启超。"（《日本外交文书》第31卷第1册，第731页）冯自由在
《戊戌前孙康两派之关系》中称："梁启超号轶赐。"（《革命逸史》初集，第47页）赐，端木赐，
字子贡。

2　汉口领事濑川浅之进致外务大臣青木周藏，1899年（明治三十二年）2月16日。该报告称：
"康有为、谭嗣同的最终目的，乃是想变该国的国体为纯粹的共和政体。假如事成，则以谭嗣同
为大总统，而以康有为为教主。到后来，此种企图被发现，像张总督这样的正直之士，闻'共
和'二字，对康党之态度骤然冷却，俄而转为敌对。"［郑匡民、茅海建编选、翻译《日本政府
关于戊戌变法的外交档案选译（二）》，《近代史资料》总113号，中国社会科学出版社，2006，
第85页。又可见孔祥吉、〔日〕村田雄二郎《罕为人知的中日结盟及其他——晚清中日关系史新
探》，巴蜀书社，2004，第121~122页。两者译文有所不同］从濑川的报告可见，当时从康有为
家中抄出的信件，已录副本传到武昌，"谭为大总统"即是梁启超信中所言。"康为教王"，见梁
鼎芬《康有为事实》第一、二条。这些应视为张之洞一派向日本进行的宣传。

立无助，是皆有官守者之过也……在位者，诚勿为身家之谋，共怀晋、宋之辱。其年届悬车，则自行告退，毋妨贤路；其识仍故辙，则急自袚濯，无误朝廷。大辟公府，以延天下之士；广集众议，以上天子之听；流涕痛哭，不计利害。圣聪既达，四门斯辟，降至尊以交国人，振长策而御宇内。本先圣经世之义，采泰西殖民之规，阳开阴阖，乾端坤倪，良法美意，耳目焕然。遣使臣与列邦公会，立二十年太平之约；选学士与列邦教会，明《春秋》太平之制。《易》曰："首出庶物，万国咸宁"。《诗》曰："周虽旧邦，其命维新"。其是之谓乎！

欧榘甲的办法是，斥退守旧无能之大臣，广开言路，并让光绪帝降尊以交贤士，以能进行变法。"本先圣经世之义，采泰西殖民之规"一句，讲的是"中体西用"的道理。文中"列邦公会"，指康党所传说的"弭兵会"；文中"列邦教会"，指各国教会，康有为后来对此亦有详细建策。[1] 欧所谓的"自下"，即"泰西诸国是也。当美、法之民之大变也，全球震荡，民智豁开，欧洲诸国人人知有自主之权，人人知有当为之事"。欧虽然提到了美国革命与法国革命，但仍突出"民智"，由此称言：

且夫泰西之强也，民群强之也，中国之弱也，民不群弱之也。是故学校盛，则民智慧，善堂盛，则民仁善，农织盛，则民富饶，工商盛，则民阗溢……今之中国，人众矣，土广矣，然而无士也，无农也，无工也，无商也。非无士也，士而不群，故无学会以通声气，无图籍以扩见闻，无教会以御外侮，无游历以广尊亲。外士荧荧，吾士尘尘，与无士同也。非无农

1　光绪二十四年五月初四日，总理衙门代奏康有为《请商定教案法律厘正科举文体并呈〈孔子改制考〉折》，其第一项即是设立孔教会，并以孔教会与西方教会进行交涉（孔祥吉编著《康有为变法奏章辑考》，北京图书馆出版社，2008，第256~261页）。

也，农而不群，故无农会以相比较，无农报以稽土物，无新机以利刈播，无化学以速滋生。外农勤勤，吾农盹盹，与无农同也。非无工也，工而不群，故无工局以讲制造，无工器以辟心思，便日用则无妙制，御漏卮则无巧式。外工裳裳，吾工芒芒，与无工同也。非无商也，商而不群，故无商会以厚财力，无商学以规巨利，资小而取微，势分而志轧。外商夥夥，吾商焦囚，与无商同也……思有以振之，则宜合群，思合群，则宜开会。学会者，士之群也；农会者，农之群也；工会者，工之群也；商会者，商之群也……

欧榘甲的办法是，各省、各州县、各乡间设置三级的"学会""农会""工会""商会"，以能变士、变农、变工、变商，使之皆能有"群"。欧在该文的最后表示，他希望的变法方案是"自上"，若其不能，只能"自下"，但并不是"背上"：

天下有道，则庶人不议言；国势危癙，民宜发愤昌言。合群进力，自务其义，以救君父也。夫上能变，则宜待之上，上不能变，则下宜自为之，非背上也。[1]

我个人一直怀疑，欧榘甲的这篇文章很可能有康有为之参与，至少是康看过。光绪二十二年底，康去广西桂林讲学。次年五月返回广州，九月去上海。欧文发表的时间为光绪二十三年七、八月间，恰是康在广州之时。如此建策之文，欧应当请示于康。

从康有为此期的经历来看，他本人正是"自上""自下"两案并行者。就"自上"而言，康于光绪二十一年三次上书，就是"自

1　《变法自上自下议》，《知新报》第28、29册，光绪二十三年七月二十一日、八月初一日，上海社会科学院出版社影印本，上册，第282~283、298~300页。"首出庶物"一句，见《易·乾卦·象》。"周虽旧邦"一句，见《诗经·大雅·文王》。"辟四门""国人交""天下有道"见前注。

上"的表现；且《上清帝第三书》获都察院代呈，得到光绪帝的重视，于光绪二十一年闰五月二十七日（1895 年 7 月 19 日）与胡燏棻等九件折片发下，下旨命各省将军督抚讨论。这是"自上"方案获得初步成功的标志。光绪帝该谕旨称"当此创巨痛深之日，正我君臣卧薪尝胆之时"，此即欧榘甲文中"中国图治久矣，'卧薪尝胆'，布于纶音，'创巨痛深'，昧哉天语"之出处。就"自下"而言，康在广州设万木草堂，在京师、上海办"强学会"，两次去桂林讲学并办"圣学会"，而他的弟子在上海办《时务报》、在澳门办《知新报》，名著一时。这些在当时亦可谓"自下"方案获得成功。

欧榘甲虽然提出"自上""自下"两案，但看来他本人更主张"自下"。他在《时务报》第 50 册上发表《论大地各国变法皆由民起》，从圣贤经典而大讲民义，从泰西现状而大讲民强，称言：

> 中国之不变，非在上者之咎也，吾民之过也。欧、米之致治，亦非其上者之能也，其民为之也。人徒观今日之乐耳，孰知其百年前之民之困苦乎？夫其百年前之情形，岂有异于我今日哉？……夫吾在上者之于民也，未尝禁之，使不得变也，而时又非不能变也。而竟柔脆枯槁，甘滋他族，奭诟无耻，以待奴隶。无人焉振兴文学，掸求政治，崇工艺之宏规，发农商之大业，以御外侮，以图自存者。何也？曰：未能通知大地变法，皆民为之之故。[1]

欧榘甲的这篇文章说明"未完"，后又没有续篇。这很可能是《时务报》内部矛盾所致，也有可能他自己都说不下去了，即"柔脆枯槁"的下层，"无人焉振兴文学"等诸事，又如何效法欧、美来担当

---

1 《论大地各国变法皆由民起》，《时务报》第 50 册，光绪二十三年十二月十一日，中华书局影印本，第 4 册，第 3385~3389 页。

变法之纲。但从这篇未完的文章之中可以清楚地看出，在变法"自上""自下"两方案之中，欧持"自下"论。

康有为的弟子麦孟华所持者为"自上"论。他在《时务报》第21册上发表《论中国宜尊君权抑民权》，称若与西方相比，中国政府对于社会、经济、文教诸方面管控能力较小。由此而呼吁：

> 事者权之母也。中国之民，未能自事其事，即不能自有其权。未能事事而畀以权，则权不在秀民而在莠民。故今日之中国，莫若尊君权便，君权之党，大索权于国中，十日而不得，君子曰：盍事其事矣。[1]

麦孟华提出了"秀民"与"莠民"，也提出了"君权"与"君权之党"。他显然自认为是"秀民"，也希望成为"君权之党"，这里面隐隐提出了权力路线，即由"秀民"而进至"君权之党"来主持变法。除此之外，麦还在《时务报》第22、24册上发表《论中国变法必自官制始》，要求进行政治体制改革：先是"汰冗""专任""久任"；然后听任宰相、部臣、督抚等开府辟士，选用人才；然后"停捐纳""严保举"以整顿吏治；然后设立"商部""农部""学部"。所有这些，只能依靠君权来进行。[2] 梁启超奉旨进呈《变法通议》，还将这一篇文章收入，与梁的其他政论文章一并进呈给光绪帝。[3]

---

1 《论中国宜尊君权抑民权》，《时务报》第21册，光绪二十三年二月二十一日，中华书局影印本，第2册，第1387~1390页。又，中国史学会主编《中国近代史资料丛刊·戊戌变法》，误称引自《昌言报》。

2 《论中国变法必自官制始》，《时务报》第22、24册，光绪二十三年三月初一日、二十一日，中华书局影印本，第2册，第1455~1461、1593~1601页。麦孟华这些政治改革的设计，当出自康有为，与康在光绪二十一年的三次上书和光绪二十四年诸多建策极其相似，可见茅海建《戊戌时期康有为、梁启超的思想》上编第四、五节。

3 参见茅海建《戊戌时期康有为、梁启超的思想》附编第二章"梁启超《变法通议》进呈本阅读报告"。

康有为的弟子陈继俨是"自上""自下"两论并举者。他在《知新报》第41、42册上发表《论中国今日联欧亚各国不如联美国之善》，在德国占据胶州湾的严峻外交局势下，他主张联美而反对联俄。由外交而至内政，他称言：

> 其一联之自上也。夫俄之兴也……日人之兴也……今中国诚能早定大计，新我旧邦，罢左雄限年之格，其耆老而无用者黜之使退；定正始服官之簿，其识见仍守旧者放之归里。大辟公府，征天下之士，广集公议，聪一人之听；降至尊以交国人，变刑律以合公法，大去防弊之官制，痛改无用之科举；然后示人更新之端，布于万国，保我太平之约，立以十年，天下事或可为也。
>
> 其一联之自下也。……然则联之之法将奈何？曰：立民学以植其基，则智识日开，才不胜用，而人皆事其事矣；开民会以联其气，则手足相助，痛痒相关，而天下事无不举矣；练民兵以防其变，则内患可辑，外变可弭，而天下无几幸之心矣；伸民权以平其势，则纵欲者不得逞其谋，受屈者咸得理其情，而天下之势如身之使臂、臂之使指矣；行民政以便其用，则士伸于学，农伸于陇，工伸于肆，商伸于市，而人无贤不肖，皆得以周知一国之政，而振刷整理之矣。

陈继俨此文发表时，康有为已经到北京，并上有《上清帝第五书》，提出变法三策，其第一策就是"择法俄、日以定国是"。[1] 陈文中的"自上"，以俄、日为榜样，所言诸政策，与康有为此期和此后的政治诉求是大体一致的。陈继俨此文发表时，梁启超已经到长沙，主

1　康有为《上清帝第五书》提出的第二策是"大集群才而谋变政"，第三策是"听任疆臣各自变法"，也有点"自下"的味道（孔祥吉编著《康有为变法奏章辑考》，第106~114页）。

持湖南时务学堂，并积极参与南学会的筹办之事。陈文中的"自下"诸政策，即"民学""民会""民兵""民权""民政"五策，除了"民兵"一项外，其余与梁启超此期的政治操作也是大体一致的。陈继俨由此称言："豪杰之徒，振臂而呼于上；议论之士，奋舌而言于下。"[1]康有为、梁启超分别充当了"豪杰之徒"和"议论之士"的角色。

由此，我以为，狄葆贤所记光绪二十三年秋康、梁在上海之会见，所议之"渐进""急进"之两宗旨，若真有其事，很可能就是"自上""自下"两方案而已。

以上所讲的"自上""自下"，并不是清朝国家的变法路线，而是康有为及其党人改革清朝政治的入手点，即康党如何走"自上"之路，如何行"自下"之策。

就"自上"而言，光绪帝本人的性格与经历注定其不会成为彼得大帝，若要成为明治天皇也缺乏相应的政治环境。康有为及其党人的本意是利用光绪帝来主持类似俄、日式的以君权行变法，其决定性的条件是康本人能进入清朝政治的核心圈，以能实行政治操控。这就不是康及其党人所能决定的，主动权在光绪帝及其军机处的手中；更重要的是，还需要慈禧太后的同意（对于后一点，康及其党人当时还没有充分的认识）。从戊戌变法的历史进程而言，康后来走的是"自上"之路，并将"制度局""懋勤殿"当作最重要的政治目标。

就"自下"而言，徐勤提出了"粤东商务公司"和"铁路"，麦孟华提出了"公司"，韩文举提出了"乡师"和"中西义学"，刘桢麟提出了"商会"和"工艺厂"，欧榘甲提出了省、县、乡三级"学会""农会""工会""商会"，康有为在广西还有修路之类的设

---

1 《论中国今日联欧亚各国不如联美国之善》，《知新报》第 41、42 册，光绪二十三年十二月初一日、十一日，上海社会科学院出版社影印本，上册，第 491~492、508~509 页。

想，这些都需要清朝中央政府的政策支持与地方政府的权力支持，也是康及其党人无法操控的。康党作为一个书生团体，此时所想再多，而真正能做且可获成效者，即是梁启超等人在《时务报》《知新报》上大力呼唤的"开民智"。我在前文提到，康有为的办学、讲学、办会、办报属于"自下"的范围，也正属于"开民智"的范围，康党还想将此做大。光绪二十三年（1897）初夏，梁启超在给陕西味经书院山长刘光蕡的信中称：

> 南海先生顷游各省，所至讲学，欲以开风气，觉后贤，以救天下。去冬游桂林，开圣学会，祀孔子，译西书，桂士咸集，殆将大振。秋间将游湖湘，入巴蜀。来年二三月间，或取道秦晋，以如京师。彼时启超或能从游，当可畅聆教益。[1]

以当时的交通条件而言，由两湖到四川，到陕西、山西，然后到北京，是一个非常大的讲学计划，以能传播包含"新学伪经说""孔子改制说"甚至部分"大同三世说"的"康学"。而这类"康学"的传播，在前引梁启超致康有为的信中，被称为"传教"。康有为后来去了北京（"自上"），未成此行（"自下"）。

四　梁启超"自下"进行的思想革命

我先前的研究已经说明，康有为此期的政治与学术目标是"创制立教"。[2]梁启超及其康门弟子，在立教与传教方面亦有许多的言

---

1 《复陕西刘古愚山长书》，《知新报》第22册，光绪二十三年五月二十一日，上海社会科学院出版社影印本，上册，第186~187页。
2 参见茅海建《戊戌时期康有为、梁启超的思想》上编第三节之"孔子改制说"和"大同三世说"。又，梁鼎芬《康有为事实》第二条指出："康有为羡慕泰西罗马教王之尊贵，意欲自为教王，因创立一教，谓合孔教、佛教、耶苏、希腊教、回教而为一，自命为创教之圣人，其徒皆以圣人称之。其徒党有能推衍其说者，则许为通天人之故，闻者齿冷。康所著书内有《孔子为改制

说，其中以欧榘甲的言辞最为激烈。[1] 由此，当梁启超、韩文举、叶湘南、欧榘甲到了长沙，分别担任湖南时务学堂中文总教习和教习时，他们将"传教"的事业也做到了极致，在当地引出了思想对抗的大波。[2]

我先前的研究已经说明，梁启超在湖南时务学堂，以其特定的方式来解读《春秋公羊传》《孟子》两书，不遗余力地传授"新学伪经说""孔子改制说"，并大力宣传"大同三世说"。若将康有为的《长兴学记》《桂学答问》与《湖南时务学堂初集》相比，可以看出温和主义与激进主义之间的递进。[3] 为了说明梁启超所行"自下"

之王考》一卷（上海有刻本），称孔子为教王，讽其徒谓康学直接孔子，康即今之教王也。"（《日本外交文书》第 31 卷第 1 册，第 730 页）"希腊教"，东正教。"回教"，汤志钧校本作"四教"，即"合……四教而为一"（《汤志钧：乘桴新获：从戊戌到辛亥》，江苏古籍出版社，1990，第 64 页）。此处梁鼎芬称合各教，似非指教义，而指合各教之组织形式。

1 欧榘甲《〈泰晤士报〉论德据胶州事书后》一文称："今大明吾孔子之经义，准各省各州县各市镇各村落，遍立孔子教堂，遍立孔子教会……悬孔子及诸贤之像，于庚子拜经之日，衣冠瞻拜，行孔子之礼，歌孔子之乐，发扬孔子之大道，各以传孔子圣教自誓。其有善堂、医院、囚狱，皆令讲生入其中，日诵圣经以教之，以生其善心，使知天下之大、万民之众，无一不受孔子之泽，无教不受孔子之范围。不传孔教，即自绝于天，不知泽、即自忘其本。其有高深义理，则作为浅近俗话之书以明之，遍送山农野老妇人孺子，则人人知饮食衣服、宫室伦理、知觉运动，莫不出于生民未有之孔子。"又称："夫广立教会，大明吾教，使我生民未有之孔子之仁治大法，施于中国，达于天下。"（《知新报》第 48 册，光绪二十四年三月十一日，上海社会科学院出版社影印本，上册，第 605~607 页）该文又称："彼教士倡太平之会，倡弭兵之会，其心天下共见。"称"弭兵会"是教士所为，未说明其根据。此外，梁启超《复友人论保教书》（《知新报》第 28 册，光绪二十三年七月二十一日）、陈继俨《忧教说》（《知新报》第 37 册，光绪二十三年十月二十一日）和《〈保教末议〉自叙》（《知新报》第 43 册，光绪二十四年正月二十一日）、刘桢麟《论西学与西教无关》（《知新报》第 49 册，光绪二十四年三月二十一日），皆有立教传教之说。

2 当时在湖南的思想对抗中，被视作旧派的王先谦认为《时务报》"为目前不可不看之书"，下手谕令岳麓书院诸生公阅，并与城南书院、求忠书院共同订阅（《岳麓院长王益梧祭酒购时务报发给诸生公阅手谕》，《时务报》18 册，光绪二十三年正月二十一日，中华书局影印本，第 2 册，第 1194~1195 页）。同被视作旧派的叶德辉亦非保守，有着许多"新派"的言论，且王先谦的弟子苏舆又作《春秋繁露义证》，亦主董仲舒之学（相关的研究可参见罗志田《思想观念与社会角色的错位：戊戌前后湖南新旧之争再思——侧重王先谦与叶德辉》，《历史研究》1998 年第 5 期）。我以为，他们与梁启超等人的对抗，主要是针对"康学"而发。

3 参见茅海建《戊戌时期康有为、梁启超的思想》下编第一章第三节《〈湖南时务学堂初集〉——'开民智'的方向"。

之策，我继续引用时务学堂学生的札记、设问和梁启超的批语，以观察梁启超等人的教学效果。

戴修礼是时务学堂的优秀学生，梁启超批语中表扬也最多。其一篇札记言及中国国会制度之渊源，称言：

> 欧洲各会起点于希腊议事亚略巴古国民等会，而暗合于我支那也。《尚书·汤诰》《盘庚》诸篇，当时国会之议语也。大王去邠，属其耆老，见诸《孟子》。外朝询国危、立君、灾眚，载诸《周礼》。兹为三代国会之可考者也。下迄春秋，亦莫不然，读《左氏》可知矣。是时也，国会议事之例有四：一曰议割地，二曰议和战，三曰议立君，四曰议国危。

> 何以考其有议割地之例也？隐十一年，王以向、盟等地与郑。桓七年，盟、向求盟〔成〕于郑，取而背之，郑连齐、卫伐盟、向；王迁之于郑。僖二十五年，王与晋阳樊、温、原、攒茅，阳樊不服，乃出其民。此即今割地民有不服听之之例也。（僖）十七年，晋赂秦以河东五城，河东人拒秦，秦卒反之晋。此即今割地民不服自能战守者，或反之故国，或听其为伯理玺天德之例也。

> 何以考其有议和战之例也？僖十五年，秦、晋交争，晋朝国人而作州兵、爰田。（襄）二十五年，郑入陈，陈侯使其众男女别而累，以待于朝。定八年，卫叛晋，先朝其国人，使贾问之。哀元年，楚子围蔡，蔡人男女以辨；又吴之入楚也，使召陈怀公，怀公朝国人而决其从违者是也。

> 何以考其议立君之例也？僖十八年，邢、狄伐卫，卫侯以国让于父子兄弟，及朝众，众不可而后已。（僖）二十（八）年，宁武子盟国人于宛濮，以入卫侯。昭二十年，（卫）灵公入国，即盟国人。哀二十六年，鲁、越、宋纳卫侯，卫文子致众而问焉；宋太尹立启，皇非我等使人徇国。此即梭伦定平民得

核夺亚耳根功过之例也。

何以考其议国危之例也？昭二十五［一］年，华登以吴师救华氏，宋厨人濮狥于国。（昭）二十五［四］年，晋使士景伯荏问周故，立于乾祭，而问于介众者是也。

由是以观，国会岂泰西独擅其美耶？抑我古圣王之遗制也。礼失求诸野，欲人人有平等自主之权，上下之声气弗塞，非开国会弗可。然民智未开，国会当亦稍后也。

以今天的知识来评判，戴修礼的这篇札记概念不明确，行文亦纷乱，所用论据皆出自被视为"伪经"的古文经《左传》；然他通过学习不仅能对"康学"有所体会，且能有所创见，即称中国早期社会亦有与"国会"相对应的制度与功能，与梁启超在《时务报》上发表的《古议院考》一文论旨相同，最后的结论又与梁"开民智"的主张相合。梁见之，十分感慨，大加表扬，批语曰：

征引繁博，左证确凿，丁韪良若见之，当爽然自叹其《中国古世公法》之俭陋矣。此当译成西文，印入西报中，以告万国。真是奇才，真是奇才！

南海先生尝著一《中西同风考》，其中有一篇言国势之同：中国有夏、殷、周三代，而彼中埃及、波斯、希腊盛强相嬗，亦与三代略相等；而周末分为列国，与希腊之列国尤相若焉；中国周后有秦始皇以武功统一震旦，而希腊后马基顿之亚历山大亦从而统一之，其武功之轰天震地亦相若焉，其不再传而亡也亦相若；及中国息肩于两汉，欧洲亦息肩于罗马；南、北朝中分之日，即东、西罗马角立之时；自唐以后，其意大利升平之时也。似此之类，皆隐隐相合，其中所以然之故末由测之，然不可谓非奇事也。欧洲以希腊时人才最盛，一切学问制度多从此出焉。其学问则校［梭］革拉底等之七贤也，犹吾中国之

周秦诸子也。其制度则梭伦之律也，汝所条举者皆是也，而吾
中国春秋诸邦所行法制多与暗合，然则当彼之时，殆地球菁华
发泄之时哉！

　　乃欧洲自罗马以后日修政事，而宪法名理之学大明，中国
则自秦以降，百学俱绝，而一切古人良法美意亦坠地焉。此其
何故也？汝试言之。[1]

梁启超这段长长的批语，颇有"告诸往而知来者""起予者商也"
而"可与言诗"之意味。梁由此说起康有为的著作《中西同风考》，
大讲中西历史的相同性，大讲中西政治学说的相似性。在时务学堂
的批语中，梁的这段批语也属较长之列。梁由此再启发戴，让戴分
析一下为何中、西有着相同历史、相同政治学说，到了近代却有如
此之大的分歧。而对于戴修礼关于"公法"的札记，梁亦给予了极
高的评价。[2] 很可能因获梁启超的赏识，百日维新期间仓场侍郎李端

1　《湖南时务学堂初集》第3册《札记》卷2，第52~53页。"大王去邠"一句，见《孟子·梁
惠王章句下》。"外朝询国危"一句，见《周礼·秋官·小司寇》，"灾眚"，指代"国迁"。戴修
礼引用《左传》多有误（亦有可能是刊刻时校对不精之误），校后用括号注明之。"晋赂秦以河东
五城"为僖公十五年之事，"秦卒反之晋"是僖公十七年之事。"亚略巴古"，Areopagus，雅典一
小山，是该城市议事会开会之处，后亦作议事会的代称。"亚耳根"，Archon，执政官。"校［梭］
革拉底"，今多译为苏格拉底。戴修礼、梁启超此时的希腊知识，源自英国传教士艾约瑟（Joseph
Edkins）所译、英国人法伊夫（C. A. Fyffe）著《希腊志略》，光绪十二年刊印。又，梁启超相当
肯定《左传》的史学地位："吾固言《左氏》乃一古史，非解经之书，离之双美，合之两伤耳，
未尝谓当废之也……盖《春秋》自《春秋》，《左氏》自《左氏》，两书皆为极好之书。自作伪者
合而为一，于是《春秋》与《左氏》皆乱，是作伪者非特为《春秋》之罪人，抑亦《左氏》之罪
人也……《左氏》当史读不当经读，亦可与三代古书并行不悖，又何恶焉？吾所恶者，非恶《左
氏》也，恶作伪而羼入解经之说于《左氏》者也。故读《左氏》，将解经之语废去，则善矣。"
（梁启超在李炳寰札记上的批语，《湖南时务学堂初集》第2册《札记》卷1，第8~9页）
2　戴修礼其他札记涉及"公法"者，梁启超也十分赞赏，加有批语。其一，戴称："成九年《左
传》云：郑人使伯蠲行成，晋人杀之，非礼也。兵交，使在其间（可也）。案兹即法时公法也。"
梁批："是此条丁韪良所著《中国古世公法》即引之。"其二，戴称："桓公会齐侯、郑伯、陈侯于
稷。弗足书也。会而不讨宋督，因是以成其乱。《春秋》特笔矣。盖据乱多君之世，一国有大事，
各国相与理之，亦天理也。故何注云：'州中有为无道者，则长、帅、卒正、伯当征之。'泰西从

荣保举"经济特科",戴修礼亦在列。[1]

李炳寰也是梁启超欣赏的学生,曾以"利梁一国"为解题而作"大同起点"之札记,深获梁启超、韩文举之赞扬,并予以启迪。[2]李获此点赞之后,又发一问:

> 前问大同起点,奉批过加奖励,而所以提撕者,则圣人之言"引而不发,跃如也",盖欲令学者自思以求心得。顷读"既竭心思,继之以不忍人之政,而仁覆天下"之句,觉微有所会。然则大同之道,起点于"心"之一字乎?孟子曰:"先王有不忍人之心,斯有不忍人之政,以不忍人之心,行不忍人之政,则天下可运诸掌上。"又曰:"恻隐之心,仁之端也。"又曰:"是心足以王矣。"是"心"之所推,其终至大而不可穷,其始必小而不可穷,故曰:"哀莫大于心死,而身死次之。""老吾老以及人之老,幼吾幼以及人之幼",则次及于身,次及于家国,次及于全球矣。而大同之法,则"五亩之宅,树之以桑","百亩之田,勿夺其时",孟子已三致意。农务兴,则食不乏;工艺兴,则用不乏;商务兴,则三宝不绝;草莱辟、矿务

前公法,别国继立之事,他国亦可预闻,令其应立之一人嗣之,或本宗有人以传其位也。若夫不辨理之是非,事之善恶,弗讨弑君之贼,纳不义之赂,是党乱也,是违公法也。故何注云:'不征则与同恶。'公法谓别国有乱党弗可预闻也。"梁批:"此条吾采入公法学。"其三,戴称:"书'公会纪侯、郑伯','及齐侯、宋公、卫侯、燕人战。齐师、宋师、卫师、燕师败绩'者,即公法别国之事有碍于己,可预闻之义也。亦乌勒西所谓如有一国欲拓疆界,无论现在或将来,他国可平其权之义也。何以言之?纪乃鲁之与国也,纪灭于齐,鲁益见弱矣。是以齐欲灭纪,鲁策其保护,为纪昏于王,乞师于郑,战于近,以平齐权也。"梁批:"极细心,极有得。此条吾采入公法学。"(《湖南时务学堂初集》第3册《札记》卷2,第45、58~59、61~62页)其第一条出自《左传》成公九年,第二条出自《公羊传》桓公二年;第三条出自《公羊传》桓公十三年。而第三条戴修礼多有强史之论。由此可见戴修礼与梁启超的"公法"观念。

1 《国闻报》光绪二十四年六月二十二日,"新保特科名单";胡思敬:《戊戌履霜录》,《续修四库全书》史部第446册,第345页。

2 参见茅海建《戊戌时期康有为、梁启超的思想》下编第一章第三节《湖南时务学堂初集》——'开民智'的方向"。

兴，则财用富饶。无告之穷民，施之以仁，废疾者，因其可用
而使以事。行之十年，大同之效或可略见欤？若夫利道教诲，
则非士庶人之所能也。商鞅变法，志在富强，而六国遂一，汲
汲以练兵置械为务，将外侮之不能御，安能以权力服人乎？是
否有当，用敢复问。

李炳寰此问，多引孟子之语，由"不忍"而"仁"而"王"而"大
同"，他提到了"老吾老"以及于"全球"，也提到了农、工、商、
矿以达于"富饶"；但让他苦恼的问题是，若"行之十年"，能不能
看到"大同"的效果？商鞅变法，"练兵置械"，其具体做法显然与
"不忍""仁""王""大同"之理想大不相同，可若是连"外侮"都
"不能御"，又怎么能"以权力服人"？李似乎已经看出，此类理想
主义的举措是不可能获有近期效果的。梁启超对此批语：

> 不忍人之心为仁之起点，仁为大同之起点。仁字推到极
> 满，至于天地一大父母，民吾胞，物吾与，岂非大同之极效
> 乎？然此中条理甚多，须就条理上着想为是。大同二字不过名
> 号，思所以能使世界尽变为大同者，必有实理，非空言也。[1]

梁启超的说法仍是理论上的正确性，宣称"天地一大父母"，自
是全球一家、大同"极效"。梁没有回答"十年之效"，也没有回
答"外侮之御"，只是让李炳寰"就条理上着想"，并告之"必有

---

[1] 《湖南时务学堂初集》第1册《答问》，第2~3页。李炳寰所引孟子言论，分见于《尽心》《离
娄》《公孙丑》《梁惠王》诸篇章。"哀莫大于心死，而身死次之"一句，见《庄子·田子方》：
"仲尼曰：恶！可不察与！夫哀莫大于心死，而人死亦次之……""农务兴，则食不乏……"一
句，见于司马迁《史记·货殖列传》："周书曰：农不出则乏其食，工不出则乏其事，商不出则
三宝绝，虞不出则财匮少。财匮少而山泽不辟矣。此四者，民所衣食之原也。"（司马迁：《史记》
第10册，中华书局，1959，第3255页）梁启超在《时务报》第35册刊出《史记·货殖列传今义》
一文，对此亦有论说。

实理"。

唐才质是唐才常的弟弟，时务学堂的优秀学生。他的札记多言"太平"与"大同"，亦能举一反三。其所作札记之一，专谈"据乱世""太平世"之"妇人"，称言：

> 庄二年，夫人姜氏会齐侯于郜，何注云："妇人无外事，外则近淫。"呜呼！此盖指据乱世而言耳。若太平之妇人，有学有智以养其心，游历外国以长其见闻，讲求世界间事以扩充其脑气筋，又何至于淫哉？中国数十年来妇学不讲，待妇人如奴隶、如野蛮、如土番，而二万万女子尽沉苦海，沦胥以亡，正由不知外事耳。若今日欧洲各国之立女学堂，非讲求外事而何哉？且纪女履緰之母不通外事，据乱世妇人也；不恤纬而忧宗周之陨，太平世之妇人也。为妇人者，其欲为据乱世乎，抑欲为太平世乎？若何氏之谓"妇人无外事"者，乃指不学无术之鲁夫人姜氏耳，岂敢使后世妇人尽成据乱世妇人哉？

在"大同三世说"的理论框架中，何休的地位极其崇高，所言皆以经典相待之。唐才质敢指责其非，自是认为在学问上已部分超越之。唐此时没有"游历外国"，也未见"女学堂"，甚至没有见到受过近代教育的西方女性，但已能区别出"据乱世""太平世"两类"妇人"的差别，并充满信心地认为"为妇人者""欲为太平世"。梁启超对此批语：

> 必智慧平等，然后能力可以平等，故开女智为第一义。[1]

---

1 《湖南时务学堂初集》第4册《札记》卷3，第33~34页。"纪女履緰之母"之事，见《公羊传》隐公二年。"不恤纬而忧宗周之陨"，见《左传》昭公二十四年。

梁启超此时所著《变法通议》中有《女学》篇，并积极推广"不缠足"；他对唐才质批评何休的说法似乎是认可的，尽管强调男女平等的前提是"智慧平等"。

《湖南时务学堂初集》所录梁启超最后一条批语，是为学生李泽云札记所作。根据"大同三世说"，《春秋公羊传》首文王而终尧、舜，《公羊传》中最后一段话（即"公羊子所传微言"）特别重要，是宣告"后圣"之将到来的预言。梁据此批曰：

> 《春秋》不专言小康之义，特小康之条理较备耳。圣人于小康言其条理，于大同则不言条理者何？圣人知大同之道必三千年而后能行，至彼时必有能言其条理者，故不必言之，所谓"百世以俟圣人而不惑"也（百世即三千年）。至小康之制，所以治三千年以内之天下，故详言之。虽则如是，而大同之宗旨往往存焉。哀十四年《传》云："君子曷为为《春秋》？拨乱世，反诸正，莫近于《春秋》"，言《春秋》为由据乱世进于升平之书也，所谓小康也。又曰："则未知其为是与？其诸君子乐道尧、舜之道与？末不亦乐乎尧、舜之知君子也？"言《春秋》不专言小康，实有乐于尧、舜大同之义也。又曰："制《春秋》之意以俟后圣，以为君子之为，亦有乐乎此也"，言《春秋》大同之条理，可以俟诸三千年以后之圣人也。此公羊子所传微言也。《繁露》又言："以人随君，以君随天"，五始之义，"以诸侯之即位，正竟内之治"，即所谓以君统国也。此自是《春秋》大义。[1]

---

1 《湖南时务学堂初集》第4册《札记》卷3，第55~56页。"百世以俟圣人而不惑"一句，见《礼记·中庸》。"以人随君，以君随天"，见董仲舒《春秋繁露·玉杯》。"以诸侯之即位，正竟内之治"，见《春秋繁露·玉英》。"五始"，徐彦称："案《文谥例》下文云'五始者：元年、春、王、正月、公即位是也。'"（何休解诂，徐彦疏，刁小龙整理《春秋公羊传注疏》，第6页）

从"君子曷为为《春秋》"到"亦有乐乎此也",正是《公羊传》的最后一段话,梁启超分段全录之,并详说之,正是露布三千年之后的"后圣"之到来;而"先圣"之所以不言大同之"条理",正是"以俟""彼时必有能言其条理"之"后圣"。梁此处仿照《公羊》体例而终言"后圣",揭示了"大同三世说"的终极谜底——"后圣"者孰谓?梁启超、李泽云心知而不言,谓康有为也。

"大同三世说"是革命性的思想,梁启超在湖南时务学堂大力鼓吹之,即所谓"传教"。《湖南时务学堂初集》正是记录梁此类活动的远非完整的实录。过了二十四年,1922 年,曾任湖南时务学堂总办的熊希龄为庆祝梁启超五十岁生日,重印《湖南时务学堂初集》,更名为《湖南时务学堂遗编》,梁启超为之序:

> ……吾侪方醉心民权革命论,日夕以此相鼓吹,札记及批语中盖屡宣其微言。[1]

梁启超自称其在湖南时务学堂鼓吹的是"民权革命论",前引狄保贤回忆中"急进法""革命本位"与之大体相合。只是梁于此所说的"民权",不是西方哲人诸如卢梭等人所说的"民权",而是"大同三世说"中的"民权";只是梁于此所说的"革命",不是政治革命,而是他在湖南时务学堂学生头脑中所发起的思想革命。

五　康有为的"自上"之路及其策略调整

正当梁启超在长沙实行"自下"之策,发动思想革命而激荡风云之际,康有为在北京尝试"自上"之路也突遇光明。

1　邓洪波、彭世文校补《湖南时务学堂遗编》,湖南大学出版社影印本,2017,第 1 页。该序文后收入《饮冰室合集》时,改题为《时务学堂札记残卷序》,见林志钧编《饮冰室合集》第 4 册文集之三十七,中华书局影印本,1989,第 69 页。

光绪二十三年十月，康有为离开上海，前往北京。此时正值德国强占胶州湾（青岛），俄、法、英亦蠢蠢欲动，清朝鉴于甲午之败，无敢言战，军事与外交十分被动。时任工部学习主事的康有为立即向工部递交《上清帝第五书》，主张变法，要求代奏，为工部所拒，但在京官中广为传抄。十一月，工科给事中高燮曾保康参加瑞士"弭兵会"，光绪帝下旨由总理衙门"酌核办理"。光绪二十四年正月初三日（1898年1月24日），总理衙门大臣李鸿章、翁同龢、廖寿恒、荣禄、张荫桓召康问话。康随即向总理衙门递交《上清帝第六书》，提出以"制度局"为核心的变法纲领，要求代奏。二月十九日，总理衙门代奏康的《上清帝第六书》，光绪帝下旨命总理衙门"议复"。此后，总理衙门又多次代奏康的条陈和书籍，包括《俄彼得变政记》和《日本变政记》。四月二十五日，翰林院侍读学士徐致靖上奏保举康有为、梁启超、谭嗣同等五人。四月二十八日（6月16日），光绪帝在颐和园仁寿殿召见康，授其为总理衙门章京，并命其条陈可由军机大臣廖寿恒代奏。康此时已经成为政治新星，在京城中红极一时。

梁启超于光绪二十四年二月离开湖南前往上海，三月初一日搭船北上。梁到京后，成为康的有力助手。五月十五日（7月3日），光绪帝召见梁，命其以六品衔办理译书局。

康有为、梁启超"自上"道路走通之后，其政治策略也随即调整。他们的目标是设立"制度局"或其变种"议政处""召对处""立法院""懋勤殿""议政局""便殿"等，不再倡导"议院"。这类设在宫中、光绪帝每日召见、由康主持的政治咨询机构，一旦运作起来，将会成为政治决策机构。康、梁正是企图通过这类机构实现君权变法。[1]由此，康自上条陈、进呈书籍，为徐致靖、宋伯

---

1 相关的叙述与分析，参见茅海建《戊戌时期康有为、梁启超的思想》上编第五节之《〈上清帝第五书〉〈第六书〉——总体改革思想》"'制度局'的变种与'懋勤殿'的人选"两小节。

鲁、杨深秀等人代拟奏折，以能影响光绪帝；并于光绪二十四年五月二十八日（1898 年 7 月 16 日）在《国闻报》上发表《答人论议院书》，表明自己的态度：

> 故中国惟有君权治天下而已。顷圣上聪明初武，深通中外之故，戒守旧之非，明定国是，废弃八股，举行新政，日不暇给，皆中旨独下，不假部议。一诏既下，天下风行，虽有老重大臣，不敢阻挠一言，群士不敢阻挠一策，而新政已行矣……故今日之言议院、言民权者，是助守旧者以自亡其国者也。夫君犹父也，民犹子也。中国之民，皆如童幼婴孩。问一家之中，婴孩十数，不由父母专主之，而使童幼婴孩主之议之，能成家自养否乎？必不能也。君犹师长也，民犹徒属弟子也。中国之民，皆如蒙学。试问蒙馆之中，童蒙数十，不听师长主之教之，而听童蒙共主之，自学之，能成学否乎？必不能也。敬告足下一言：中国惟以君权治天下而已，若雷厉风行，三月而规模成，二年而成效著。

文中两次强调"君权治天下"。康有为还表示，其之所以"不建言请开议院"，属"通变宜民"之计。[1]

最能说明康有为此期政治策略调整者，是光绪二十四年六月初一日（1898 年 7 月 19 日）康有为（时在北京）给其侄康同和（时在日本神户）的亲笔信，称言：

> 读来信，收付来《东亚报》五百分，已收。惟吾在京

---

[1]《国闻报》光绪二十四年五月二十八日刊出时署"某君来稿"，六月初四日《国闻报》刊出"制度局传闻"，称言："再者，二十日所登之答人论议院书，系友人抄得，顷查此书即康工部答友人之书，合并声明。""二十日"，原文如此，当为"二十八日"。相关的研究可参见孔祥吉《关于康有为的一件重要佚文》，《戊戌维新运动新探》，湖南人民出版社，1988，第 52~62 页。

师，谣言众多。亦惟昔者《知新报》诸子不慎言所累，至今
以民权二字大为满人所忌。若再有其它犯讳之言，益不堪言
矣。（此次上将大用，而我欲行，亦惟谣言之故。）且今昔情
形不同，顷圣上发愤为雄，力变新法，于我言听计从。（我
现奉旨专折奏事，此本朝所无者。）外论比之谓王荆公以来
所无有，此千年之嘉会也。汝等操报权，一言一字所关甚
大，皆与我有牵。汝出姓名，更于我显著。今与汝约，所有
各报，以救中国为主，而于偶及国家、皇上及满洲，说话皆
应极谨。（且勿分种，不见文御史等劾我之语乎？）皇上圣明
如此，多为颂美之言、期望之语。今守旧者多，非言民权、
议院之时，此说亦可勿谈。且述我言中国非开议院之时，开
郡县省会民会则可也。汝等恪遵此约，乃可发送。可并示
云台。[1]

《东亚报》是康有为一派在日本神户所办的报刊，光绪二十四年五
月十一日（1898 年 6 月 29 日）首刊，每十日刊出一期，曾发表康
门弟子韩昙首、韩文举、康同文等人的政论文章。[2]康同和正在《东
亚报》任职。康有为自称"奉旨专折奏事"，大体属实，自称光绪
帝"于我言听计从"，乃是夸张，自称所获是"千年之嘉会"，可见
其自认为在"自上"道路上大获成功。康又称"谣言"，又称"昔
者《知新报》诸子不慎言"，又称"民权"为"满人所忌"，可见其

1　吕顺长：《清末维新派人物致山本宪书札考释》，上海交通大学出版社，2017，第 276~278 页。
　"王荆公"，王安石。"云台"，韩昙首，康有为弟子，时在神户《东亚报》任撰述。参见同上书，
　第 52 页；亦可参见陈汉才《康门弟子述略》，第 147~148 页。
2　相关的研究可参见蒋海波《〈東亜報〉に関する初步的な研究：近代日中"思想連鎖の先陣とし
　て"》，日本中国现代史研究会编《现代中国研究》第 32 号（2013 年 3 月），大阪，19~38 页；《上
　海大同译书局与神户〈东亚报〉初探》，"康有为与近代中国：第七届中国近代思想史国际学术研
　讨会"会议论文，南海，2018 年 3 月。

在北京受到极大的阻力和压力。[1]为了保障"自上"道路的继续通畅，康下令"偶及国家、皇上及满洲，说话皆应极谨"，并令"且勿分种"，可见康党内部以往亦有涉及"种族革命"的言论。[2]而该信中最为要紧一句是"今与汝约，所有各报，以救中国为主"，根据"大同三世说"，"救中国"属"义""小康"，与"救全球"的"仁""大同"相对应。梁启超称：

> 以小康之道治一国，以大同之道治天下也。故我辈今日立志，当两义并举。目前则以小康之道先救中国，他日则以大同之道兼救全球。救全球者，仁之极也。救全球而必先从中国起点者，义也。"仁者人也，义者我也。"大同近于仁，小康近于义。[3]

既然是"救中国"的"小康之道"，自然可以行"君权变法"，自然可以因"今守旧者多，非言民权、议院之时"，而"此说亦可勿谈"。从康有为此信可以看出，康的命令范围是"所有各报"，命令主旨是"述我言中国非开议院之时"，我因尚未读到《东亚报》，不知康同和是否遵办，但从《知新报》上可以明显看出康此期政治策略的调整。

1　吕顺长称，《知新报》第21册刊出徐勤《〈孟子大义述〉自序》一文，有明显的"民权"的表述，当为精准（《清末维新派人物致山本宪书札考释》，第278页）。然查《知新报》，言及"议院""民权"的文章还有一些，如徐勤《地球大势公论》、刘桢麟《〈地球六大罪案考〉总序》、黎祖健《驳龚自珍〈论私〉》、陈继俨《论中国今日联欧亚各国不如联美国之善》等。

2　值得注意的是，梁启超到达日本后，于光绪二十四年十一月二十一日（1899年1月2日）在《清议报》第2册发表《论变法必自平满汉之界始：续变法通议外编一·续第一册》，起首即言："圣哉！我皇上也。康南海之奏对，其政策之大宗旨，曰：满汉不分，君民同治。"又称："夫以公天下之大义言之，则凡属国民，皆当有爱国忧国之职为焉，不容有满汉、君民之界也。即以家天下之理势言之，则如李体之人，利害相共，尤不能有满汉、君民之界也。"（《清议报》第2册，中华书局影印本，第1册，第67~68页）这是康党在满汉问题上的公开表态。

3　梁启超给湖南时务学堂学生李炳寰札记所作之批语，见《湖南时务学堂初集》第2册《札记》卷1，第3页。"仁者人也，义者我也"，见于董仲舒《春秋繁露·仁义法第二十九》。

光绪二十四年六月二十一日（1898 年 8 月 8 日），康有为弟子陈继俨在《知新报》第 61 册上发表《伸民权即以尊国体说》，该文以"民权"为议题，却是强调"民权"与"君权"并不冲突。陈继俨认为，清朝此时的权力不在于"天子"，而在于"胥吏"：

> 今日之天下，则胥吏之天下也；天下之权，则胥吏之权也。天下有事，上之天子，天子责之部院，是权在部院也；部院议可，移文疆吏，是权在疆吏也；疆吏奉谕，颁之州县，是权在州县也；州县得命，下之吏胥，是权在吏胥也。夫二十行省之大，四万万人之众，而其权实无所属焉。于是昌言以号于天下曰："尊君权"，"尊君权"！其谁信之。且部院分任政之权，疆吏有守土之责，州县为奉职之官，而议覆之事，仅责于胥吏，以胥吏之治治天下，是部院、督抚、州县亦无权也。

若由此逻辑结构而推导之，此时的清朝似不需要"伸民权"而是需要"尊君权"。陈继俨丝毫没有涉及当时作为"民权"象征的"议院"，反而称言：

> 夫民之于国也，犹人之于家也，其天子则家人之严君也。长者有事，而乃子乃孙，不能服劳奉养，以既厥职，其家之存亡，不待智者而知矣。

以家比之国，君、民同为一家，即结为利益共同体，君权、民权自然全无冲突，即"天子无失权，庶民亦无争权也"。这与康有为《答人论议院书》中的说法是一致的。陈继俨继续以德国、法国、意大利、希腊、瑞士、日本为例来说明：

> 夫德之覆法也，有良民会；法之复振也，有记念会；意之
> 浡兴也，有保国会；希之自立也，有保种会；瑞士之变法也，
> 有自卫党；日本之有今日也，有尊攘党、革政党、改进党、自
> 由党。彼数会者，实赖以兴国者也，而倡自齐民，实过半焉。
> 既非金、张之胄，复无王、谢之荣，而热血所结，摩荡奋发，
> 卒以成非常之原，而苏已死之国。[1]

若由此逻辑结构而推导之，此时的"伸民权"，大约相当于康有为、
梁启超等人在北京发起的"保国会"而已。

光绪二十四年七月初一日（1898 年 8 月 17 日），陈继俨在《知
新报》第 62 册上发表《中国不可开议院说》，说明中国不能开议院
的四条理由："人持一自私自利之心以入世"；"民智未开，不可以议
政"；"家、国之见既不甚明，则所举之人，定多失职"；"中国举国
皆守旧之人"。陈最后得出结论：

> 今天子聪明圣智，下诏维新，与民更化，中兴之治，期
> 于旦夕。凡在臣工，与有其责，匹夫之贱，曷为违已，区区之
> 心，窃慕此耳。若夫引迂拙之人，而参知政事，贰专制之权，
> 而纬繣圣聪，大体未立，而国是频更。如向之所论开议院者，
> 其又奚取焉。

这一段话，完全符合康有为前引信中所要求的"皇上圣明如此，多
为颂美之言、期望之语"，更是强调了不受干预的"专制之权"。陈
继俨还根据康的指示"述我言中国非开议院之时"，在该文中宣布：

1　陈继俨：《伸民权即以尊国体说》，《知新报》第 61 册，光绪二十四年六月二十一日，上海社会
科学院出版社影印本，下册，第 817~818 页。

"吾师南海康先生有《议院不可行于中国考》，发挥此义最详。"[1]此时恰是康有为致信康同和一个月之后，离戊戌政变还有 36 天。

六　结语

本文的文字已经很长，论题亦有所变化，须得略作数语，以能回顾主要论点，并为结语。

我通过阅读康有为弟子在《知新报》《时务报》所刊文章，查证康有为在戊戌变法期间的政治思想与学术思想，由此得出明确的结论：康有为在戊戌时期所持有的政治思想与学术思想不仅仅是"新学伪经说""孔子改制说"，而更为重要的，是"大同三世说"。这是我对自己先前研究结论的再确认。

康有为在戊戌时期已经有了比较完备的"大同三世说"思想，是我个人新近的发现；由此不可回避的问题是，先前的研究者为何不说？

自从汤志钧发现康有为在《大同书》写作时间上"倒填日期"之后，各位研究者对康戊戌时期的"大同"思想采取了比较慎重的态度。我若非同时将康有为、梁启超、康门弟子全部言说放在一起阅读，也不会有所进展。

是以此故，为了防止"邻人窃斧"般的主观引导，我在这次查证过程中，取谨慎态度，用笨拙办法，将康门弟子的所有文章综合起来考察，说明篇数、叙述内容及涉及"大同三世说"的详略程度，以表示其比例关系，避免过度诠释。然而，当我阅读完毕这批文章后，得到的印象仍是清晰的：康有为确实向梁启超以外的部分弟子传授了"大同三世说"的部分内容。

1　陈继俨：《中国不可开议院说》，《知新报》第 62 册，光绪二十四年七月初一日，上海社会科学院出版社影印本，下册，第 833~835 页。

事实上，康有为流亡日本后，立即向日本学者或记者讲授其"大同三世说"的思想。《太阳》杂志第 4 卷第 23 号刊出了中西牛郎的文章《论康有为氏之理想与事业》，称言：

> 康乃新儒教之组织者也。至其组织之方法，或取于佛教，亦或取于耶稣教西洋哲学，惟其本质依然未变儒教之精神。然则康如何组织新儒教？吾辈今摘举其主旨所在以言之。曰：以孔子为教主，六经为其经典。曰：孔子之教，见于六经，有显、密二教。显教言大义，密教言微言。曰：微言之旨，在于大同。大同云者，即太平也，即民主也。康之议论虽有千言万语，要旨不外以上三点。而建立其微言大义之显、密二教，岂非仿效佛教显、密二教耶？其以孔子为教主，不用光绪年号而言孔子生后二千几百年，岂非仿效耶稣教耶？而其依《春秋》分人类邦国之进步为据乱、升平、太平三期，以贵族政体为据乱之世，以君主政体为升平之世，以民主政体为太平之世，又岂非与十八世纪及现世纪英、法、德政治哲学之精神符合之所哉？至其以太平为理想，隐然可见遗传洪秀全太平天国精神之处。……而康之所谓微言者，《礼记》大同道行也，以"天下为公，选贤任能，讲信修睦"之一章为之根据。所谓"天下为公"，即是康之民主主义之胚胎所在。[1]

中西牛郎是一名学者，以他自己的观念来理解"大同三世说"："显、

1　中西牛郎：《论康有为氏之理想与事业》，《太阳》第 4 卷第 23 号，1898（明治三十一年）11月 20 日，第 10~11 页。见吉辰译《戊戌政变后〈太阳〉杂志关于康有为的两篇文章》，上海中山学社主编《近代中国》第 29 辑。康有为流亡日本后，对日本学者和记者的这两篇谈话，我得知于斋藤泰治的论文《康有为在东京》（"康有为与近代中国：第七届中国近代思想史国际学术研讨会"会议论文，南海，2018 年 3 月）。中西牛郎（1859~1930），日本宗教思想家、记者，曾任《紫溟杂志》《紫溟新报》《大阪每日新闻》《东京日日新闻》记者、扶桑教（神道教分支教派）大教正等，著有多部宗教理论著作，与中国有关的著述有《支那文明史论》（1896）。

密"的说法，自是康有为已经揭示出孔子在"微言"之中所藏的"大义"；以"贵族政体""君主政体""民主政体"来对应"据乱""升平""太平"，也是比较简明易懂的说法，日本此时仍处于"君主政体"；《礼记·礼运篇》恰是"大同三世说"的核心文献。《太阳》杂志第 4 卷第 25 号刊出"不二行者"的文章《康有为氏的大同大平论》，称言：

> 在孔子三世之义，如今当正乱世之时，于大平则属甚远。虽然，仆以心之运用救人类，此亦大同之始基耳。人之所以为人者，仁也。仁乃天心，人得天心而推之，以爱其同类同生同气。其多有别异者，皆乱世野蛮自私之俗也。故爱一身非爱他人之身，甚或夺杀他人之身以益其身；爱其一家非爱他人之家，甚且夺杀他人之家以肥其家；爱其国非爱他人之国，甚且夺杀他人之国以大其国；爱其类非爱他类，甚且夺杀他类专繁其类。是若者其见识有各限，其行事有各时，而人性之善不善积，论社会造化，其心识因而分其世界，为野蛮、半教、文明，皆由此而定。要之，皆未至众生安乐、众生性善之地，未至人类之改善也。今地球各国政多，而自私不公，相隔不通，分异不同，故人类生民之苦无以救之。相攻相隔，则出巧诈攻难之心，习而为俗，传而为种，未能求人性之皆善。然此无能如何之势，不能速改，当多集仁人志士，讲究之，发导之。仁心仁论虽至微，苟于人心之中归于天下，则必然胜利。此有一身之人，有一家之人，有一国之人，有全地球之人。仆今以国故，为一国之人，何以足为此语者，孔子所谓三世之说也。第一为乱世，即野蛮生番之世；第二为升平世，即近乎今日各邦；第三为太平世，即此后之世，今日未见也。氏有《三世演孔图》，乱世之中有乱，有升平，有太平，升平、太平亦然，演为九世。一世之中又有三者，演为八十一世，以至展转无穷，

则自地球太古物类始生，至人类之生、野蛮生番之世，至如今欧美之世，下推至将来千万年，更旁推诸星诸天。如今难为君尽演之，概言其略耳。

"仁"是"大同三世说"的核心观念，由此而生出"爱其同类"；"自私"属"乱世野蛮"之"俗"，由此而"杀他人""杀他家""杀他国"；"仁心仁论"若"苟于人心之中归于天下"，将突破"一身""一家""一国"而为"全地球之人"。康有为自称其有《三世演孔图》，从"地球太古"可推至"将来千万年"，乃至"诸星诸天"。该文又称：

> 发论必有本源。若发大同之论，则足下与仆同为天性之人，无国界，无家界，无身界。……人与人相遇也，惟当以仁行之，不以不仁行之，故二人为仁。两人相遇，若相揖让，相招呼，相对坐，相教告，相补教，相恤，相亲爱，行之有益无碍，当以之为起点推施征引，故惟当以仁行之也。……若不持大同之说，则人与人相攻，家与家相攻，国与国相攻；知大同之说，则人与人相爱，家与家相爱，国与国相爱。……如今种种妨害政教风俗大平大同之理，不一而足。重山绝海，无梯无航，又无向导，人何从驾渡以至大平大同之世？仆粗画其图，梦游其境，然与人语，尚多为人所戮，孰肯游此世耶？或不信，或不从，或非之，或疑之攻之，未识必能去现在之境而后相从以至大同也。而人多以现在之境为极美极乐，尚以大平大同之世为碍其乐，则焉能率天下之人改之？故非假以大力而不能运之。

"不二行者"是笔名，真名为角田勤一郎，是一名记者，故能多录康有为的原话。他使用"大平"一词，然"大""太"文意相通。

他与康的访谈内容，由中文转日文，今再由日文转中文，意思可能
会有点变化，但基本思想还是可以看清楚的："大同""大平"之境
界是"无国界，无家界，无身界"的，人人相爱，家家相爱，国国
相爱。不二行者得出其结论："由此概见南海氏（康有为）以仁为人
心之本源，以人类平等、四海同胞为最后之目的"；"所谓大同大平，
如俄之托尔斯泰之和平论或近世和平哲学论者"。[1]

　　"大同三世说"有其革命性的理想，也有其阶段性的规定，中
间有着很大的差距。就其革命性的理想而言，说的是未来，康有为
一派所能做的事情只能是传播思想，或按梁启超等人的说法是"传
教"，尽管康本人可能不赞成这么做。就其阶段性的规定而言，说
的是当下，康党制定了"自上""自下"的两套变法方案。然而，
"自上"的决定权操之于光绪帝和军机处，还须得到慈禧太后之肯
首；即便是"自下"，仍需要得到清朝政府的支持，康及其党人自
己真正能做的只不过是讲学、办学会、办报刊而已，这与"传教"
有时也很难分得开。康"自上"道路的开辟，与当时清朝所面对
的国际形势有关，有着一定的历史偶然性；康也因此进行了政治
策略的调整。从无国家、无等差的"大同世界"（梁启超在湖南时

---

[1]　不二行者：《康有为氏的大同大平论》，《太阳》第 4 卷第 25 号，1898 年（明治三十一年）12
月 20 日，第 218~221 页。见吉辰译《戊戌政变后〈太阳〉杂志关于康有为的两篇文章》，上海
中山学社主编《近代中国》第 29 辑。引文属康有为的自述部分。又，不二行者在该文引康有为
弟子的话来说明"大同三世说"："康先生之宗旨，专以混一地球，平天下之争为主，其意与佛氏
之圣海、耶稣之天堂相同，即一切众生皆欲至太平之世界。今日列国纷争，支那危弱，发此平等
大同之说，似为迂腐。然佛氏、耶氏何尝不由乱世而来，故虽举世喧哗，康先生守之弥笃。凡
开新学之人，必受天下之谤，日本之亲鸾、日耳曼之路德皆是也。康先生尝教曰：我辈之立志，
当以仁爱立心，以大同之义为宗，以存支那为起点，以混一地球为全量，以杀身破家为究竟云
云。""究竟"，佛教用语"最高境界"之意。再又，康有为对不二行者称，他来日本求救援，仅
是"一国之人"，"亦未及专救各国、各民、各物类"；"现时之行所，将来之行所，固不相同。区
区一国，何以舍身而救之者，则以大道无尽，行身有限，即能救全地，不能救它地，一国亦同
耳。故其行仁也，因其所接之境而行之"。角田勤一郎（1869~1916），日本记者、文艺评论家、
文学家，先后在民友社、大阪朝日新闻社、东京日日新闻社工作，有文艺评论著作、小说、译著
多部。

务学堂宣传思想革命），到强调"君权治天下"的"制度局"之设
置（康有为《上清帝第六书》和致康同和的信），如此之大的差距
看起来似乎是对立的，然在"大同三世说"的理论框架中是不矛盾
的。如用"大同三世说"的说法，这些可以简化为"救世界"（大
同、革命性的理想、未来）和"救中国"（小康、阶段性的规定、
当下），且"救中国"可再分为若干途径（"自上""自下"）、若干
阶段（君权变法、君民共主），等等。

　　根据"大同三世说"的思想，清朝必然是灭亡的——将由君主
转为民主，中国也必将灭亡——世界将进入大同，这使得康有为、
梁启超内心中并不忠于清朝，也不忠于光绪帝。康、梁流亡海外之
后，大规模地宣传光绪帝与慈禧太后的对立，编造"衣带诏"，要
求日本、英国等外国废黜慈禧太后，恢复光绪帝的权力；并在海外
组织"保皇会"，进行勤王活动。所有这些活动对北京的光绪帝产
生了实质性的伤害，慈禧太后对光绪帝态度越来越严厉，几欲废
之，最后立了"大阿哥"。对光绪帝来说，荣禄、刘坤一、张之洞
等人才是真正的"保皇党"。康有为等人在海外的政治活动，陷光
绪帝于大不利，也激起了张之洞、刘坤一等人的极大愤怒，但仍然
不能简单地归之于康等人的政治幼稚。在康及其党人的心目中，清
朝、光绪帝多半是他们用来实现政治变革的工具或技术手段。随着
康在海外经历的时间延长，从强调孔子原创的"大同三世说"，转
向自由奔放、畅说理想、设计人类未来的《大同书》，康的行为与
思想之间的差距也越拉越大。这或许就是康生前修改刊印了"大同
三世说"的一大批注经著作，但还来不及修改刊印《大同书》的原
因之一吧。而且，随着康晚年的政治实践，他对人类必然走向由他
指明的"大同"之路的自信，正在一点点衰减；他的弟子对他的信
仰与崇敬，也在一点点衰减。

（本文原载《社会科学战线》2019 年第 1 期）

"超今文学"与近现代经史转型 *

张　凯**

　　近代经今古文之争本是清学汉宋之争的子题，后演化为清末民初政教、学术转型的枢纽。民初整理国故与古史辨运动聚焦今古文经辨伪工作，侧重公羊改制与刘歆造伪，辨伪经典实有意消解经学义理、礼制与政教体系的合理性。后学通常认定钱穆《刘向歆父子年谱》结束了晚清以来的经今古文学之争，经今古文之争演化为史学问题。[1]经史异位、

＊　本文为国家社科基金项目"20世纪三四十年代国学研究与现代中国学术转承研究"（项目号：19BZS082）阶段性成果。

＊＊　张凯，浙江大学历史学院（筹）教授，研究方向为中国学术思想史。

1　参见余英时《钱穆与中国文化》，上海远东出版社，1994；罗义俊：《钱穆与顾颉刚的〈古史辨〉》，《史林》1993年第4期；刘巍：《〈刘向歆父子年谱〉的学术背景与初始反响》，《历史研究》2001年第3期；李帆：《从〈刘向歆父子年谱〉看钱穆的史学理念》，《史学史研究》2005年第2期；戴景贤：《论钱宾四先生之义理立场与其儒学观》，《台大文史

由经入史诚为时代大势,但应当进一步追问经今古文学的内在派分与经义分殊及其所承载的学术方法、问题、理念,乃至背后所指向的回应中西文明分合的方式是如何被民国学人扬弃与超越的。20世纪30年代,经学史学化已成定局,如何超越经今古文之争,以史学的方式处理经今文学与经古文学的理念、方法与材料成为学界焦点,由此开启了新一轮"今古文论战",钱玄同、蒙文通等学人称之为"超今文学",扬弃经今文学的议题、方法与义理成为各派学人实践新学术的起点。以此为线索,将"超今文学"置于民国学界复杂的历史脉络中,当可更深入地阐释经今古文之争在晚清民国时期演化的多元线索和内涵,准确把握近代学术转型的多重路径与复杂性。

一 "今古文论战"与"回到廖平"

就清代学术流变的内在脉络而言,经今古文问题仅是汉宋之争的子题。陈寿祺、陈乔枞父子"渐别今古",由粗及精。廖平《今古学考》以礼制平分今古,发明《王制》《周官》分别为今学、古学的宗纲。受廖平《今古学考》《古学考》等著作启发,康有为倡言公羊改制,复兴今文学,由此引发晚清民国政治与学术的多层纠葛。古史辨运动强化了康有为之于现代学术的意义,顾颉刚自称"上古史靠不住的观念"来源之一便是以康有为为代表的清代今文经学,今文学的古史观可谓古史辨运动兴起的关键因素。相形之下,廖平之于近代古史学的意义在既有学术史叙述中长期未被重视。实际上,廖平早已怀疑古史一元叙述,当他以礼制并非一系区分经今古文时,便注意到古史多元问题。求学时期的顾颉刚称赞清末如果没有今文学,"将使朴学之功与汉人头脑同其混沌"。[1] 在傅斯

哲学报》2009年第70期;陈勇:《钱穆与〈刘向歆父子年谱〉》,《西华师范大学学报》(哲学社会科学版)2016年第2期。

1 《顾颉刚读书笔记》第1册,中华书局,2011,第171页。

年的启发下，顾颉刚认为："国中为学主者，近世惟康长素与太炎先生，风从最众，建设最著。康君之学受之廖氏，屡闻称说。今太炎先生又受其学，则廖君洵开创时世者已。"[1]1920 年前后，顾颉刚为探讨托古改制说的来源，多次点校《知圣篇》，认为康有为《新学伪经考》《孔子改制考》均出自廖平《今古学考》与《古学考》，理据确凿，无须辩论，康有为颇有欺世盗名之嫌。顾颉刚关于商周不同源的说法正源自经今文说。康有为疑古历史观为古史辨运动提供方法与思想动力，今文学经史多元观成为古史辨思潮演化的内在学术议题。古史层累观突破古史一元体系建构，恢复古史的多元叙述，经今古文问题成为研究古史最核心的问题。

　　北伐前后，国内的学术格局有所改变。顾颉刚南下讲学，提倡怀疑精神，以疑古辨伪打破信古氛围，亦打破"求正统"的观念而易以"求真实"的观念，赞扬清代经今文学与康有为的变法运动，古史辨的影响力与日俱增。若要在学理层面超越今文学，势必要分析一元古史系统的来源。顾颉刚在厦门大学、中山大学开设上古史课程，对今古文问题有较深的认识，重点在于辨析经今古文系统中关于少昊的历史叙述与五德终始说。与此同时，廖平门生蒙文通撰成《古史甄微》，以鲁学为根本，质疑古文经的古史系统，经传并重，博采诸子百家学说，甚至多采用谶纬学说，提出古史三系说，申明儒学在中国文化中的地位。顾颉刚与蒙文通的学术活动直接激发钱穆撰写《刘向歆父子年谱》，力图解决晚近经今古文之争。顾颉刚向钱穆约稿，钱穆"即读康有为《新学伪经考》，而心疑，又因颉刚方主讲康有为，乃特草《刘向歆父子年谱》一文与之"。钱穆虽称"此文不啻特与颉刚争议"，但此文无疑旨在回应顾颉刚。[2]1930 年 6 月，顾颉刚推荐此文刊发于《燕京学报》。钱穆以史学立

---

1 《顾颉刚读书笔记》第 15 册，第 358 页。
2 钱穆：《八十忆双亲·师友杂忆》，三联书店，1998，第 146~152 页。

场"为经学显真是",考量新莽代汉的历史发展趋势、人心所向,力证刘歆并未篡改群经,《周官》《左氏传》二书皆先秦旧籍,经今古文学之分在东汉之前并未分明,今古对立为近世晚起学说,列举康有为学说不可通者二十八端,认为廖平分别今古、尊今抑古之论张皇过甚。顾颉刚在《五德终始说下的政治与历史》中虽然吸收了钱穆的某些意见,但依旧沿用康有为、崔适的刘歆造伪说。双方往复争辩,钱玄同称顾颉刚"颇有意于再兴末次之今古文论战。刘节必加入,适之将成敌党"。[1]此时,胡适在中国上古史学转变的趋势中,开始由疑古走向傅斯年所提倡的重建,《刘向歆父子年谱》成为促使他放弃"刘歆遍伪群经"说法的重要因素,他进而批评顾颉刚仍旧墨守康有为与崔适之说。胡适与钱穆论辩今古时,提出"廖季平的《今古学考》的态度还可算是平允,但康有为的《伪经考》便走上了偏激的成见一路,崔觯甫的《史记探源》更偏激了",现在应该"回到廖平的原来主张,看看他'创为今古学之分,以复西汉之旧'是否可以成立。不先决此大问题,便是日日讨论枝叶而忘却本根了"。[2]胡适知晓廖平与康有为学术倾向有别,廖平"平分今古"之说是近代今古纷争的根本,"回到廖平"成为超越今文学的重要环节。

钱穆、顾颉刚、胡适、钱玄同等人的讨论引发了学界对经今古文问题的再度热议,既有研究侧重讨论各方观念的异同与互动,却忽视了此次今古文论战所展示的今文学内部派分与经史转型复杂的内在埋路。刘节评论《刘向歆父子年谱》对经今古文问题的探讨是"消极攻击旧说",而非"积极分析事实",更期望能"说明今古学之源流与底蕴,以为讲论学术史者所取资"。钱穆关于"刘歆未造伪经之证据颇多,而对于《周官》及《左氏传》之著作时代无具体

---

1 《钱玄同日记》,北京大学出版社,2014,第806页。
2 杜春和、韩荣芳、耿来金编《胡适论学往来书信选》下册,河北人民出版社,1998,第1105页。

意见"，"抨击崔、康者仍未能中其要害"。"当崔、康辈立说初意，本在提倡今文，因而不能不攻击古文经典，于是《周官》及《左氏传》之著作时代发生问题矣。后人复以其攻击古文家之法还以检讨今文经典，则《春秋经》及《公羊》、《穀梁》二传相继提出不信任案，由是《禹贡》、《洪范》、《尧典》、《金縢》一一证明伪作，而中国上古史顿觉改观。"[1] 刘节视钱穆为古文学立场，诚然有所误解，但所提出《周官》与《左传》的年代问题的确是解决经今古文的症结。钱穆本来没有经生之见，更无"平分今古"的束缚，他批评廖平"以礼制一端划分今古鸿沟，早已是拔赵帜立汉帜，非古人之真"。[2] 循此思路，自然以康有为《新学伪经考》为今文学大本营，力驳刘歆造伪说，再得古人之真，以史事解决今古文之争。为了回应刘节的批评，钱穆撰写《〈周官〉著作时代考》，论证何休所谓"《周官》乃六国阴谋之书"的说法比周公作《周官》与刘歆伪造说更为合理。不过，钱氏仅将考证《周官》《左传》的成书年代视为突破经今古文问题的辅助。刘节还指出："晚清治今文学者以皮锡瑞、廖平、崔适、康有为最有力。如廖平之《今古学考》、崔适之《史记探源》，皆精深宏笃，远在康氏以上。"[3] 换言之，超越今文学不能仅以康有为为鹄的，更要考察廖平与崔适学说。有学人批评刘节所言昧于康氏之说统治民国学界的事实，犹惑于廖、崔诸说，应是有所误解。若以今文学流变内在脉络的视角而言，刘节意在提示廖平与康有为学术的不同及其启发后学的不同路径。

廖平、康有为是近代今文学系谱的核心人物，康有为是否"剽窃"廖平学说成为近代学术难解之公案，廖平及其门生更不断与康有为学术划清界限。廖平认为经史分流后经学与史学门径有别。康有为《新学伪经考》"外貌炳烺"，"足以耸一时之耳目，而内则无底

1　刘秀俊选编《刘节文存》，江苏人民出版社，2014，第149~151页。

2　杜春和、韩荣芳、耿来金编《胡适论学往来书信选》下册，第1098~1101页。

3　刘秀俊选编《刘节文存》，第150页。

蕴，不出史学、目录二派之窠臼"；[1] 研究经学"贵笃守旧说，经传中微言大义，不少可致力处，即有可疑，亦当就其说而引申之"，不宜以目录之学妄加驳斥。康有为遍伪群经，一概抹杀，"未能深明大义，乃敢排斥旧说，诋毁先儒，实经学之真贼也。其以新学名篇者，不过即所谓今古文者而略为变通之"，"皆谬诬之甚，妄诞之尤，不足以言治经"。[2] 康有为以史学与目录学为门径，为进化的历史观开道；廖平从经义分歧入手，由今古上溯齐鲁，使"复古求解放"更进一步。顾颉刚在归纳清代今文学时明确指出："廖平之学由分析《五经异义》而来，康有为之学由比较《史记》、《汉书》而来，其所用方法皆近世之方法也。然使无清代汉学积累之功力，二君亦不能有此偶然之解悟。"[3] 吕思勉注意到廖平、康有为学术旨趣及其影响后学的路径差别，康有为"昌言孔子改制托古"，廖平"发明今古文之别，在于其所说之制度"，二人学说为"经学上之两大发明"。康氏学说使得"古胜于今之观念全破，考究古事，乃一无障碍"；廖平揭示今古文分野，使之判然分明。[4]

民国学界自然多以"怪诞"看待廖平六变之学，关键即在廖平视"哲理与事实为反比例"，未能将孔学义理与历史事实相结合。舒君实强调廖平之于近代学术流变的意义，提出，"研究儒学宜师今而存古，师今取其足以救时弊，存古可以备参考故"，若不研读廖平《今古学考》，而"妄谈儒家学说，譬彼舟流罔知所届矣"。[5] 廖平所揭示的微言大义被视为探讨中国学术以及文明出路的重要参考。以礼制平分今古的方法与《春秋》之微言大义成为民国学人褒贬廖平学说的缘由，如何以历史眼光贯通春秋大义与六经典制成为廖平

1 舒大刚、杨世文主编《廖平全集》第 11 册，上海古籍出版社，2015，第 663 页。

2 舒大刚、杨世文主编《廖平全集》第 11 册，第 839 页、第 842 页。

3 《顾颉刚读书笔记》第 3 册，第 51 页。

4 《吕思勉读史札记》中册，上海古籍出版社，2005，第 725 页。

5 舒君实：《释儒》，《国民公报》1921 年 12 月 5 日，第 7 版。

后学弘扬、超越经今文学的关键。蒙文通执教河南大学时，"比辑秦制"，察觉周秦之制与《春秋》一王大法间的区别。蒙文通质疑今古文学的宗纲，以历史之义区别《王制》《周官》官制异同:《王制》《周官》实为西周、东周两种不同的制度，且二者所论官制、礼制"相通而不相妨"。所谓今古学"实为汉人不合理强制组成之学"，"究空说则今古若有坚固不破之界限，寻实义则今古乃学术中之假名"，"汉师家法固若是，而周秦传记参差犹多，实非区区今古家法所能统括而各得其所"。¹ 以礼制平分今古不仅不能得周秦学术实情，就是连两汉经学也不能囿于今古文派分。1933 年 3 月，章太炎、李印泉、陈柱、蒙文通一同前往无锡国专演讲。蒙文通当时在南京支那内学院编纂佛典，就急于拜谒章太炎，最关心今古之争的缘起:"六经之道同源，何以末流复有今、古之悬别?"章太炎回答道:"今、古皆汉代之学，吾辈所应究者，则先秦之学也。"此说自然与蒙文通以"齐鲁"代"今古"的观念相通，旨在突破今古文学，寻求周秦儒学源流，明经学根柢。不过，章太炎仍未解答蒙文通最关切的汉代今古文与周秦学术关联何在，即"然古今文家，孰不本之先秦以为义，则又何邪?"² 蒙文通探求汉代古今文学与周秦学术义理的传承，希冀得其正解。抱着此种疑惑，蒙文通北上平津。钱玄同此时主张晚清民国今古文学者"莫善于康有为之《新学伪经考》，莫不善于廖平之《今古学考》"，其原因正是"前者是辨伪，后者是析'学'"。皮锡瑞的《经学历史》与《经学通论》则"既不敢辨伪，又略有析'学'"，所以"亦不甚佳"。³ 廖平门生蒙文通、李源澄与钱玄同、顾颉刚正是以"辨伪"与"析学"的方式实践宗旨异趣的超越今文学。

---

1 《蒙文通全集》第 1 册，巴蜀书社，2014，第 282~283、294 页。

2 《蒙文通全集》第 6 册，第 5~6 页。

3 顾颉刚编著《古史辨》第 5 册，上海古籍出版社，1982，第 1~3 页。

二　"辨伪"与"析学"

作为民国今文学运动的急先锋，钱玄同称赞近百年来今文学运动是近代学术史上极光荣之事，其主要贡献在于"思想的解放"与"伪经和伪史料的推翻"。钱玄同主张以"史眼"穷经，视六经仅是史料，不赞成"国学""经学"等提法，更反对以经师的眼光"析学"，进而提出："今后解经，应该以'实事求是'为鹄的，而绝对破除'师说''家法'这些分门别户、是丹非素、出主入奴的陋见！"[1] 他还认为康有为《新学伪经考》所用清儒的考证方法是科学的方法，廖平《今古学考》"东拉西扯，凭臆妄断，拉杂失伦，有如梦呓，正是十足的昏乱思想的代表，和'考证'、'辨伪'这两词儿断断联接不上"。[2] 六经皆史与微言大义并非区分今古文的标准，经今古文的差异主要是篇卷与文字之别，经说异义根本不值得注意。钱玄同以此质疑儒家学说一系相传的内在脉络，进而提出"超今文"的口号，否认今文学为"学"的资格：近代今文学者"只有对于《春秋》都是以公羊之说为宗（惟邵氏不言《春秋》），对于其它各经，独崔觯甫师一人笃守汉之今文说，他人即不如此"，"他们自己解经，则并非专宗汉之今文说，所以他们解经的精神实在是'超今文'的"。[3]

钱穆为《古史辨》第 4 册作序时，指出考据家以怀疑的态度，不受正统与经典的束缚，以历史观念平视各家学说，怀疑并非破坏古史，而是扩大古史的范畴与材料。钱穆之所以将重点放在考察刘歆造伪一事，即基于认定汉代今古文不是学术进化的结果，实为政学合一的遗毒：经今古文之争"实则争利禄，争立学官与置博士弟子，非真学术之争也"。古文派的兴衰、分裂，"其机捩皆在于政治

1　《钱玄同文集》第 4 册，中国人民大学出版社，1999，第 219 页。

2　《钱玄同文集》第 4 册，第 138 页。

3　《钱玄同文集》第 4 册，第 304~305 页。

之权势，在上者之意旨"，"两汉经学仅为秦人焚书后之一反动"。[1]
傅斯年认为汉代经学的"家法之争，既是饭碗问题，又涉政治"。[2]
钱穆与杨宽进而猛烈批评晚清经今文家的著作与学说"有新闻纸的
气息"，"只是宣传而不是学术"。[3] 按照这种思路，解决近代今古文
之争，似乎仅需从史事上澄清政学纠葛与变迁轨迹，而没有必要于
经说中强求异同。钱穆注重儒学作为义理与史学间的关联，经学并
非儒家义理的核心，其重要性须配合古史研究。顾颉刚的学术转向
深受钱玄同的影响，以辨伪平视经今古文，将近代辨伪学分为几个
阶段："崔述、梁玉绳指出事件之妄，康有为指出作伪之时代，崔
适指出作伪之方式（始用五德说说明之）。""今文家只肯打破五德
说，不肯打破三统说"，顾氏自期"立于超然之地位，加以系统之
说明，补其所未备"。[4] 不过，顾颉刚并不抹杀学派，坚持"析学"，
由家派入手梳理经今古学说的层累演化。求学北大时，顾颉刚认可
黄侃所言"经学分家派，本不为善，然苟为其学，即不得不藉家派
以为其假定，而后一切义类有所附；得其义，乃舍其家，则知所
择"，"假定一言，是极，此即为科学之方法也"。[5] 辨伪古史不受家
法门户限制，但若"不从辨别经学家派入手，结果仍必陷于家派的
迷妄。必从家派中求出其条理，乃可各还其本来面目。还了他们的
本来面目，始可以见古史之真相"。[6] 周予同提出，近代超经学的研
究"不是治经不谈'家法'，而是以'家法'或学派为基础而否定
了它，超越了它，而到了一个新的阶段"。[7] 顾颉刚考察五德三统说，
辨明经今古文流变，认为"三统改制学说是造伪古史之原则"，"得

1 钱穆：《国学概论》，商务印书馆，1997，第 81 页。
2 傅斯年：《留学笔记（1919~1926 年）》，台北中研院历史语言研究所藏傅斯年档案，I-433。
3 顾颉刚：《当代中国史学》，上海古籍出版社，2002，第 39 页。
4 《顾颉刚读书笔记》第 3 册，第 71 页。
5 《顾颉刚读书笔记》第 15 册，第 358 页。
6 《顾颉刚读书笔记》第 4 册，第 346 页。
7 周予同：《中国经学史讲义》，上海文艺出版社，1999，第 132 页。

其原则，足以穷其流变"。[1] 之后，顾颉刚更计划完成四考："辨古代帝王的系统及年历、事迹，称之为《帝系考》"；"辨三代的文物制度的由来与其异同，称之为《王制考》"；"辨帝王的心传及圣贤的学派，称之为《道统考》"；"辨经书的构成及经学的演变，称之为《经学考》"。[2] 由此打破种族的偶像（帝系）、政治的偶像（王制）、伦理的偶像（道统）、学术的偶像（经学）。可见，辨伪与析学是顾颉刚学术方法的双轨，由三统改制学说判定战国、秦汉时期的"造伪思潮"，解释战国、秦汉学术思想演化历程，落实对战国、秦汉时代学说的批判。

刘歆作伪问题是五德终始说的最终环节，也是民国学界古史辨伪的焦点。钱穆从政治和学说两面，均认为从汉武帝到王莽、从董仲舒到刘歆，是历史的演进，今文学家却认为这一过程中存在有意的伪造和突变性的改造。这是钱穆与顾颉刚的本质分歧。顾颉刚认为宇宙间的事物有渐变、有突变，古史传说和古籍文本当然也不例外，五德三统说是秦汉政治学说的根本，刘歆倡导的古文学运动是西汉末年学术突变的原因。顾颉刚始终坚持刘歆造伪说便根源于此，在晚年依旧认定"刘歆表彰《左氏》，保存春秋一代史事，固一大功绩，而其附莽以造伪史，淆乱当时史官之记载，则为千古罪人，功罪自当分别论之"。[3] 杨向奎批评顾颉刚没有在"层累地造成的古史说"的基础上再前进一步，"只是重复过去的老路，恢复到今文学派康有为的立场，又来和刘歆作对……是经今文学派的方法，一切委过于刘歆"。[4] 顾颉刚因此被民国学人贴上"新今文家"的标签。

---

1 《顾颉刚读书笔记》第 1 册，第 430~431 页。

2 顾颉刚编著《古史辨》第 4 册，上海古籍出版社，1982，第 4 页。

3 《顾颉刚书信集》第 3 册，中华书局，2011，第 512 页。

4 杨向奎：《论"古史辨派"》，中华书局编辑部编《中华学术论文集》，中华书局，1981，第 32 页。

　　在《古史辨》第 5 册"序言"中，顾颉刚申明"超今文学"的立场："家派既已范围不住我们，那么今文古文的门户之见和我们再有什么关系！我们所以在现在提出今古文问题，原不是要把这些已枯的骸骨敷上血肉，使它们重新活跃在今日的社会，只因它是一件不能不决的悬案，如果不决则古代政治史、历法史、思想史、学术史、文字史全不能做好，所以要做这种基础的工作而已。"[1] 刘节认为顾颉刚《五德终始说下的政治和历史》揭示了汉人搅乱史迹的根本方略，问题可以分两层来讨论：第一，阴阳五行说起源；第二，今古文经说之争。《古史辨》第 5 册的编纂正是围绕这两个问题展开的。刘节指出汉代经今古文之争"本因学说不同，利害冲突，其相争自有意义"；晚清以来今古文家入主出奴，"可谓无甚价值"，以真正历史家眼光而言，"两者皆历史上事实，既无所轩轾，更不必偏袒"。[2] 今古学的根本症结在于"阴阳五行灾异谶纬说之不同，其次为制度名物之异；至于文字训诂之乖违，其实皆同声假借之故，无所谓今古文之分"。[3] 阴阳五行说的起源是今古文之争的中心问题，顾颉刚《五德终始说下的政治和历史》已经抓住今古文问题的中心，"我们无论如何追不上去了，只好让他独步"，于是转入"从新得的材料中做成新史的骨干"。[4] 然而，钱玄同对此种析学的做法颇为不满，他致信顾颉刚，坚称："'经今古文'这个词的下面加上一个'学'字，此更与鄙见相左。我认为'经今文学'与'经古文学'这两个词，都是根本不能成立的。"并没有同条共贯的"今文经学"，如"今文《诗》学"，也没有同条共贯的"古文经学"，如"古文《周礼》学"，对历史上的不同经说，"该平等看待"。考证今文与古文的意义在于"有真伪之别，在史料上关系甚大，但并无所

1　顾颉刚编著《古史辨》第 5 册，第 3 页。
2　刘秀俊选编《刘节文存》，第 149 页。
3　顾颉刚编著《古史辨》第 5 册，第 640 页。
4　顾颉刚编著《古史辨》第 5 册，第 8~9 页。

谓两家之'学'"。[1] 阅览《古史辨》第 5 册后，钱玄同称顾颉刚、刘节皆认为今古文最根本之问题在阴阳五行，"固不尽然，然则许然。不过我总觉得，今古文之说，实一丘之貉耳"。[2] 顾颉刚与钱玄同就辨伪与析学各执己见，顾颉刚、钱穆、杨向奎、杨宽观点有别，然"超今文学"的立场则一，今古文问题成了中国古史的子题。

寓居平津四年，蒙文通浸染于超今文的氛围，与顾颉刚、钱穆等学人充分交流，这为他重构经今古文学提供了契机。抗战后返川，蒙文通即出资创办《重光》月刊，在李源澄的催促下，提倡"非常异义之政治学"，言内圣不废外王，回应"超今文学"与疑古思潮："清世今文之重兴，而庄刘之徒言《春秋》而不知礼，则一王大法为徒言，左海之俦言礼而不求之义起，与经世云者，邈不相关，至康有为益肆为虚泛不根之言，于是《周官》、《左传》凡诸古文经传，以为皆作于新室，狂论一倡，举世为靡，而谓周人旧书，反足以开王莽之新治，夫王莽之为社会政策，而《周官》为封建制度，在近世夫人而知之，即平不平等之间，乖隔已远，周与莽政，水炭难谐，乃袭其余唾者，曾不思此，又猥自标置曰'超今文学'，以疑古相夸扇，诬古人而欺后生，斯又下矣。"[3] 在《经学抉原》中，蒙文通通过梳理今学、古学的源流来考察刘歆与《周官》《左传》的关联，以礼制分别今古，认为《周官》是封建不平的制度，王莽改制为改良的社会政策，周政与莽治势如水火。此一见解源自蒙文通在北京大学讲授魏晋南北朝史时的感悟："国、野不仅出制、兵不同，学制、选士也不同"，"《孟子》、《周官》所讲确实是如此"。这更促使蒙文通接近廖平四变之学。"廖先生说古文是史学、今文是经学（或哲学），的确是颠扑不破的判断。同时也看出经学家们把经今古文问题推到孔孟时期显然也是不对的，孔孟所言周事还基

1　顾颉刚编著《古史辨》第 5 册，第 1~3 页。

2　《钱玄同日记》，第 1071 页。

3　《蒙文通全集》第 6 册，第 97~98 页。

本是历史事实而不是理想虚构。"[1]蒙文通进而分判廖平与康有为的学术关联，廖平"初说古文为从周，今文为改制者，实不刊之至论，廖氏所谓一史学，一经学者，经学固即哲学，而政治之理想也，乃廖氏旋动于康更生古文学出新室之言，及格于《管子》《大戴》，而康说亦难安，则又变而言大小，凡致廖氏之说于歧罔者，皆康氏之由，而世或以康为窃之廖氏，或以康为能光大廖学，肤薄无识之论，何足以辩哉"，肯定廖平以礼制区别今古与经史分流学说，而将廖平大小天人学说诿过于康有为的影响。[2]

钱基博认为廖平依据《五经异义》考察两汉学说而成《今古学考》，"昔人说经异同之故，纷纭而不决者，至是平分江河，了如指掌"，今日为今学古学正名，当以"事义而有不同者"为主。[3]蒙文通评价廖平"说《春秋》缜密，说礼则略"，廖平分判《王制》《周官》礼制有所疏漏，并不影响《春秋》大义的阐发。蒙文通重审廖平学说，并未走向将经学史学化，而是回到了廖平晚年经史分流说："有素朴之三代，史迹也；有蔚焕之三代，理想也。以理想为行实，则轻信；等史迹于设论，则妄疑。轻信妄疑而学两伤，是谁之责欤？世之争今古文学者，何纷纷也？盖古以史质胜，今以理想高。"[4]古史辨派提倡"超今文学"，无论辨伪还是析学，均主张经学史学化。蒙文通反对用阴阳五行学说来解释今古文问题，而是以哲学、史学分别对待今学、古学。经之所以有别于史，是将理想寄托于素朴的史迹，经学正宗不在古文而在今文。蒙文通会通廖平一变与四变之学，"不唯继承了其师的经史之分说，又去掉了迷信孔子和孔经的成分，而发展了廖平的经史之分说"。[5]发展经史分流观的重

---

1 《蒙文通全集》第 6 册，第 37 页。
2 《蒙文通全集》第 6 册，第 92 页。
3 钱基博：《古籍举要》，世界书局，1933，第 56 页。
4 《蒙文通全集》第 1 册，第 56 页。
5 黄开国：《廖平评传》，百花洲文艺出版社，1993，第 190 页。

点不仅系于孔孟之学，更落实在秦汉新儒学，今文、古文之辨关键在于历史与理想的差别。以政治制度而言，古文家言《周官》重在述古，今文家主《王制》寄托文化理想。廖平固守孔圣制作，蒙文通认为战国秦汉时期历史文化之变孕育与激发了今文学的"革命"精神和理想制度。今文学思想应当以《齐诗》《京易》《公羊春秋》的"革命""素王"学说为其中心，革命不仅是"王者异姓受命"，更需要圣者改制立法，创立一套新的制度，"改正朔，易服色，殊徽号，异器械，别衣服"。今文学家所讲"一王大法"为万民一律平等的思想，既与贵贱悬绝的周制不同，更与奖励兼并的秦制相异，而是秦汉新儒家的理想制度，今文学的礼制多有精深大义。井田、辟雍、封禅、巡狩、明堂诸制"皆今文学非常异义可怪之论，以其时不敢显言，故辞多枝叶，实儒家精义所在，而不能见诸行事者也"。[1]

顾颉刚自称研究的不是普通的战国秦汉史，而是战国秦汉的思想史和学术史，要在这一时期的学术思想中寻出上古史观念及由此建构的历史。顾颉刚区分经学中的理想与事实，目的在于研究古代历史。"汉人解经之目的，欲使经义为一而无异同。今人解经之目的，欲使经义异同毕露而无一毫糅杂之处。上面是统一观念，下面是历史观念。"[2]古史辨运动代表近代经学的结束期，打倒古文家，不是主张今文学，而是要用同样方法来收拾今文家，"对于各派皆还其真相，但有分析而无褒贬；自己站在历史研究上，不站在信仰上；从根本作起，不占一些便宜；作有系统的整个辑佚功夫"。[3]"统一观念"与"历史观念"背后的学术旨趣或可以"救时弊"与"备参考"概括，顾颉刚将经典所蕴涵的古史实情视为中国文化的内层与核心，蒙文通阐发秦汉新儒学的大义微言以资实践传统文化的现代转化。

---

1 《李源澄儒学论集》，四川大学出版社，2010，第420页。
2 《顾颉刚读书笔记》第2册，第266~267页。
3 《顾颉刚读书笔记》第4册，第269页。

三　文明的估价与开新

在"学术中国化"运动中，嵇文甫指出钱穆与顾颉刚讨论今古
文问题看似是陈腐的经学题目，其实掩藏着新的东西，本可将讨论
"引到一个新方面，而展开一个方法论上的大论战，这是很有意义
的。然而当时我们没有办到"。[1] 嵇文甫敏锐察觉出此次经今古文问
题的学术论战之于建构中国文化路径的启示。1946 年，童书业综述
民国学术的必然趋势是新宋学运动，新宋学是依据汉学科学实证精
神来讲道理，提出科学化哲学或思想。顾颉刚同时畅谈中国现代史
学：以北平为中心之史学家重实际而注意枝节，往往失之琐碎；以
上海为中心之史学家重概括而追求完整，往往失之空洞。如有人能
综合各方面之研究，再予以系统之整理，则中国史学必有再辉煌之
发展。中国学术以文史哲较受国外重视，实因为此种文化遗产颇为
丰厚。顾颉刚视经学为文化遗产的重要组成部分，"经学到将来固不
成其为一学，但在其性质尚不十分明了时，则必须有人专攻，加以
分析，如廖平、皮锡瑞然"。[2] 蒙文通认为今人关于经学性质的论定
"不免轻率，有些儿戏"，"是由于我们不认识古人学术，轻视文化遗
产，自以为是高出古人"。[3] 蒙文通对史料和文化遗产有所区别："数
十年来，国内史学界皆重史料，而绝少涉及文化遗产之史学"，中
国史学发展历程中，"（南宋）浙东史学究为文化遗产之一大宗，而
世人知之者竟不多，殊可悯叹"。[4] 贯通义理、制度与事功正是南宋
浙东史学这一文化遗产的难能可贵之处。顾颉刚与蒙文通对文化遗
产的不同理解，反映出近代学人转化传统的多元抉择。

1　嵇文甫：《漫谈学术中国化问题》，《理论与现实》第 1 卷第 4 期，1940 年，第 70 页。
2　《顾颉刚读书笔记》第 4 册，第 137~138 页。
3　《蒙文通全集》第 1 册，第 366 页。
4　《蒙文通全集》第 6 册，第 40 页。

　　清末民初学人重建国学，中学由"体"逐渐演化为"故"，中国学术体系完全为西学分科所取代。今文学复兴虽是"以复古为解放"的关键步骤，但新文化派眼中解放的目标不再是复兴古代经典大义，而是通过输入新学理、新观念、新思想，并以相同的批判态度对中国固有文明进行重建，创造新的文明。胡适视文艺复兴为反抗权威和批评精神兴起，中国的文艺复兴运动即新文化运动是"由既了解他们自己的文化遗产，又力图用现代新的、历史地批判与探索方法去研究他们的文化遗产的人领导"，是一场人文主义运动。这场新运动"引起了中国青年一代的共鸣，被看成是预示着并指向一个古老民族和古老文明的新生的运动"。[1] 胡适、顾颉刚倡导整理国故和古史辨运动，力图以严肃的学术运动参与和支持反孔非儒的新思潮，解构儒学意识形态有最有效的三条途径：一是大力输入西方哲学；二是恢复儒学在历史上的原形；三是恢复非儒学派的历史地位。钱玄同一直期待胡适等学人形成"仿泰西新法，独出心裁的新国故党"，"必大有造于国故界"。[2] 钱氏将 16 世纪初年至民初视为中国文艺复兴、宗教改革时期，"对于宋儒（程朱）以来不近人性之举改革，阳明、卓吾、黎州、习斋、圃亭、东原、理初、定庵诸人是也。对于学术之革新，如焦竑以来之实学是也。而最近五十余年中之前二十年开灿烂之花"，[3] "其中对于国故研究之新运动，进步最速，贡献最多，影响于社会政治思想文化者亦最巨"。[4] 胡适既倡导以科学整理国故，更期盼以国故整理科学，既用现代哲学去重新解释中国古代哲学，又用中国固有的哲学去解释现代哲学，"这样，也只有这样，才能使中国的哲学家和哲学研究在运用思考与研究的新

1　转引欧阳哲生《中国的文艺复兴——胡适以中国文化为题材的英文作品解析》，《近代史研究》2009 年第 4 期。

2　《顾颉刚读书笔记》第 1 册，第 71 页。

3　《钱玄同日记》，第 1251 页。

4　《钱玄同文集》第 4 册，第 319 页。

方法与工具时感到心安理得”。[1] 王皎我认为随着整理国故运动的深入，国学的地位因其同外来文化切实的冲突、融洽与调和，在“国内自然是很稳固了，但在国际上亦打破历来空洞的、虚泡的状态而渐趋具体的、确切明了的地步”，“在国际上有超越的地位，更可以看出是很普遍的，很有向前无穷的进展的”。[2] 然而，纵观整理国故运动与古史辨运动的走向，胡适及其同道始终侧重于以现代哲学解释传统思想，以西方学理解释中国文化，并未找到平衡中西文明、科学与国故的路径。

在以科学条理中学的欧化大潮中，寻求中学的自主性地位进而以中学整理西学貌似不合时宜，但仍是近代学术转化的潜流。民初国学论战之时，张煊认为从世界学术的发展角度，因袭欧化不如整理国故。因袭欧化，欧洲文化并未增长；整理国故，却可贡献于世界，世界学术因此多有所得。宋育仁批评胡适所引领的整理国故运动仅在史料中盘旋，胡适所倡导的新文化史总系统仅是“开局纂书的办法”，“仍旧充其量著一部续二文献通考后案”。宋育仁所言文化指向经学所承载的文化系统，编纂文化史应当“是述文化于史，非以史为学，是将文化的成迹及其应用载在史上，不是将此史所载的拿来作文化”。[3] 翁文灏更是明确提出以科学整理国故，不若以国故整理科学为效之大：“诚以以科学整理国故，为效仅止于国故，所裨只于一国家。以国故整理科学，则为效渗入于科学，所裨将被于世界，其为功可以道里计哉？”[4] 蒙文通、李源澄站在今文学立场，贯通义理、制度与史事，实践以国故整理科学，重新认知中西文明的

1 《胡适文集》第 6 册，人民文学出版社，1998，第 11 页。

2 王皎我：《中国国学在国际上的新地位及其最近之趋势》，桑兵等编《国学的历史》，国家图书馆出版社，2010，第 397 页。

3 宋育仁：《评〈国学季刊发刊宣言〉》，《国学月刊》1923 年第 17 期，第 53 页。关于宋育仁与整理国故运动的分合，参见张凯《“述文化于史”：宋育仁与近代经史之学的省思》，《近代史研究》2017 年第 4 期。

4 《蒙文通全集》第 3 册，第 147 页。

高下之分，力图以秦汉新儒学重塑立国精神与文化主体。

李源澄认为整理国学是中国文化更生的必经之路，胡适倡导的整理国故运动有两种偏蔽：其一，中西比附，格义附会。"曰某为形而上学，曰某为认识论"，"惧后之学者，即以此为理学儒先之精英，则于斯学不惟无益而且有害也"。[1] 其二，以历史的眼光研究国学，视经学仅有历史价值。李源澄主张提供固有文化中优良成分以资时下参考，促使盲目反对固有文化的人反省。各国自有其历史文化，中西文化精神根本不同，不要对任何一方随便抹杀。中西文化两相比较，特长与短处分外鲜明，"我们应该发展我们的长处，修正我们的短处，但是须要明白这不是移花接木，而是要从根本上救起"，"我们又必不可以与人不同为可耻，而是要我们能自创文化"，"我们要重新对于固有文化加以研究，大家负起责任来创造我们的将来，才不负我们的时代所赐与，不必去演那东施效颦的丑剧了，更不可自伐其根本"。[2] 中国文化传统不仅具有历史价值，更是中西对话、创新文化、以国故整理科学的源头活水，被新文化运动猛烈抨击的礼教精神本可以发展出另一种样式的民治政体。中国政治结构为君主、士大夫、人民，而重心实在士大夫，士大夫又是社会重心，研究中国历史必须了解士大夫与士大夫所服膺的经典。汉代今文学本寄托民主政治思想，秦汉以后，君主与士大夫互相妥协而联合，中国政治社会"并非儒家原始之理想，而为士大夫补偏救弊之办法"。[3]

蒙文通认为中国有两套政治学说，一套是国家主义的政治学说，一套是大同主义的政治学说。国家主义的政治学说以强与富为特征，大同主义的政治学说以和与平为特征。大同学说相当于大一统学说，最能代表国家主义的是法家，最能代表大同主义的是秦汉

---

1 《李源澄儒学论集》，第 291 页。

2 《李源澄儒学论集》，第 159~160 页。

3 《李源澄儒学论集》，第 145 页。

新儒学。[1] 汉代以来政治上排斥秦汉新儒家的革命观念，所接受的"仅以不违反家天下之君主制度为限度"。"现在的一切，必不是宗法社会的遗毒，更不是儒家的遗毒，而是宗法政治的遗毒。儒家继承的是宗法政治，所创造的则是王道政治。"天下为公之贤人政治与民主政治不同，重点即在礼治超过法治，天下高于国家。[2] 蒙文通认为儒家理想社会以井田为最精，儒家理想政治以明堂制度最为完备。君主专制，诚不足道；议会制度亦不得为世界最理想政治；"专制于一夫诚非，专制于多数亦未是，皆非中国思想所应有之说"。明堂为议政之宫，不得视为代议制。"中国之法，治权分系于各级之职司，实非专系之上层或下层"，《月令》所设计的政治模式"为政治积极之职责，而非权力消极之限制；乃政治之规定，而非权力之规定"。此即中国立国精神与西方迥然异趣之所在，"权固非专之于庸众，而与独裁于一夫者，尤为不同"。[3] 中国政治理论与制度自然不能以西方逻辑衡量。汉代以下所行者为儒者之第二义，阐发儒学第一义当是沟通中西的关键。"致治之术，建国之规，是固今日言民族文化之最可贵视者"；"言民族文化而不自井田、明堂始，则为空谈，未足以规我文化之宏效；言井田、明堂而不本于儒家之仁义，亦不足以尽我文化之深旨"；"仁以为本，其可诬乎？究心于民族文化者，于此幸致思焉"。[4]

今古文辨义是清末民国学界出入经史、分殊中西的重要枢纽，民国学界继承与超越今文学的方式、旨趣存在内外之别。国难之际，贺麟疾呼中国不能失掉文化上的自主权，而沦于文化殖民地。周予同认为清代今文学在中国学术思想史上有相当功绩，就学术精神而言，"在消极方面，能发扬怀疑的精神；在积极方面，能鼓励创

1　《李源澄儒学论集》，第 399~400 页。

2　《李源澄儒学论集》，第 438 页。

3　《蒙文通全集》第 1 册，第 172~173 页。

4　《蒙文通全集》第 6 册，第 98 页。

造的勇气"。就学术实践而言,"在消极的方面,使孔子与先秦诸子
并列;在积极方面,使中国学术,于考证学、理学之外,另辟一新
境地"。[1]童书业指出周予同以科学精神为研究基础,发扬廖平、崔
适的今文学传统。对于周予同的今文立场,童书业持保留意见,强
调"今古文学互有短长,不可偏废",在制度异同层面,"今古说之
短长,盖亦略当";就版本文字异同而言,"古文本于校勘上亦有参
考之价值"。[2]蒋伯潜在周予同说法的基础上更进一步指出:"今文学
家所说的孔子,究竟是否孔子底真相,原也还待澄清。不过他们所
说的孔子却是有生气的,有热情的,有创造革新的精神的;较之古
文家所说的孔子,仅为一史学家,仅为一保存古代一部分史料的史
学家,却胜一筹。"今文学复兴,在汉学、宋学之外另辟学术新境
地、新出路。现在研究经学,"与其采取古文学,不如采取今文学;
因为从前一派底观点来读经书,来研究孔子,则经书是死书,孔子
也成了木偶;从后一派底观点来读经书,来研究孔子,则书和人便
都凛凛有生气了。不过古文派所长底客观的近于归纳法的治学方
法,却也是不能一笔抹杀的"。[3]

在古文经学的历史观念之下,六经被视为古代的政典文献,古
史与儒家义理精神分离。章太炎学术分"修己治人之学"与"超人
之学"两层,以经史为用,晚年仍倾力寻求民族历史的特殊性,借
助史学获得历代社会政治经验,探索民族文化的发展,重建讲信
修睦、修己治人的师儒之学。科学史学派意在以史学建构内在的文
化演化历程,变经学为史学,建造中国文化史的骨架,而不囿于儒
学,再造中国本位文化。顾颉刚提倡超今文应当吸收宋学的批评、
清学的考证,以史代经,推陈出新,澄清中国历史文化流变的实
情。蒙文通试图用秦汉新儒学重塑立国精神与文化主体,主张孔孟

1　《周予同经学史论著选集》,上海人民出版社,1983,第31页。
2　《童书业论著集外集》,中华书局,2010,第342、348~349页。
3　蒋伯潜:《经学纂要》,正中书局,1944,第190~191页。

依据三代历史文化传统提炼"仁义之说",确立了中华文明的核心价值,儒家义理在某种意义上成为此后两千年中国历史展开的精神动力,秦汉以降中国历史的演进或可视为儒家义理的实践与展开。历史演进又为因时因地的调整与深化儒家义理提供有效客观经验。既以经驭史,又以史证经,儒史相资,构建儒学义理与历史演化的能动关系,或可以现代学术体系开辟一种义理化的经史之学。杨向奎晚年总结顾门后学"虽所趋各异,所得不同,都受有今文经学影响",童书业独守师法,以"公羊"义研究古史,遂为"古史辨"后劲。杨氏自称"斤斤于'公羊'三世说,盖亦有所为者",时至今日,公羊学仍多有可取处,如"大一统"与民族学说,"公羊义可以永放光芒","在社会主义时代而谈经学未免不伦不类,但去其糟粕而取其精华,不亦可乎?"[1]考察近代以来各派超越经今古文之争的历史脉络,融会各家的方法与宗旨,既可探讨近代经史转型的复杂内涵,更利于反思进而丰富时下史学研究的方法与旨趣,使史学研究成为确立文明主体性的源头活水。

[本文原载《浙江大学学报》(人文社会科学版)2019年第2期]

1　杨向奎:《绎经室学术文集》,齐鲁书社,1989,第16~25页。

三礼馆中的惠士奇
——以汉宋学为视角

张 涛[*]

前人论清代经学，以为"吴门惠氏实属大宗，而士奇乃大宗之不祧祖也"。[1]不过，目前学界与惠士奇（1671~1741）有关之研究颇为稀见。在"经学研究论著目录资料库（1912~2002）"中，以"惠士奇"为关键字进行不限栏位检索，所得资料仅有两笔：一为杨向奎综论惠氏礼学成就要点并借以阐发自己主张之"《周礼》出于齐国"论点之文，[2]一为广东地方学者撰集关于当地文化之名人传记，[3]可

* 张涛，清华大学中国经学研究院副研究员，研究方向为三礼学、清代学术史。

1 杨向奎：《三惠学案》，《清儒学案新编》第 3 册，齐鲁书社，1994，第 113 页。
2 杨向奎：《周礼在齐论——读惠士奇"礼说"》，《管子学刊》1988 年第 3 期。
3 李小松、陈泽弘：《始创吴派经学振兴广东文教——清广东学政惠士奇》，《历代入粤名人》，广东人民出版社，1994，第 453~457 页。

知相关研究非常寥落。此外，李开所撰三惠传记中收有《惠士奇评传》，学界至此始有对惠士奇一生学行较为综合之论述。[1] 21 世纪初，漆永祥整理东吴惠氏文献，学界论著日渐增多，可惜其中以惠士奇为研究对象者，仍屈指可数。[2] 王应宪综合研究吴派学术之专著，重点考察惠氏"罚修镇江城"一事，并析论其《易》与《春秋》学，而推尊惠士奇为"吴派学术奠基者"。[3] 在此前后，学界对惠士奇生平与学术两端之研究日渐深入，各有进境。[4]

惟上述诸家成果，仍未能穷尽惠氏一生学行，尤其惠士奇之学术与其生平际遇间关系若何、与同时学界彼此有何纠葛，此等问题，尚待探研。通观惠氏生平，盛年登科，驰声翰苑，与帝王、词臣相周旋，继而督学南粤，主持文教，作育一方人才；不想竟以五旬之身，遽遭十载之屯，而终于再获起用，投身新君登极后首次文教事业之中，参与编纂官修《三礼》经书。尽管惠士奇不数年即致仕终老，但是渠此次参与纂修之举，非但就个人学术生涯而论，可称作谢幕演出，更因在历史时序上与通常所说之"乾嘉学术"兴起接轨，而具有了作为观测学术范式转换之切入点的意义。周启荣虽已注意惠士奇与这一时期礼学发展的学术价值，但囿于所见材料，只能坦陈惠士奇"在三礼馆时的意见不可知"。[5] 可见相关议题亟须深入挖掘。

---

1 李开：《惠栋评传》，南京大学出版社，1997，第 513~581 页。

2 参见王应宪《东吴三惠研究述评》，《兰州学刊》2007 年第 2 期。

3 王应宪：《清代吴派学术研究》，华东师范大学出版社，2009，第 32~73 页。

4 在惠士奇生平方面，有何冠彪《"六经尊服、郑，百行法程、朱"——惠士奇红豆山房楹帖问题考释》，《台湾师大历史学报》2007 年第 38 期；杨丽容、荀铁军：《论惠士奇在广东的交往》，《古籍整理研究学刊》2012 年第 5 期。而惠氏学术方面较为深入之研究有杨自平《从〈易说〉看惠士奇的治〈易〉作法》，《当代儒学研究》2011 年第 11 期；张素卿：《博综以通经：略论惠士奇〈易说〉》，《吉林师范大学学报》（人文社会科学版）2017 年第 6 期。

5 周启荣：《清代礼教思潮与考证学——从三礼馆看乾隆前期的经学考证学，兼论汉学兴起的问题》，劳悦强、梁秉赋主编《经学的多元脉络：文献、动机、义理、社群》，台北，台湾学生书局，2008，第 49~82 页，尤其第 75 页。

　　职是之故，本文拟对惠氏此次参与官修书籍纂修一事予以讨论，试图深入当时学界整体氛围，对晚年惠士奇做出学术史定位，并力求从对其学行遭际出发，揭示乾嘉学术在汉、宋学术思想转变之际的历史横切面。

一　惠士奇乾隆四年萧索离京

> 白驹何皎皎，瘦共五车驰。
>
> 尽是丹铅本，非关绝妙词。
>
> 宁期桑落下，高咏《伐檀》诗。
>
> 经学如君少，蒲轮迟主知。[1]

　　乾隆四年（1739），三礼馆后辈诸锦（1686~1769）以此诗为惠士奇送行。惠士奇在京，参与编纂乾隆元年（1736）诏修之《三礼义疏》，[2] 历三寒暑，年近七旬，于时称病回乡。

　　诸锦诗中"桑落"一词，典出《荀子·宥坐》，记孔子厄陈蔡，子贡以善恶福报为问，孔子遂列述古来知者不用之事，以为遇、不遇皆有其时，因一时之厄遂至穷困忧衰，未可也。孔子出言勉励子贡，曰："女庸安知吾不得之桑落之下？"惠氏究竟是何窘况，而诸锦乃以陈蔡之厄作比拟？尾联用汉武安车蒲轮征鲁申公事，希冀高宗弘历（1711~1799）再召惠士奇来京效力，自属宽慰语。其"经学

1　诸锦：《送天牧先生旋里》，《绛跗阁诗稿》卷6，《四库全书存目丛书》集部第274册，齐鲁书社，1996，第620页。

2　三礼馆是乾隆帝弘历登极后所设首个官方特开书馆，主要任务为纂修包括《周官义疏》、《仪礼义疏》和《礼记义疏》在内的《三礼义疏》，以上继康熙朝所纂四部官修儒家经典注释（"康熙四经"）。该馆于乾隆元年六月十六日奉旨开设，至乾隆十九年（1754）六月一日闭馆，时间跨度19年，为清代学术史上标志性事件之一。有关三礼馆一般情况，可参林存阳《三礼馆：清代学术与政治互动的链环》，社会科学文献出版社，2008；张涛：《乾隆三礼馆史论》，上海人民出版社，2015。

如君少"一语，虽意在称道惠氏经学，却无意中流露出惠士奇学问
或嫌曲高和寡的信息。

东吴惠家四世中，惠士奇本为际遇最好之人。在康熙末年，惠
氏即受提拔，外放广东学政，雍正间擢侍读学士，声誉日隆。门生
杨超曾（1693~1742）为撰《墓志铭》，尝云：

> 公有高世之行，又辅以经术。……三朝恩遇，有加无已，
> 公之遭逢，不可为不盛，亦由公积学力行有以致之。[1]

谓惠士奇以学行见重于世或近事实，然言"三朝恩遇"，则另有隐
情，未可全信。惠氏在康熙朝确受恩遇，现存《惠氏宗谱》中《奏
对纪恩录》可证。[2]惠士奇康熙末督学广东，倡经术，奖人才，有
惠政，岭南士风因之一变，直到清末桂文灿、康有为、梁启超辈
仍称颂不绝。[3]然而雍正四年（1726），惠士奇入都陛见，因奏对未
称旨遭斥，奉旨罚修镇江城，随即束装就道，弃产兴役，家道自
此中落，难以复振。当时，惠士奇已五十六岁。洎后七八年间，修
城一百零六丈，为缴罚银二千两"用罄其家"，张罗筹措，疲于奔
波，少有宁时，其事尽载于当时案卷，[4]班班可考，兹不赘述。如

1　杨超曾：《翰林院侍读学士惠公墓志铭》，钱仪吉纂编《碑传集》卷64，上海书店编《清碑传
合集》第1册，上海书店，1988，第605页。

2　惠士奇：《奏对纪恩录》，惠周惕、惠士奇、惠栋著，漆永祥整理《东吴三惠诗文集》，台北，
中研院中国文哲研究所，2005，第368~370页。

3　惠士奇视学广东之影响，清人多有称述者，观惠周惕、惠士奇、惠栋著，漆永祥整理《东吴
三惠诗文集》附录诸家所为传状亦可见（另参见王应宪《清代吴派学术研究》，华东师范大学出
版社，2009，第36~42页）。惟王应宪以粤人康熙五十九年将惠士奇崇祀乡贤则大误，（雍正）《广
东通志》卷48所记崇祀者实为揭阳人谢绍举（见郝玉麟等监修，（雍正）《广东通志》，《景印文渊
阁四库全书》第564册，台北，台湾商务印书馆，1983，第300页）。惠士奇之配享乡贤祠及崇
祀培风书院，在其离粤进京之后。

4　参见王昶《惠先生墓志铭》，惠周惕、惠士奇、惠栋著，漆永祥整理《东吴三惠诗文集》，第
508页。按，此为惠栋墓志。相关档案如今台北中研院历史语言研究所藏清代内阁大库档案中有
雍正十三年（1735）镇海将军三等伯王𨧀所上一份揭帖中提到"镇府城垣自惠士奇、杨绍修理停

此一来，非但他本人精力消耗，家业尽毁，牵连所及，其子惠栋（1697~1758）也被迫往来元和、京口两地，"樵苏不爨"，[1]无日不在愁苦困顿中。这种生活对于学人而言尤其残酷，杨超曾《墓志铭》对此却讳莫如深，未置一词。幸而惠家父子艰苦卓绝，不畏逆境，以"欢欣鼓舞，以乐饥寒"相激励，[2]否则，又岂止是家毁人亡而已！故雍正一朝，实为惠氏家族兴衰之转捩点，杨氏所谓"三朝恩遇，有加无已"之说，过甚其词，未必切合事实。

新帝登极，百政维新，朝廷对既往政策多加变革，惠士奇虽远处镇江，也获推恩及之，奉调回京引见，乾隆元年七月二十三日乙卯，皇恩所及，原欠修城银两亦获得宽免，不再追缴。[3]据台北中研院历史语言研究所藏清代内阁大库档案（014806-001、085295-001、210114-001），当年三月十一日，惠士奇先入八旗通志馆充纂修，夏间诏开三礼馆，总裁复将其列入所拟首批纂修官名单内。次年六月，惠士奇遂补翰林院侍读学士。四年新正二日己酉，高宗弘历御乾清宫，赐诸王、贝勒、贝子、大学士、九卿、翰詹科道，及督、抚、学政在京者九十九人宴，命赋柏梁体诗，三礼馆中诸总裁与任启运（1670~1744）等纂修官咸与斯会，而惠氏亦以侍读厕身其间，有联句云"同登寿域齐彭篯"。[4]其实，此时惠氏人虽在职，然归与之意早萌，去其挥别三礼馆，黯然离京，已为时不远。乾清宫

止之后，复蒙皇恩添派原任两淮运使范廷谋接修……通计城工，除惠士奇修过城一百零六丈、杨绍修过城五百九十七丈一尺并城垛、月城、城楼等处先经题报在案，其未修城墙共一千九百六十余丈……再惠士奇应交银二千两，已陆续解到银九百余两，臣见今酌量令其修理府后夹墙、敌台，以壮观瞻，其余未解银两，臣见在严催迅解"云云［见《镇海将军为镇府城工修理通完事》（雍正十三年七月十一日），台北中研院历史语言研究所藏清代内阁大库档案（以下简称《内阁大库》），010955-001］。

1　语见王昶《惠先生墓志铭》，惠周惕、惠士奇、惠栋著，漆永祥整理《东吴三惠诗文集》，第508页。

2　惠士奇:《舟中与子书》，惠周惕、惠士奇、惠栋著，漆永祥整理《东吴三惠诗文集》，第375页。

3　中国第一历史档案馆编《乾隆帝起居注》第1册，广西师范大学出版社，2002，第363页。

4　鄂尔泰、张廷玉等修《词林典故》卷5，傅璇琮、施纯德编《翰学三书》，辽宁教育出版社，2003，第106页。另参见庆桂等修《高宗实录（二）》卷84，《清实录》第10册，中华书局，1985，第327~328页。

里诗，不过为帝王妆点台阁门面，强颜欢笑而已。

　　京中书馆生活当较为安稳，然而往昔惨痛遭遇所留印痕岂能尽数抹去？惠士奇在馆修书具体情况，档案文献所存无几，今难详考。但诸锦曾有"夺席能令都辍讲"之描述，并感慨"经师绝学几人存"，似乎庙堂之上尚不乏能赏识惠士奇学术者；又谓其"神狮摄兽毛光落"，斯人憔悴，光彩不再，感慨哀戚之情溢于言表。[1] 钱大昕（1728~1804）述惠士奇之离京，言"时已垂老，耳渐聋，己未春，以病告归"。[2] 英雄迟暮，老迈年高。盖惠氏自入三礼馆以来，颇为衰病所苦，意志消沉，欲振乏力，至此已难再支撑，不得不告老还乡。两年才过，乾隆六年（1741）三月二十二日，惠士奇即卒于元和县家中，年七十有一。[3]

二　惠氏在三礼馆未尽其用

　　三礼馆开馆于乾隆元年，至乾隆十九年刊印《三礼义疏》后裁撤，是乾隆朝初期重要文化工程之一。彼时学界元气逐渐恢复，研经铸史之辈颇不乏人，加以上方两次以鸿博相召，故文人雅士往往应声而起。清廷虽未做到野无遗贤，但穿梭庙堂者率皆一代英物，而湛深经学礼学之人，则颇荟聚于三礼馆中。元年七月，钦点正副总裁八人既定，三礼馆乃任命首批纂修官，徐用锡（1657~1737）、李清植（1690~1744）、赵青藜（1701~1782）、徐铎

1　诸锦：《天牧先生以易说说礼说见示》，《绛跗阁诗稿》卷6，《四库全书存目丛书》集部第274册，第623页。

2　钱大昕：《惠先生士奇传》，《潜研堂文集》卷38，吕友仁点校《潜研堂集》，上海古籍出版社，1989，第689页。

3　按，惠士奇之卒，往者并无确切日期可查。自漆永祥从《惠氏宗谱》抄出《惠士奇小传》，学界始知为三月二十二日。另《内阁大库》内有报明惠氏病故之呈文揭帖一件，与《惠氏宗谱》所载正同，且谓其二月间增喑隔之症，遂不治。见《江宁巡抚为官员病故事》（雍正十三年七月十一日），《内阁大库》，014806-001。

（1693~1758）、金门诏（1673~1752）、任启运、宋照（？~1737）、王文清（1688~1779）、官献瑶（1704~1783）等皆榜上有名，而惠士奇亦以精研三礼跻身其中。

三礼馆臣济济多士，尤以李光地（1642~1718）后学居多。李光地在康熙朝曾助玄烨（1654~1722）编纂经书，故颇为后来书馆所标榜，且渠生前注重奖掖后进，门风浸盛，至雍正、乾隆初，余泽犹在。李氏后学亦彼此提携，相互援引，三礼馆初期氛围，即为此笼罩。[1] 惠士奇虽亦出自李光地门下，[2] 然据今日所见三礼馆文献，深觉惠士奇与馆中同仁交接事迹不甚彰显。第知其与李绂（1673~1750）素相友善，但李氏入馆晚于惠士奇，且真正在馆时间较短，亦鲜有文字道及惠士奇。诸锦虽时与惠士奇有诗文唱和，然于翰苑实属后辈。惠士奇本非长袖善舞之人，当时年过六旬，与诸总裁年辈相近，只是相互关系如何，难以悬测。诸总裁官中，方苞（1668~1749）最负清望，其门生沈廷芳（1711~1772）于惠士奇颇有颂扬，方、惠两家断不至互不相闻，而今两家文集竟无只字道及对方，颇可诧怪。李氏后学与光地文孙李清植往还极多，清植甚至延请诸同僚在邸居住，多有往返，彼此商榷，名曰"礼会"，惠士奇似未参与其事。乾隆三年（1738）秋，昔日广州从学诸人北上话旧，竟拜谒惠士奇于"京师旅舍"。[3]"旅舍"云云，虽非必实指，而惠士奇在京营生寥落，乏善可陈，竟至归属无处，隐约可见。

书馆以修书为主业，人际关系姑置勿论。三礼馆实行二礼分修，治《周礼》者，一般不事《礼经》；修《仪礼》者，又甚少插手《礼记》。而惠士奇在馆职司，乃是《仪礼义疏》，遂未旁涉他

1　参见张涛《乾隆初年"礼会"述议》，"经学史研究的回顾与展望——林庆彰先生荣退纪念研讨会"会议论文，日本京都，2015 年 8 月 20~21 日。

2　参见惠士奇《题座主安溪相国纪伯父葆圃先生破贼诗后》，惠周惕、惠士奇、惠栋著，漆永祥整理《东吴三惠诗文集》，第 364 页。

3　惠士奇：《瘦晕山房诗删序》，惠周惕、惠士奇、惠栋著，漆永祥整理《东吴三惠诗文集》，第 374 页。

经。[1]惠士奇所纂《仪礼义疏》稿件，尚余《乡射》《燕礼》《大射》《聘礼》《既夕》诸篇存于今中国国家图书馆。取以与《仪礼义疏》定本相较，则惠士奇在三礼馆具体工作成果若何，大致可以推知。

三礼馆于《三礼义疏》设置"凡例"，规定引文条例七项，凡肯定其说者，即列入正义、辨正，否定其说者归于存异、存疑，于本经有所总结发挥者则充为余论、通论、总论。[2]而据笔者所及，惠士奇初稿甚为简略，按语绝少，引文率皆不出寻常文献，自注疏而外，惟宋朱子、李如圭及元敖继公三数家而已，其所引用亦寥寥数条。李如圭《仪礼集释》乃三礼馆臣从《永乐大典》辑出，朱子《经传通解》、敖氏《仪礼集说》则为当时通行之书。[3]惠士奇纂稿以此范围自限，并未旁征博引，似与平日自家研读时作风不符（详下），亦不合《三礼义疏》尚兼采、重案断之体貌。非但如此，惠士奇初稿几乎全以注疏为骨架，列为正义，即行交差，而辨正、存疑、余论之类，往往十数页不一见。然则现存诸篇初稿，不仅未尝广搜经说，亦少见反复斟酌痕迹。惠士奇平生博学深思，奉命参与纂修朝廷官书，竟然以此草草缴卷，不免太过寒碜，与其平昔治学严谨态度大相径庭，判若两人，个中原因何在？颇值深思。

兹先以《燕礼》为例。惠氏稿本出经文189段（含小题《燕礼》及篇次标题在内），其中出正义185次（即有4段经文无正义），其他辨正9次、存疑6次、通论9次、余论2次、按语13次。在定本《仪礼义疏》中，《燕礼》位于十一、十二两卷，所出经文已合并为177段（含小题及篇次标题、分节标题），出正义174次（3条分节标题有其他《义疏》内容而无正义）、辨正6次、存疑29次、通论9次、余论6次、存异2次、总论2次，而按语则高达145次。

1　参见张涛《乾隆三礼馆史论》，第142~144页。

2　参清高宗敕纂《周官义疏》，《景印摛藻堂四库全书荟要》经部第57册，世界书局，1985，凡例，第2页A～第3页A。

3　参见张涛《三礼馆辑录〈永乐大典〉经说考》，《故宫博物院院刊》2011年第6期。

两者相较，变动最显著者即大幅增加按语数量，实则非单纯数量增加，惠氏原拟按语 13 条亦遭刊落，几无被定本《仪礼义疏》采用者。与此相关，即惠氏初稿原拟经文－义疏体系也多由三礼馆同僚增改替代，原有大段引录注疏之处，均被删削节略。如"具设器馔"节经文"司宫尊于东楹之西"，惠氏初稿于辨正中列朱子语，云：

> 朱子曰："在尊南者，谓瓦大在方壶之南耳。疏云幂未用而陈于方壶之南，不杂于方壶、瓦大之间，误矣。若然，则正在一者之间，何得言不杂耶？"故删之。[1]

复有按语曰：

> 经云幂"在尊南"，注云"在方壶之南"，谓幂也，疏似不误，然云不杂，则赘说也。删之良是。[2]

惠士奇一方面肯定朱子对贾公彦之批评，另一方面却说"疏似不误"，态度模棱依违，定本《仪礼义疏》因而将其按语删去。又如"宾酢主人"节经文"主人坐祭，不啐酒"，惠氏初稿以郑注"辟正主也。未荐者，臣也"与贾疏及李如圭释注之语共 139 字为正义，而将贾疏"此主人是臣，故献讫不荐；至献大夫下胥荐主人于洗北是也"列为存疑，并有按语谓：

> 凡献必荐，谓之从献，虽臣亦然。贾疏谓主人是臣，故

1　任启运等修纂《三礼义疏》，中国国家图书馆藏，清乾隆年间初稿本，善本书号：A01969。按，此稿不分卷，整体无页码，故以下引用时，仅标注作者、书名。"一"当为"二"字之误，此语出自朱熹《仪礼经传通解》卷 20，朱杰人、严佐之、刘永翔主编《朱子全书》第 2 册，上海古籍出版社、安徽教育出版社，2002，第 624 页。

2　任启运等修纂《三礼义疏》，中国国家图书馆藏，清乾隆年间初稿本，善本书号：A01969。按，惠氏按语不见于定本《仪礼义疏》。

献讹不荐，误矣。李氏谓主人代君行礼，故虽受酢而不荐，得之。[1]

是惠士奇以为郑注释经无误，贾疏有得有不得，而李如圭《仪礼集释》切合经义。实则贾公彦与李如圭皆据郑注"未荐者，臣也"一语立论，惠氏截断郑注与贾疏、李氏《仪礼集释》，分属正义与存疑，怀疑贾疏而不怀疑郑注，确有不妥。故定本《仪礼义疏》将郑注"未荐者，臣也"改列为存疑，下按语谓："正主酢则必荐，此未荐者，以主人堂上无位，堂下又未定洗北之位，无所荐之，且公卿未荐，不得辄荐主人，非但以臣而已。"[2] 并将此句经文与下"不拜酒"至"以虚爵降于篚"连成一段，出郑玄与敖继公两家之语为正义，可谓另起炉灶。他如"主人献庶子以下"节，惠氏初稿罗列郑注贾疏近六百字作正义，并有按语牵扯《周礼》《汉书》以释"庶子"之义，稍稍显露惠氏为学本来面目（详下），而定本《仪礼义疏》乃改变注疏之文，又新增敖继公、张养浩之说为正义，并捐弃惠氏初稿，别撰按语。[3] 相较之下，初稿于注疏大率直引而下，多存原貌，适见惠士奇颇少施以剪裁之功；而《仪礼义疏》定本则大加删削合并，又增补诸家经说，尤以敖继公《仪礼集说》为甚，可见三礼馆自有其去取规则。他有改动，大率类此。

由上述诸例已可看出，初稿中偶有抵牾之处，而惠氏不加修正，甚或竟未觉察。更有甚者，《乡射礼》"乐"节："席工于西阶上，少东。"注云："言少东者，明乐正西侧阶；不欲大东，辟射位。"敖继公《仪礼集说》则不采郑氏"辟射位"之说，但谓："少东，据工之下席而言也。乐正立于其西，犹未至阶也。《乡饮酒礼》

1　任启运等修纂《三礼义疏》，中国国家图书馆藏，清乾隆年间初稿本，善本书号：A01969。按，惠氏按语不见于定本《仪礼义疏》。

2　清高宗敕纂《仪礼义疏》卷11，《景印摛藻堂四库全书荟要》经部第59册，第34页B。

3　清高宗敕纂《仪礼义疏》卷12，《景印摛藻堂四库全书荟要》经部第59册，第31页A～第35页A。

曰：'乐正先升，立于西阶东。'"敖氏引《乡饮酒礼》者，欲证乡饮无射事，亦席工在此，故非辟射位也明矣。其与郑注显然互斥。惠士奇无视两说之不同，皆载入正义，着实粗疏。又"立司正"节："司正实觯，降自西阶，中庭北面坐奠觯，兴，退，少立。"惠氏初稿引宋儒杨复之说，中有"详见《燕礼》中庭奠觯图"云云，本为杨氏互见后文之语，而惠氏竟未删去，倘若定本《仪礼义疏》率尔从之，岂无失察之虞，致遗后人口实。

又，《聘礼》"还玉即贿礼"节，经文有宾"退负右房而立"之语，贾公彦为回护郑玄大夫士宫室之制为东房西室说，遂云："大夫士直有东房西室，天子诸侯左右房。今不在大夫庙，于正客馆，故有右房也。"以为行礼场所在客馆。而朱熹则谓："此礼君使卿还玉于馆，宾退负右房而立，宾固馆于大夫也，则大夫亦有右房矣。"是驳注疏之说。[1]惠士奇对朱熹之说存疑，曰：

> 左右本无一定，向北则东为右，向南则东为左。宾南面受圭，退而面西，负右房而立，下文注云："宾还阼阶下，西面立。"明退负右房亦西面可知。则右房即东房也。安得谓大夫之庙无右房乎？朱子之说，出自假托，亦得为一义，故列于存疑。[2]

《礼经》宫室之制，自可论争，但宫室面位自以南向为准，即以东为左而西为右，此不可变改者也。然而惠士奇此处竟然以"左右本无一定"为言，违反礼学常识，何以若此，着实令人不解。故其初稿上有一眉批，云"未晓"，盖同馆之人不以惠说为然，而定本《仪礼义疏》乃升朱熹之说为辨正，退贾疏为存异，并删除惠氏

1　贾、朱二说，清高宗敕纂《仪礼义疏》卷17，《景印摛藻堂四库全书荟要》经部第59册，第50页B、第51页A。

2　任启运等修纂《三礼义疏》，中国国家图书馆藏，清乾隆年间初稿本，善本书号：A01969。

按语。

以上所举各项失误，或则取材不广，或则校阅未精，以惠氏治学之勤谨小心，何以粗疏孟浪至此，令人极感困惑。颇疑惠士奇在三礼馆时，衰病交侵，实已无暇专注于纂修事业，仅能点卯画诺、摄承空乏而已。惠士奇为学本重泛观博览，杨超曾谓其师为学"大抵以经为纲领，以传为条目，以周秦诸子为左证，以两汉诸儒为羽翼。信而好之，择其善而从之，疑则阙之。遐搜博考，极深研几，无所不通，无所不贯"。[1]钱大昕则记其为诸生时不就省试，晨夕奋志读书，"遂博通六艺，《九经》经文、《国语》、《战国策》、《楚辞》、《史记》、《汉书》、《三国志》皆能暗诵"，尝于稠人广坐中背诵《封禅书》，不遗一字；又称惠氏"幼时读《廿一史》，于《天文》、《乐律》二志，未尽通晓。及官翰林，因新法究推步之原"。[2]惠氏为学广博风范可以概见。非但此也，今惠士奇诗作尚存近百首，内中用典颇有下涉中古以降史书者，则三代两汉以下之书亦为其所猎取。诸锦言惠氏行囊"尽是丹铅本"，可知惠士奇校书甚勤。凭此态度，惠氏若全力以赴，岂能照录注疏，中规中矩，罕见发明，甚至连郑、敫异同也不曾看清？惠氏本非敷衍苟且漫无裁断之人，四库馆臣尝谓其所著《春秋说》"每条之下，多附辨诸儒之说；每类之后，又各以己意为总论"，[3]其于自著不苟若此，而于官书纂修又应付如彼，何以有此一矛盾现象？此事颇耐人寻味，实不宜轻轻放过。

盖惠氏奉旨还京并获宽免罚金，虽云劫后重生，但业已年老体衰，意兴阑珊。纵然迭经八旗通志、三礼两馆聘任，惠士奇却未必有意于撰述，尤其对润色鸿业之皇家集体项目，惠氏在饱受磨难

1　杨超曾：《翰林院侍读学士惠公墓志铭》，钱仪吉纂编《碑传集》卷64，上海书店编《清碑传合集》第1册，第605页。

2　钱大昕：《惠先生士奇传》，《潜研堂文集》卷38，吕友仁点校《潜研堂集》，第687~688、690页。

3　纪昀等编纂《〈半农春秋说〉提要》，四库全书研究所整理《钦定四库全书总目》（整理本）上册卷29，中华书局，1997，第377页。

后，焉能有甚好感？其对从前蒙冤不白，终其身耿耿于怀，虽说不敢形诸笔墨，然存于人世之只言片语亦不免偶或流露，从中不难略窥端倪。惠氏有《祭从兄端明先生文》一首道及自身遭遇，先云"拙宦三年，幸无瑕颣"，即其坦言无过之词；继云"造次失仪，仓皇奏对"，表明得咎缘由与实际政事无关，暗写胤禛用言貌举止取士，而不能知人善任；又谓"天子曰：吁！汝德不类，与朕所闻，前后相背，髡为城旦，轻令赎罪"，失仪本为轻罪，无端重惩，描画胤禛反复无常，动辄震怒，处置失宜，疏于明察，对待臣下极其尖苛；终以"兄曰无伤，我心不愧……竭力致身，何忧何畏"作结，不啻一番无罪辩护。[1] 是知惠士奇心中对其无故遭贬，念念不忘，始终未曾释怀。其后虽逢降旨宽免，还京修书，究其所以，不过是新主翻案布局之小小权术，[2] 臣下身为局中棋子，听人摆布，又何须感恩图报，黾勉任事？俯首可期，而动心实难。孑然一身，索居馆职，心境行止谅必与他人有异。此外，惠氏专精《周礼》，却奉命编纂《仪礼》，已有用非所长之憾；兼以精力衰败，无心恋栈，衡以常情，其人纵欲有为亦不可得。由此观之，惠士奇在三礼馆颇有草草具稿、敷衍了事之意。此一揣测，虽缺乏直接证据，暂难坐实，然而揆之情理，庶几不谬。

三　惠氏礼学不合三礼馆主流——以《周礼》著作为例

惠士奇所纂《仪礼义疏》初稿既如此难餍人意，其后定本《仪礼义疏》非但极力增补文献资料，复大肆调整删改，足见馆中改纂

1　惠士奇：《祭从兄端明先生文》，惠周惕、惠士奇、惠栋著，漆永祥整理《东吴三惠诗文集》，第 381~383 页。又惠士奇对其父任密云令时不堪烦费卒穷以死事，亦刻骨铭心（见惠士奇《先府君行状》《除夕写怀三首》，惠周惕、惠士奇、惠栋著，漆永祥整理《东吴三惠诗文集》，第 376~381、242~243 页）。

2　有关乾隆初政，参见韦庆远《论雍乾交替与治道同异》，《史学集刊》1991 年第 1 期；冯尔康：《乾隆初政与乾隆帝性格》，《天津师范大学学报》（社会科学版）2007 年第 3 期。

者于惠氏初稿颇有未惬。此一情形，既与惠士奇在三礼馆中未能尽职纂修有关，更因为惠士奇之礼学特色原本即异乎时流，尤其与三礼馆内主流风气不协，扞格难入，致使惠氏学识能融入并最终存留于《三礼义疏》者寥寥无几。

惠士奇所长本在《周礼》，所著《礼说》十四卷，即其读《周礼》之札记。或谓惠士奇尝修《三礼义疏》之《周礼》，[1] 然而目前并无确据证明惠士奇在三礼馆曾从事《周官义疏》纂修工作。就《周官义疏》一书观察，编纂此经者，多是副总裁方苞一手提拔，旁人少所染指，纵有年辈相仿之姜兆锡（1666~1745）及意欲别立门户之吴绂（生卒年不详）参与编纂，但前者过从极疏，后者又凶终隙末。[2] 上文曾指出，惠、方二人恐无深交，方苞主持《周官义疏》纂修，乃至统领《三礼义疏》全局框架，宗旨早定，亦未必能容许惠氏别树一帜，歧出新义。[3]

惠士奇是否实际参编《周官》，虽未可确知，然今试比较其自著《礼说》与方苞主撰之《周官义疏》，提炼数端，稍事分析，则其本人论学所见与三礼馆同仁两造间差异自可明了。[4] 方苞其他著作与另外两部《义疏》，如有相关，亦连类及之。

1　见林存阳《三礼馆：清代学术与政治互动的链环》，第74页。

2　参见张涛《乾隆三礼馆史论》，第139~143、71页。

3　自来有一说，谓惠士奇《礼说》不称《周礼说》，乃碍于父讳。周中孚称："其不曰《周礼说》而止称《礼说》者，以其父名'周惕'而讳之，故全书皆无'周礼'二字联文云。"（见周中孚《郑堂读书记》卷3，上海书店出版社，2009，第45页）按，周说恐不确，古者二名不偏讳，《诗》《书》不讳，临文不讳，且"周礼"二字屡见于惠氏著作，何讳之有？但假如其未参编《周官》，或与此不无干系？其说或有来由，姑录存以俟考。

4　周启荣曾将惠士奇与其他三礼馆臣予以比较，早于笔者。周启荣云："如果把他个人（指惠士奇——引者按）的私家著述与三礼馆纂修刊定的三部钦定《三礼义疏》对照，可以看到他解析经籍的方法与其他学者有显著的不同。"据周启荣特别强调，其不同处即在于惠士奇善于运用古音古义及频繁引证先秦诸子（参见周启荣《清代礼教思潮与考证学——从三礼馆看乾隆前期的经学考证学，兼论汉学兴起的问题，劳悦强、梁秉赋主编《经学的多元脉络：文献、动机、义理、社群》，台北，台湾学生书局，2008，第75~76页；Kai-wing Chow, *The Rise of Confucian Ritualism in Late Imperial China: Ethics, Classics, and Lineage Discourse* (Stanford: Stanford University Press, 1994), pp. 158-159）。周启荣所言，与本文下揭第一、二两点约略相当。

（一）《礼说》取材广博

《礼说》引书，尤重诸史百家，说一"籍"字（见《天官·鳖人》"鳖人掌取互物，以时籍鱼、鳖、龟、蜃，凡狸物"）之义，即贯穿《说文》"籍"字与《国语》之"猎"、《庄子》之"攫"、《列子》之"籍"、《萚蒉氏》与《西京赋》之"蒉"、《东征赋》与《迁都赋》之"柞"、《壶涿氏》之"涿"诸字，[1] 同郑司农"籍者，以杈刺泥中抟取之"之训互证，厘析异同，其义乃明。而《周官义疏》仅将郑司农说列入正义，略无说解。[2]

惠士奇旁搜博览，注经不以经书自限，甚至发出"不读非圣之书者，不善读书者也"之叹。[3] 此语后来虽为四库馆臣所诋，[4] 但惠氏之意，乃指古之子、史去圣人未远，其间单词精义以及文字之假借、音读之异同往往可与礼经相佐证，故未可轻废。今《礼说》书中屡见《墨子》《韩非》《吕览》《山海经》《说苑》《太玄》《金楼子》，及《史》《汉》乃至《宋史》之文，又引证字书、韵书，足见惠士奇读书广博，信而有征。而《周官义疏》虽尚兼采，实则兼采者多据历代尤其宋以后经书注解，不务旁求，亦鲜知乞灵于字书。今存《礼记义疏》稿本中偶有批语讥前人解经不当，谓"《离骚》盖有托之辞，《山海经》多荒唐之说，以此证经，如痴人前说梦也。此条去"云云。持此种观点之三礼馆臣，实即惠士奇所谓"不善读书者"也。

1　惠士奇：《掌取互物以时籍鱼鳖龟蜃凡狸物》，《礼说》卷1，《清经解》，凤凰出版社，2005，第1589页。

2　清高宗敕纂《周官义疏》，《景印摛藻堂四库全书荟要》经部第57册卷4，第51页B。

3　惠士奇：《盟万民之犯命者诅其不信者》，《礼说》卷12，《清经解》，第1693页。

4　四库馆臣称惠士奇"遂谓'不读非圣之书者，非善读书'，则词不达意，欲矫空谈之弊，乃激而涉于偏矣"，但又下一转语，谓："然统观全书，征引博而皆有本原，辨论繁而悉有条理，百瑜一瑕，终不能废其所长也。"［见纪昀等编纂《〈礼说〉提要》，四库全书研究所整理《钦定四库全书总目》（整理本）上册卷19，第247页］惠士奇此语盖有为而发，读者幸勿以辞害意可也。

（二）《礼说》重训诂与名物制度

《周官义疏》凡例涉及训诂与名物者有如下数条：

> 一、职方舆地，古今异名，既采昔人所考辨，仍著目今府州县名，使学者易晓。疑则阙焉。
>
> 一、《周官》有古文、今文、异本，贾疏云："刘向未校之前，或在山岩石室有古文，考校后为今文，郑据今文注，故云故书作某。"盖故书即古文也。其杜子春、郑司农所读有异同者，并列焉。兹不敢芟薙，另提附经文音切之下，其因此有所论说者仍存本注。
>
> 一、古今器物，殊制异名，郑康成在东汉之季犹为近古，然《考工记》注语简而意涩，难以尽通，谨详绎记文及注疏可解者解之，非确有所见，不敢臆决，以俟知者。[1]

观此，知其书于文字训诂因循贾疏，甚至割裂其体；标注职方舆地今名，止于便于初学而已；解名物度数，仅据经文、记文与注疏之说，实无所发明。《周官义疏》附有礼图，往往囿于前人之图，治丝愈棼，亦不能直探古义。综览全书，可知三礼馆臣虽颇加案断，却惟知审辞气，重大义，轻于名物、制度，不能深造，更不能尽去宋元浮滥之说。

《礼说》则重训诂，重名物，重制度，每有新解，博洽可喜，其解虽新，其义犹古。惠士奇书用札记体，故自抒己见，不事剪裁，从"颁告朔"论及《春秋》置闰之法，因"禁原蚕"遂说蚕神、马神之祭，[2]纵横捭阖，汪洋恣肆，虽有时不免枝蔓拘泥，甚至

1　清高宗敕纂《周官义疏》，《景印摛藻堂四库全书荟要》经部第 57 册，凡例，第 4 页 A~B。
2　惠士奇：《闰月诏王居门终月》，《礼说》卷 9、10，《清经解》，第 1665、1675 页。

穿凿附会，究其所见，其实仍颇有启发。此盖因古礼本不易晓，非广涉文字训诂与名物制度，从而疏通知远，自难以因枝振叶，沿波讨源，窥知礼义之究竟。故《四库全书总目》有云：

> 古圣王经世之道，莫切于礼，然必悉其名物，而后可求其制度，得其制度，而后可语其精微。……士奇此书，于古音古字皆为之分别疏通，使无疑似；复援引诸史百家之文……以证明周制……其中如因巫降之礼，遂谓汉师丹之使巫下神为非惑左道；因狸首之射，遂谓周苌宏之射诸侯为非依物怪；因《庶氏》攻说，《翦氏》攻蠜，遂谓段成式所记西域木天坛法禳虫，为周之遗术，皆不免拘泥古义，曲为之词。又如因含玉而引及餐玉之法，则失之蔓衍；因《左传》称仍叔之子为弱，遂据以断犁牛之子为犊，亦失之附会。至于引《墨子》以证司盟之诅，并以证《春秋》之"观社"，取其去古未远，可资旁证可也。[1]

据此可知，四库馆臣对《礼说》虽有所批评，但大体予以肯定。《礼说》精于名物度数，往往能予研经者以启迪，纵至获讥于四库馆臣之因司巫说师丹、因射鸟氏说苌弘诸条，虽涉蔓衍附会、拘泥曲说，要皆别有心得，与《周官义疏》风貌迥乎不同。附带提及，惠士奇《仪礼义疏》初稿中，遇有郑注今古文者，皆列为大字，而三礼馆《仪礼义疏》定本乃降为小字，于此亦可见两造对"古音古字"之态度颇有不同。

（三）《礼说》兼释注疏

以重训诂、制度故，《礼说》颇用心于群经注疏，而不纯释三礼

---

[1] 纪昀等编纂《〈礼说〉提要》，四库全书研究所整理《钦定四库全书总目》（整理本）上册卷19，第246~247页。按，"庶氏"，乃指《秋官·庶氏》，整理本据殿本、文渊阁本《礼说》书前提要同，浙本误作"庶民"，盖由《礼说》原文亦有讹作"庶民"处（各本同），因以致误。

原文，故尝辨郑注与干宝注之相混，[1] 又详释郑注用字含义，以补贾疏未备，如"白矢、参连、剡注、襄尺、井仪"、"侏大"、"乘石"、"衔还"、"枪雷椎椁"等。[2] 而《三礼义疏》体例，直接针对经文，条列历代经师训释，略为分别，而疏通甚少。

唐人《五经正义》与明代《五经大全》等官修经解，率皆遵行经—注—疏三级体式。而《三礼义疏》则"特起义例，分为七类"，[3]将历来经解分别派入七类之内，不论为郑注、为贾疏、为汉宋元明何人之说，皆大书特列，列入正义、通论者，即为肯定其说，归于存异、存疑者，则是否定其说，区隔交错，似显条理。同时，对于贾孔之疏释郑注者，与后儒经说和注疏相证相足者，以及馆臣相关按语，即双行小书，各分附本注之下，部分虽仍有三级体式之孑遗，然数量较少。[4] 与惠士奇相较，三礼馆主流学风对注疏之重视显然不足。

三礼馆臣不知，读三礼经文难，读经师训释亦颇不易，经—注—疏三级体式自有其存在价值。四库馆臣论《周礼》郑注云：

> 郑氏之时，去周已远，故所注《周礼》多比拟汉制以明之。今去汉末复阅千六百年，郑氏所谓"犹今"某物、某事、某官者，又多不解为何语。当日经师训诂辗转流传，亦往往形声并异，不可以今音今字推求。士奇此书……援引诸史百家之文，或以证明周制，或以参考郑氏所引之汉制，以递求周制，而各阐其制作之深意。[5]

1　惠士奇：《掌王宫之纠禁》，《礼说》卷1，《清经解》，第1589页。

2　惠士奇：《五射》《裯牲裯马》《乘石》《设驱逆之车》《国有大故而用金石则掌其令》，《礼说》卷4、9、11、12，《清经解》，第1620、1662、1681、1684、1694页。

3　清高宗敕纂《周官义疏》，《景印摛藻堂四库全书荟要》经部第57册，凡例，第2页A～第3页A。

4　参见张涛《乾隆三礼馆研究》（博士学位论文，清华大学，2012）第4章第1节，第193～141页。

5　纪昀等编纂《〈礼说〉提要》，四库全书研究所整理《钦定四库全书总目》（整理本）上册卷19，第246页。

郑玄去周，虽不若后代之远，而亦颇历年所，故其注于经书礼制之不易解者，多以汉制拟之。后之视汉，亦若汉之视周，于郑注中汉辞汉事多不解为何语，但录文而已，用此解经，未知其可。惠士奇为之分别疏通，纠谬补缺，使无疑似，以递求周制，胜过《仪礼义疏》之删节注疏、鲜所发明，何啻倍蓰。此虽二书体裁各别有以致之，更因著者学养参差，学风互殊，不得不尔。读经自当重视汉注，《礼说》虽非疏体，但旁征博引，解释经文，牵连及注，读之往往有豁然开朗之乐。

至于具体解经之异，历历可数，不遑备举。杨向奎论方苞经学，早就《载师》《廛人》二官税法指出，方苞疑二官为刘歆窜乱，"未免武断"，而惠士奇则能"详其缘由"，"两者正好相反，方氏说为想当然，士奇固说礼之名家也"。[1] 当然，《礼说》亦存在不甚妥帖之处，如《考工记·匠人》："室中度以几。"《礼说》竟据薛综《文选注》，谓几有七尺，不免过长。[2]《仪礼义疏》云："《春官·司几筵》疏：'阮谌云：几长五尺。'疑非一手所胜。或当长三尺。"[3] 较合事理，而于经传无征。后之解此经者如戴震、孙诒让虽未引《仪礼义疏》，要皆与之同辞。[4] 凡此种种，《礼说》不必尽是，《仪礼义疏》亦未全非，然持论多异，班班可考。统而观之，《仪礼义疏》所见浅而《礼说》所得深，无可讳言。《四库全书总目》尝称《礼说》"在近时说礼之家持论最有根柢"，又称惠氏之学乃"所谓原原本本之学"，[5] 所论堪称持平。然此为四库馆臣后来之追认，实非三礼馆当时人所能共喻。即在当时，方苞领衔之《周官义疏》倘能招徕惠氏参编，则以其人之呹呹好辩，强人就己，方苞之不容惠氏也必矣。遑论方苞受学养所限，未必欣赏惠士奇学风。

---

1 杨向奎：《论方苞的经学与理学》，《孔子研究》1988 年第 3 期。

2 惠士奇：《几筵》，《礼说》卷 14，《清经解》，第 1712 页。

3 清高宗敕纂《周官义疏》卷 43，《景印摛藻堂四库全书荟要》经部第 58 册，第 37 页 A。

4 参见孙诒让著，王文锦、陈玉霞点校《周礼正义》卷 38，中华书局，1987，第 1542 页。

5 纪昀等编纂《〈礼说〉提要》《〈半农春秋〉提要》，四库全书研究所整理《钦定四库全书总目》（整理本）上册卷 19、29，第 246、377 页。

《周官义疏》而外，方苞一生心血在删定前儒经说，曾坦承"平生心力所竭，惟在别择先儒经义"，[1] 早岁于《五经大全》、中年于宋元《经解》，皆费心删略，康熙五十年（1711）顷，已成《诗》《书》《易》《春秋》四经经说，其后专攻三礼，迨雍正末而诸经之说续备，都九十余万言，[2] 暮年乃招友生晚辈数人编而录之，频加讨论，试图排纂成书，以为名山事业。与之相比，惠士奇则不依傍宋元人说，更曰"经不可删也"。[3] 方苞删经说，实则是在宋元经说中讨生活；惠士奇不删经，其意则在直探古学。二人皆尊经，方苞所尊在经书所蕴涵之思想，即所谓"道"，欲通过删定宋元经说来彰显"道"，而经书文本反处于次要地位。其言曰："凡义理必载于文字，惟《春秋》《周官》则文字所不载而义理寓焉。……余初为是学，所见皆可疑者，及其久也，义理之得恒出于所疑。"[4] 经书文字附丽于"道"而存在，故方苞会有以经学干预现实之诉求。相较而言，惠士奇则更加着力考订经书文本细节，所尊在经书本身，即"文"，很少涉及经世致用层面，事业与学问关联貌似不如方苞之紧密。两者观念明显不同。

方苞幼从父兄读经书、古文，循览《五经注疏大全》《通志堂经解》，句栉字比，用功数载，及壮，一意为经学，唐宋以来诂经之书，未有闻而不求、得而不观者；少视宋儒五子书为腐烂，后始寓目，乃深嗜而力探焉，颇奉为依皈，以为"生乎五子之前者，其穷理之学未有如五子者也；生乎五子之后者，推其续而广之，乃稍有得焉。其背而驰者，皆妄凿墙垣而殖蓬蒿，乃学之蠹也"。[5] 苏

1　方苞:《与陈占咸》,《集外文》卷10，刘季高点校《方苞集》，上海古籍出版社，2008，第799~800 页。

2　参见张廷玉《宋元经解删要》,《澄怀园文存》卷7，《四库全书存目丛书》集部第262 册，第367~368 页。

3　语见惠栋《读经笔记序》,《松崖文钞》卷1，惠周惕、惠士奇、惠栋著，漆永祥整理《东吴三惠诗文集》，第307 页。

4　方苞:《周官析疑序》,《望溪集》卷4，刘季高点校《方苞集》，第82~83 页。

5　见方苞《与吕宗华书》《再与刘拙修书》,《望溪集》卷6，刘季高点校《方苞集》，第159~161、174~176 页。

惇元为编《望溪先生年谱》，采留保《大清名臣言行录》及沈廷芳《方望溪先生传书后》，谓方苞"为学不喜观杂书，以为徒费目力，玩物丧志，而无所得"，又引《江宁府志》"论学一以宋儒为宗，说经之书，大抵推衍宋儒之学而多心得，名物训诂皆所略云"之评，[1]所言皆与方氏治学实情若合符契。至于惠士奇，杨超曾、钱大昕皆称其博览，已引见上文，足证惠士奇治学，乃是博闻一路，研经方法亦有别于方苞及三礼馆主流学风。

传世《礼说》无惠氏序跋，何时成书未易知晓，然雍正末年已有完稿无疑，杨超曾所谓"公经说皆成于晚节"，殆指此时。[2]是三礼馆开之先，惠士奇已有《周礼》著作矣，同馆之人不当无所知悉。但《礼说》与《仪礼义疏》异趣已如上述，则纂稿之时，馆中主事者及馆臣于惠士奇其人其书是否加意，实不容乐观。李绂尝称赞惠士奇"长于史学"，而未言其经术，[3]渠与惠氏交情匪浅，仍出此

---

1 苏惇元编《望溪先生年谱》，《北京图书馆藏珍本年谱丛刊》第89册，北京图书馆出版社，1999，第600页。按，全祖望《前侍郎桐城方公神道碑铭》亦有类似说法（见朱铸禹整理《全祖望集汇校集注》，上海古籍出版社，2000，第305~311页）。

2 杨超曾：《翰林院侍读学士惠公墓志铭》，钱仪吉纂编《碑传集》卷64，上海书店《清碑传合集》第1册，第605页。李绂致信徐澄斋，谓"红豆《礼说》成"云云，知李氏作此书时，惠士奇《礼说》已有定稿（见李绂《复徐澄斋编修书》，《穆堂初稿》卷43，《续修四库全书》集部第1422册，上海古籍出版社景印道光十一年奉国堂刻本，2002，第86页）。徐葆光号澄斋，即为惠士奇编刊红豆斋本《礼说》者，素与惠、李二氏相友善，故通信言及之。信中称徐氏已南归，另据李绂《甲寅九日同人小饮孝游孝洋用唐人韵为诗戏》、《送徐澄斋编修南归用少陵送孔巢父韵》及《送徐澄斋编修归苏州序》，知雍正十二年甲寅徐氏南归；又言有子将就南方乡试，则此信必作于雍正十三年乙卯。此时《礼说》虽未行世，但据文意，已渐竣工（见李绂《穆堂初稿》卷17、35，《续修四库全书》集部第1421册，第387~388、625页）。今红豆斋刊本内校阅名氏有乾隆初通籍者，是后来所增，赠诸锦者即此（见诸锦《天牧先生以易说礼说见示》，《绛跗阁诗稿》卷6，《四库全书存目丛书》集部第274册，第623页）。又同馆王文清著作中有撮录惠氏说者数条，与今本《礼说》辞异而义同，其所引岂惠士奇稿本耶？

3 李绂：《复惠天牧》，《穆堂初稿》卷41，《续修四库全书》集部第1422册，第66页。前揭李绂《复徐澄斋编修书》自言新见《礼说》，然不以其中所论"六宗"即方明之说为然，此虽友朋直率发话，亦可见二人经学观点不尽同（见李绂《复徐澄斋编修书》，《穆堂初稿》卷43，《续修四库全书》第1422册，第85页）。

言，岂当时老辈学人多不以通经之士目惠氏耶？何况他人隔膜殊甚者，学术思想不相侔，气味不相投，恐更视而不见矣。

四　惠氏学行遭际与乾隆初年汉、宋学态势

三礼馆主流学风，以方苞为代表。惠士奇与三礼馆主流学风不合，其显著表现，即在惠士奇与方苞学术风貌不同。方苞与三礼馆同仁多不协，苟有学术讨论，亦往往流于意气之争，因龃龉而生芥蒂，惟不可全都归为学术分歧耳。[1] 第惠、方二人交情似寡淡，由上节论述可知，惠士奇《礼说》与方苞《周官义疏》所代表之三礼馆主流学风，两造相较，解经路数颇有不同：惠氏重训诂、重名物、重度数，而方氏则喜推阐义理大义；惠氏涉猎驳杂，而方氏以经书为主要取材对象；同时，惠氏推崇注疏，解经以注疏为根柢，相比之下，方氏却对注疏在经学中之重要地位不甚措意，将之与宋元人说等量齐观，而自为去取，颇有自我作古、我解六经之意。学问路数不同如许，其差别适可纳入"汉宋异同"视角进行观察。

二百余年来，有关清代"汉宋异同"尤其是"汉宋之争"这一议题，学界阐释颇多，近时乃有将"汉宋之争"归结为纯粹义理学争论之趋势。[2] 如何评价这一学术倾向，非此处所能详谈，但

1　参见张涛《乾隆三礼馆史论》，第69~72页。

2　如张丽珠即认为"清代'汉、宋之争'真正关键性的内容，应在于'义理学内部存在着难以调和的汉宋歧见；而不是考据学与义理学两种不同形态的学术路线之争'这样的观念"（见张丽珠《"汉宋之争"难以调和的根本歧见》，林庆彰、张寿安主编《乾嘉学者的义理学》，台北，中研院中国文哲研究所，2003，第270页）。更有论者尝试将这一意见扩大，欲将整个中国学术史上之"汉宋异同"概括其中，遂谓："论究汉宋学之争，若从乾嘉义理学与宋明理学间对峙、争辩的角度而论，则应能有更完整、精确的理解。"（见田富美《乾嘉经学史论：以汉宋之争为核心之研究》，文史哲出版社，2013，第8页）按，更早引发此一趋势者，为张寿安之相关论著，然张寿安所言"清儒的经史考证，逐渐走向经学义理之追求，并以之作为经世主张之依据，造成和宋明理学在某些价值观念上的冲突，应该是清代思想史的一个研究重点"、"以礼代理"是"清学与宋

必须指出一点，即此种观念与清儒对"汉宋异同"之基本认识颇有距离。试看当事人戴震曾记录彼时流俗之见有曰："言者辄曰：'有汉儒经学，有宋儒经学，一主于故训，一主于理义。'"并谓"此诚震之大不解也者"。[1] 戴震之语有其特殊用意，而此一流俗见解虽被戴震致以讥评，但实可代表乾嘉时人最真实之普遍观感，即时人大率将"汉宋异同"视为训诂与义理之争，从所谓"言者辄曰"，已可见这种认识之流行程度。揆诸史实，戴震本人亦未尝不持此见，在其名文《与方希原书》中，即有"圣人之道在六经：汉儒得其制数，失其义理；宋儒得其义理，失其制数"之语。[2] 惠栋亦将"汉人经术"与"宋人理学"厘析为二，[3] 足征乾嘉时人心同此理。后来刘师培以古文家立场发声，所言亦与之吻合：

> 汉儒说经，恪守家法，各有师承，或胶于章句，坚固罕通，即义有同异，亦率曲为附合，不复稍更，然去古未遥，间得周、秦古义，且治经崇实，比合事类，详于名物、制度，足以审因革而助多闻；宋儒说经，不轨家法，土苴群籍，悉凭己意所欲出，以空理相矜，亦间出新义，或谊乖经旨，而立说至

明理学在思想上的主要分水岭"、礼理争议"意指清代汉宋学之争的思想核心"，将相关议题限制在思想上，而未以之等同于"汉宋异同"全体，立论较为审慎（见张寿安《以礼代理：凌廷堪与清中叶儒学思想之转变》，河北教育出版社，2001，第2、6页，原序第8~9页）。近张循致力于从学理概念上区分"汉宋之争"之不同层次，却并未否认"汉宋之争"在清人世界中具有治学方法差异的面向，与前揭诸家不同，此处不详论（参见张循《汉学的内在紧张：清代思想史上"汉宋之争"的一个新解释》，《中央研究院近代史研究所集刊》第63期，2009年3月，第49~96页）。

1　戴震：《题惠定宇先生授经图》，《戴东原集》卷11，赵玉新点校《戴震文集》，中华书局，1980，第168页。

2　戴震：《与方希原书》，《戴东原集》卷9，赵玉新点校《戴震文集》，第144页。

3　惠栋：《汉宋》，《九曜斋笔记》卷2，刘世珩辑刊《聚学轩丛书》第3集，广陵古籍刻印社，1982，第17页B。惠栋此言当受其父影响，详下。

精。此汉、宋说经不同之证也。[1]

历史上之汉、宋两朝经学概貌是否确如刘氏之所扬榷，自可另行检讨，但是刘氏此种看法实代表了清儒一般倾向，戴震"大不解"之表态反属少数，则无可否认。清儒对"汉、宋说经不同"之体认，其实多半立基于学术风格的判断，不宜完全转移到义理之争上去。秉持此一立场来衡量上述惠士奇、方苞二人间论学差异，似可将之理解为一场具体而微的"汉宋之争"。

尤有进者，此种争议非仅产生于惠、方之间。在三礼馆中，围绕惠士奇而产生之类似学术矛盾，并不鲜见。谨再举数例。《仪礼·大射》："巾车张三侯。"郑注："巾车，于天子宗伯之属掌装衣车者，亦使张侯。"惠士奇所纂《仪礼义疏》初稿按语云：

> 注"装衣车"，《周礼》无文，当别有据；又云"侯，巾属"，亦不知何出，当考。先秦之书尽亡，存者仅千百之什一，以故唐人亦不能疏通证明，汉注甚古，后人莫晓，辄肆讥评，多见其不知量也。[2]

其推崇汉学宗风之意，溢于言表，已启其子惠栋以下尊崇通经家法、辑述汉儒古义之风。[3]然而稿本删去此语，并有眉批谓："装衣车、巾类俱非难辞，此案似不必。"馆中改纂惠士奇初稿者为李清植，校订者为吴绂、姚汝金（1705~1749）、方天游（1696~1758）、陶敬信（生卒年不详）、姚范（1702~1771）等人，作眉批者当为总裁或上述诸人之一，所学、所见与惠士奇有别，其所针对者，明显

1　刘师培：《汉宋学术异同论·汉宋章句学异同论》，《刘申叔遗书》，江苏古籍出版社，1997，第542页。
2　任启运等修纂《三礼义疏》，中国国家图书馆藏，清乾隆年间初稿本，善本书号：A01969。
3　清儒推重汉学古义之概况，参见张素卿《清代汉学与左传学》，台北，里仁书局，2007，第11~19页。

是惠氏注重汉人训诂、追求古义之学风，非关义理思想。惠氏所拟按语及由此引发之眉批，可谓"汉宋之争"在当时之一场"短兵相接"，惠氏解经路数未能被其三礼馆同僚接受。

稿本《乡饮酒礼》又有按语指责"汉儒诂经，取义类多附会"，所云亦恰与惠士奇针锋相对。此本初稿未标纂修官姓名，然据《乡饮酒礼》其他历次稿本所载，当即原纂修官或改纂者潘汝诚（生卒年不详）、潘永季（1695~？）、吴绂、方天游与副总裁李清植中一人。此一按语虽不存于后来《仪礼义疏》定本，可是，以汉儒为附会，此一意见在三礼馆中恐居主导地位。当时《仪礼》之学自注疏外，存者以宋元之说为多，而惠士奇则重汉轻宋，不尽以宋元诸说为是，甚且讥宋人为"未可与穷经"，"以其臆说多而不好古也"，[1] 相较于此，馆编《仪礼义疏》定本则博采宋元人说。《乡饮酒》首句"乡射之礼"经文下，定本有正义、通论各一条，即采宋吕大临、元汪克宽之说：

> 吕氏大临曰：先王制射礼，以善养人于无事之时，使其习之久而安之。君子敬以直内，义以方外，则不疑其所行，故曰：内志正，外体直，然后持弓矢审固，可以言中也。
>
> 汪氏克宽曰：弦木为弧，见于《易·系》；侯以明之，载于《虞书》。则射艺已见于黄帝、尧舜之时，而其制度礼文则大备于周也。[2]

无论通论抑或正义，吕、汪所言均铺陈大义，虽或有其自身价值，但与惠氏风格并不相符，两段文字不见于惠士奇所纂初稿内，当为旁人后来补加。再如《乡射》"举旌以宫，偃旌以商"句，《仪礼义

---

1 惠士奇：《天牧先生论学遗语》，惠周惕、惠士奇、惠栋著，漆永祥整理《东吴三惠诗文集》，第366~368页。诸语皆从惠栋《九曜斋笔记》录出。

2 清高宗敕纂《仪礼义疏》卷8，《景印摛藻堂四库全书荟要》经部第59册，第3页A~B。

疏》定本载按语云：

> 举为唱获之初，偃则其将既也。宫声大而舒徐，商声小而
> 扬厉。凡声初唱必舒徐，激而再振则扬厉。唱获必举旌者，欲
> 众共闻且共见之也。[1]

按语铺衍描摹，有类讲章，绝非原稿所有，亦必非惠士奇所愿增。综上所见，三礼馆对待汉、宋经注态度差别如此，故惠士奇未为主流学风所认可，在三礼馆未尽其才，这正是东吴惠氏汉学先导在乾隆初年境遇之真实写照，而实与当时汉学、宋学发展态势密切相关。

汉学大盛于清廷纂修《四库全书》时，"汉宋之争"随之凸显，此一论断，当今学界盖已形成共识。惟此前是否有汉学与宋学相争，及这一争端起于何时，学者各有所见。此事又牵涉"汉宋之争""汉宋异同""汉宋对峙""汉宋兼采""汉宋调和"等概念的使用，今不拟展开讨论。但亟须指出，这类讨论应当区分学理视角与历史视角，[2]分别研究，不相混淆，始能相资为用，接近真知。就学理言，汉学和宋学两种倾向表现形式各异，各有擅场，互相支助，其间优劣可供学人分梳。而就历史言，何时何地，汉学、宋学何者占优，何者衰落，必须切合当时当地事实予以考察，而不能以学理论述来替代。从历史角度看，至少在乾隆初年，宋学仍占有绝对优势，汉学尚不足以与之抗衡；在《三礼义疏》纂修期间，清儒学风正孕育变动，汉学在民间逐渐抬头，而尚未得到官方重视，上述三

1　清高宗敕纂《仪礼义疏》卷9，《景印摛藻堂四库全书荟要》经部第59册，第8页A。
2　林庆彰早已指出，汉宋学问题至少有两个研究方向，"一是汉宋学发展史的研究"，"二是汉宋学之比较研究"。林氏所云前者即历史视角，后者为学理视角（参见林庆彰《明代的汉宋学问题》，《明代经学研究论集》，文史哲出版社，1994，第1~31页）。

礼馆臣惠士奇之遭际，可为明证。[1]

至于三礼馆外之情形，实与馆内并无不同，三礼馆即是当时学术界缩影之一。乾隆元年弘历诏修《三礼义疏》，直接目的是"以蕆《五经》之全"，与其祖康熙帝玄烨所编"《易》《诗》《书》《春秋》四经并垂永久"，而其终极目标乃是以帝王之尊阐释先王圣贤"制作之精意"，彰显当朝"经学昌明、礼备乐和"之盛，昭示来兹，嘉惠万世。[2]此时弘历所能理解之儒家经典经说，受其早年

1　对于三礼馆学风的评鉴，尽管张寿安也提到"《钦定三礼义疏》的内容仍是兼采众说"，但是她最为强调三礼馆代表学风初变，《三礼义疏》代表汉学考证学风更行深入（参见张寿安《十八世纪礼学考证的思想活力：礼教论争与礼秩重省》，北京大学出版社，2005，第39~41页）。周启荣前后表述颇显摇摆，令人很难推知其确切观点，如其早期偏重强调三礼馆臣宋学色彩，后来则在承认"乾隆初经学界对宋元经学仍然十分重视""三礼馆中很多学者沿袭宋儒的议论"之时，声言"对于郑玄、许慎以及汉代经师的著作的重新重视，有继续深化的情况。纂修三礼的学者，虽然很多都推崇朱熹的礼学及经学，但并不是盲目尊崇。绝大部分都肯定汉儒如郑玄训释经籍的贡献"；"参与修礼的学者，他们对三礼的看法，不少学者开始对宋儒经学及礼学的论著进行批判，视他们的解释为臆说……一些学者转而推尊汉代的经学著作，认为他们时代近古，而说经都有可靠的训诂支持。他们标榜'汉学'，卑视宋儒，'汉学''宋学'之分，渐见森严"（见 Chow, *The Rise of Confucian Ritualism in Late Imperial China*, pp.149~160。中文见周启荣《清代礼教思潮与考证学——从三礼馆看乾隆前期的经学考证学，兼论汉学兴起的问题，劳悦强、梁秉赋主编《经学的多元脉络：文献、动机、义理、社群》，第62、68、71、59~60页）。林存阳与周氏略似，但更清晰，即谓"《周官义疏》仍然受宋儒影响较深"，同时也指认三礼馆彰显汉学复兴势头（见林存阳《三礼馆：清代学术与政治互动的链环》，第123~149页）。相较于周、林二人，笔者虽然也承认就学理而言，当时存在汉宋两种学风，但认为历史情况是三礼馆之主流是宋学，汉学倾向只是某些纂修官个体学术风格，不宜将之投射到对官方纂修事业的定性上去。周启荣最近对"把乾隆后期经学中'汉学'与'宋学'立场分明、相互攻击的现象推前至清初"的谬误予以批评，认为"在清初的经学研究与古礼研究中，学者并没有把经学严格区分为'汉学'和'宋学'。在康熙时期的礼学和经学研究中，绝大部分学者对于汉、唐、宋、元的经注，左右采获，自由征引。虽然东汉经学家如郑玄和许慎的学术，重新受到注意，但是对于很多学者来说，他们的意见并非代表至上的阐释权威，相反，大部分学者对郑玄都持有批判的态度。这种学术态度在乾隆初年参与纂修《三礼》的编修官的个人著述中仍然如此"（见周启荣《清代儒家礼教主义的兴起——以伦理道德、儒学经典和宗族为切入点的考察》，毛立坤译，天津人民出版社，2017，中文版自序，第9~10页）。笔者认同周氏的最新表述。
2　引语见弘历《御制三礼义疏序》，清高宗敕纂《周官义疏》，《景印摛藻堂四库全书荟要》经部第57册，卷端，第1页A~B；庆桂等修《高宗实录（一）》卷21，《清实录》第9册，中华书局，1985，第501页。

教育影响，宋儒之学应具有主导倾向；[1] 而学界风气亦主要表现出宋学倾向，在三礼馆中，李光地一脉学人占据多数，宋学气息尤较鲜明。[2] 三礼馆外，清廷时有褒奖经学之举，如乾隆元年三月，杨名时（1661~1736）荐举庄亨阳（1686~1746）、潘永季、蔡德晋（？~1746）、秦蕙田（1702~1764）、吴鼎（1696~1747）、官献瑶、夏宗澜（1699~1764）七人"留心经学、可备录用"；[3] 三年十二月，又有郑江（1682~1745）保举陶敬信"留心经学、忠信端谨"；[4] 最著名者，则为乾隆十四年（1749）至十六年（1751）间，弘历降旨保举"经明行修、淹洽醇正之士"，而陈祖范（1675~1753）、吴鼎（生卒年不详）、梁锡玛（1696~1774）与顾栋高（1679~1759）最终获选。[5] 上述诸人，皆以经学获称于时，除潘永季、蔡德晋、官献瑶、陶敬信夤缘入职三礼馆外，他人并未参与纂修。而自乾嘉汉学家视角观之，此辈数人，多非其党，后来章太炎将顾栋高及参与纂修之任启运等，冠以"徇俗贱儒""乡曲之学"之名，以为"瞀学冥行，奋笔无作……深可忿疾，譬之斗筲，何足选也"，正见诸人虽不同于高谈性理之徒，然学问亦未为汉学家所认可；[6] 刘师培甚至将陈祖范等斥责为"乡曲陋儒，口耳剿窃，言淆雅俗，冥行索途，转以明经膺征辟，擢官司业，号为大儒"，乃有"乾隆之初……汉学犹不显

1　参见戴逸《乾隆帝及其时代》，中国人民大学出版社，1992，第38~53、72~79页；万依、王树卿、刘潞：《清代宫廷史》，百花文艺出版社，2004，第210~212页；朱昌荣：《试论雍正、乾隆二帝的理学思想》，中国社会科学院历史研究所清史研究室编《清史论丛》（2009年号），中国广播电视出版社，2008，第304~307页。

2　参见张涛《乾隆初年"礼会"述议》，"经学史研究的回顾与展望——林庆彰先生荣退纪念研讨会"会议论文，日本京都，2015年8月20~21日。

3　见庆桂等修《高宗实录（一）》卷14，《清实录》第9册，第399~400页。

4　参见郑江《周礼正义序》，徐心田纂《〈嘉庆〉南陵县志》卷16《补遗》，故宫博物院编《故宫珍本丛刊》第105册，海南出版社影印嘉庆戊辰年重修南陵县志，2001，第20页A。

5　见庆桂等修《高宗实录（五）》卷352，《清实录》第13册，第860页；庆桂等修《高宗实录（六）》卷391，《清实录》第14册，第132、140页。

6　章太炎：《清儒》，《检论》卷4，《章太炎全集》第3册，上海人民出版社，1984，第479~480页。

于世。及四库馆开，而治汉学者踵相接"之论断。[1]

再看乾隆五年（1740）十月十二日己酉"训诸臣研精理学"一谕，最高统治者所作所为或许更能说明问题。弘历自陈"朕命翰詹科道诸臣，每日进呈经史讲义，原欲探圣贤之精蕴，为致治宁人之本"，而责怪诸臣"未有将宋儒性理诸书切实敷陈、与儒先相表里者"，进而训诫道：

> 盖近来留意词章之学者尚不乏人，而究心理学者盖鲜……夫治统原于道统，学不正，则道不明。有宋周、程、张、朱诸子，于天人性命、大本大原之所在，与夫用功节目之详，得孔孟之心传，而于理欲、公私、义利之界，辨之至明。循之则为君子，悖之则为小人。为国家者，由之则治，失之则乱。实有裨于化民成俗、修己治人之要，所谓入圣之阶梯、求道之途辙也。学者精察而力行之，则蕴之为德行，学皆实学；行之为事业，治皆实功。此宋儒之书，所以有功后学，不可不讲明而切究之也。今之说经者，间或援引汉唐笺疏之说。夫典章制度，汉唐诸儒有所传述考据，固不可废，而经术之精微，必得宋儒参考而阐发之，然后圣人之微言大义如揭日月而行也。……朕愿诸臣研精宋儒之书，以上溯六经之间奥，涵泳从容，优游渐渍，知为灼知，得为实得，明体达用，以为启沃之资，治心修身，以端教化之本，将国家收端人正士之用，而儒先性命道德之旨、有功于世道人心者，显著于家国天下。朕于诸臣有厚望焉。[2]

1　刘师培：《清儒得失论》，《左盦外集》卷9，《刘申叔遗书》，第1537页。

2　庆桂等修《高宗实录（二）》卷128，《清实录》第10册，第875~876页；又见中国第一历史档案馆编《乾隆朝上谕档》第1册，档案出版社，1991，第648页。其中"有宋周、程、张、朱诸子"之"诸"字，据《上谕档》补，而"用功节目"之"目"字，《上谕档》误作"工"。

夏长朴已点明，此番言论彰显出弘历此时"虽然承认汉唐笺疏之功不可抹杀，但是他的基本态度是扬宋抑汉，大幅度往宋学倾斜的"，"他并不否认汉、唐经术在典章制度考据方面的长处，但是他强调要了解圣人之学的微言大义，必须透过宋儒对经术精微处的深切掌握才行"。[1]可以说，尽管弘历在学理上已对汉宋异同有所认识，而其思考模式与所认同之理路尚属宋学气象，对惠士奇之类学古之士并无深入理解，故而对当时学界的影响仍以砥砺宋学为主，对汉学潜流缺乏推动之意。此时恰是三礼馆紧张纂修之际，惠士奇方在前一年离馆回乡。最高统治者既持如此意见，则惠士奇在馆处境不尽如人意，亦非毫无来由。甚至直至乾隆十四年十一月初四日己酉，弘历命遴访潜心经学之士，所颁谕旨有云：

> 圣贤之学，行本也，文末也。而文之中，经术其根柢也，词章其枝叶也。翰林以文学侍从，近年来因朕每试以诗赋，颇致力于词章。而求其沈酣六籍，含英咀华，究经训之阃奥者，不少概见，岂笃志正学者鲜与？抑有其人而未之闻与？夫穷经不如敦行，然知务本则于躬行为近，崇尚经术，良有关世道人心。有若故侍郎蔡闻之、宗人府府丞任启运，研究经术，敦朴可嘉，近者侍郎沈德潜，学有本源，虽未可遽目为巨儒，收明经致用之效，而视獭祭为工、剪彩为丽者，迥不侔矣。今海宇升平，学士大夫举得精研本业，其穷年矻矻，宗仰儒先者，当不乏人。奈何令终老牗下，而词苑中寡经术士也！内大学士、九卿，外督抚，其公举所知，不拘进士、举人、诸生，以及退休闲废人员，能潜心经学者，慎重遴访。务择老成敦厚、纯朴

1　夏长朴：《乾隆皇帝与汉宋之学》，彭林编《清代经学与文化》，北京大学出版社，2005，第160、172页。

淹通之士，以应精选，勿滥，称朕意焉。[1]

观其将经学与诗赋词章相对，又倡导敦行、有功于世道人心，一一皆与乾隆五年之谕相同，则其所谓"六经之阃奥""经训之阃奥"者究竟若何，自已无待多言。即如其所举诸人，任启运曾任三礼馆纂修官、副总裁，姑不论，蔡世远（字闻之，1682~1733）、沈德潜（1673~1769）其人其学，岂与汉学沾边？弘历思想局于宋学，在十年之间，可谓一以贯之。

有学者曾列举弘历奖励经学、屈抑理学之事来论证乾隆初年朝廷已有崇重汉学苗头。[2]此说思路可法，而结论仍有待检核。弘历思想由尊宋转到崇汉，不可能瞬间即改，而是确有一渐变过程。并且思想转变从帝王个体意旨过渡到官僚体系中的职位职能，再渗透到整个国家机器的运转之中，更非一朝一夕之举。在认可四库馆张大汉学旗帜以前，弘历亦必隐然已有不满宋学之念。[3]据陈祖武分析乾隆朝经筵主题，二十一年（1756）以后，32次经筵讲论中竟有17次质疑朱子，[4]可见此一阶段弘历对宋学态度已有显著变化。问题是，在此之前弘历是否已表现有尊崇汉学、贬低宋学倾向并在朝廷书馆纂修事业中有所落实？

窃谓奖励经学、屈抑理学难以与尊崇汉学、贬低宋学划上等号。且不论上述乾隆五年谕旨中理学真伪之论，实在是为了树立弘历自身真理学形象，即便是十年后保举"经明行修、淹沿醇正

1　庆桂等修《高宗实录（五）》卷352，《清实录》第13册，第860页；又见中国第一历史档案馆编《乾隆朝上谕档》第2册，档案出版社，1991，第393页。

2　王达敏：《从尊宋到崇汉——论姚鼐建立桐城派时清廷学术宗尚的潜移》，《中国文化》2002年第19~20期。

3　当然，不满宋学亦非要全盘改弦更张，甚至开四库馆之初，弘历仍注重"阐明性学治法，关系世道人心者"（见中国第一历史档案馆编《乾隆三十七年正月初四日谕内阁着直省督抚学政购访遗书》，《纂修四库全书档案》，上海古籍出版社，1997，第1~2页）。

4　陈祖武：《从经筵讲论看乾隆时期的朱子学》，袁行霈主编《国学研究》第9卷，北京大学出版社，2002，第295~303页。

之士"，其所悬标的亦不出宋儒矩镬。笔者曾经申述，清廷所采取之保举经学举措，并非特意将经学与理学、汉学与宋学加以对立，"此时所谓'经学'，即理学也，不过不是奢谈义理之理学，而为研经读史之宋学。经学、理学，在弘历为一物，曰古圣先贤之学而已，非如今人谈论学术范式形态时所区而别之者。帝王高高在上，焉能及时洞观草野学术星火之微？"[1]如见史籍有"经学"二字，便直接等同于"汉学"，或是径行与宋儒"理学"截然分开，断乎不可。[2]彼时治学取径与惠士奇相似相近者屈指可数，学人整体并无"汉学"自觉。设若学界尚未有"汉学"正式提出，又何能设想接受正规宋学教育之帝王如弘历者必然虑及"宋学"之外还能别有"经学"？

基于此一判断，可知惠士奇之学术虽已略具汉学特征，而其与三礼馆其他馆臣间之差异，仅可谓学理上的"汉宋异同"，就历史事实层面的"汉宋之争"而论，只可谓是极小规模的偶然爆发，与后来学界对立之态，绝难相提并论。[3]前揭章太炎、刘师培对乾隆初以前之学者冠以"乡曲陋儒""徇俗贱儒"等恶谥，正以当时彼辈学术通行于世，故而章、刘发为激愤言也。章太炎批评"康熙、雍正、乾隆三世，纂修七经，辞义往往鄙倍，虽蔡沈、陈澔为之臣仆而不敢辞；时援古义，又椎钝弗能理解，譬如熏粪杂糅，徒睹其污

1　见张涛《乾隆三礼馆史论》，第 249~262、283~285 页。

2　如王家俭即以为乾隆十四年遴选潜心经学者一谕旨标志弘历"个人学术思想的转移"，"乾隆帝对于学术的态度，最初尚遵循其祖父康熙时代整理经学，统一思想的持续。直到乾隆十四年，他才修改了乃祖偏重理学的政策，而对经学多所注意"（参见王家俭《清代"汉宋之争"的再检讨》，《清史研究论薮》，文史哲出版社，1994，第 68~69 页）。

3　乾隆后期以降，汉宋对峙形势日益严峻，门户意气之争愈演愈烈，甚或势如水火，调和、兼采之说亦逐渐出现，学界相关研究较多，可略参朱维铮《汉学与反汉学》，《近代学术导论》，中西书局，2013，第 1~33 页；黄爱平：《〈汉学师承记〉与〈汉学商兑〉——兼论清代中叶的汉宋之争》，《中国文化研究》1996 年冬之卷，第 44~49 页；王汎森《〈方东树与汉学的衰退〉，《中国近代思想与学术的系谱》，吉林出版集团，2010，第 3~22 页。至于知识界更广阔之景观，可参见张瑞龙《天理教事件与清中叶的政治、学术与社会》，中华书局，2014，第 220~268 页。

点耳"，[1] 是后来人重述历史，可谓惠士奇之异代知己；然亦从中可见，乾隆初年学术史中，宋学仍为主流，汉学含苞待放，实无条件与宋学相颉颃，彼时绝无"汉宋对峙"之势。

五　余议

东吴惠氏"四世传经"，历来是清代经学史叙述中之典范。惠栋弟子江声不云乎：

> 天佑大清，重开景运。山岳之灵，钟于惠氏，基始于朴闇先生，一传而砚溪先生，著有《诗说》；再传而半农先生，著《易说》、《礼说》、《春秋说》；三传而松崖先生，著作等身，而《周易述》尤为精粹。声幸得亲炙松崖先生，获睹三世之著述，皆渊博典核，融洽汉经师之说，而通贯乎群经，洵为后学津梁也。[2]

此言虽有夸饰师门之嫌，而颇可以代表清代诸多学人观感，影响及于后世。吴学余子，泰半为惠氏后学，论者咸无异辞；而四世之中，又以三惠为主。据惠栋自述，所谓惠氏经学，权舆于其高祖惠有声（1608~1677），有声"极推汉学，以为汉人去古未远，论说各有师承，后儒所不能及。当时学者皆未之信，故其书藏于行箧，未尝问世。及遭乱迁徙，遂亡其书"，乃发愿专力古学；有声督了甚勤，尝令惠周惕（1641~1697）"背诵九经，一字或讹，必予之杖"，故其子若孙，皆能承继家风，续有著述，到惠士奇一代，"雅言古训，遂明于世"。[3] 然而今传周惕著作尚有一二，有声著作便极少，

1　章太炎：《清儒》，《检论》卷4，《章太炎全集》第3册，第479页。

2　江声：《重刻礼说叙》，惠士奇：《礼说》卷端，《丛书集成三编》第24册，台北，新文丰出版公司影印嘉庆上海彭霖兰陇书屋本，1997，第240页。

3　惠栋：《砚溪公遗事》，惠周惕、惠士奇、惠栋著，漆永祥整理《东吴三惠诗文集》，第423页。

难知其详细，有声而上，更是世无闻人。[1] 故张舜徽以为有声不过明末一塾师耳，惠栋标榜家学，不无溢美。[2] 今观惠周惕遗书及时人所述惠有声事迹，大率以诗文唱和为主，张氏所疑，未始无因。故杨向奎数吴门惠氏为清代朴学大宗，仅以惠士奇为"大宗之不祧祖"，[3] 而不再上溯。

至于"不祧祖"惠士奇，就上文于其行历与学养略做考察，可知斯人半生蹭蹬，老境颓唐，对待朝廷书馆事业颇为消极，显然未曾全力以赴，其所以如此，既因惠氏身心交疲，无心纂修，又是由其学术理路、观点与三礼馆乃至乾隆初年学界主流意见不同。故惠氏当时虽不无三数知音垂赏，新进左右追随，而影响着实有限，身后声名殆亦因子孙朋辈援引称述而益加张大。

惠士奇离京时，诸锦而外，方苞门生沈廷芳亦曾留诗送行，概括描绘出惠氏一生际遇：

> 半农先生今巨儒，研经博物德不孤。
> 銮坡金殿重回首，铃索有梦寻江湖。
> ……
> 昔年奉命赴海隅，曾提衡鉴悬冰壶。
> 文教已讫岭海表，风概直欲凌韩苏。
> 扶胥人士讴诵作，俄来清问从上都。
> 还朝学士万卷书，神仙骨相何太癯。
> 诏下命公城铁瓮，度之筑之设万夫。
> 官贫粥及先人庐，一身去国怀铜枇。

<hr/>

1　惠有声并无著作传世。其他三人，见漆永祥《东吴三惠著述考》，袁行霈主编《国学研究》第14卷，北京大学出版社，2004，第363~374页。惠氏世系简况，参见漆永祥《东吴三惠著述考》，《北京大学中国古文献研究中心集刊》第4辑，北京大学出版社，2004，第292~305页。

2　张舜徽：《松崖文钞二卷》，《清人文集别录》卷5，中华书局，1963，第143页。

3　杨向奎：《三惠学案》，《清儒学案新编》第3册，齐鲁书社，1994，第113页。

> 海岳庵前倚吟杖，扬子渡口浮圆罞。
>
> 磊节朴学终显著，后车薏苡非明珠。
>
> 旋蒙再召入讲幄，仍参法从蜎蝸趋。
>
> 翛然下直每键户，打头屋底时呀唔。
>
> 许我载酒问奇字，却话松菊愁荒芜。
>
> 挂冠神武摹贞白，秋风未起思蒓鲈。
>
> 残篇仍满毂觫车，潞河放溜抽烟蒲。
>
> ……

沈诗中还有"楚弓得返诚良图"之句，认为惠氏离馆作归计甚得，又云"郑公乡共推东吴"，将郑康成作比，尊崇不可谓不高。[1] 沈氏此语，可谓有先见之明，随后吴中学术日渐发扬，后人遂有"吴派"之称。

惟此吴学之兴，乃在惠士奇身后。当惠士奇萧索出都，息影乡间时，"郑公乡共推东吴"之盛景，仍未出现。此老最后两年，更摒落声华，不事交接，吴中风气倾慕荣利，富人死则重币速贵宾临丧，而惠氏皆谢不往。[2] 回想供职三礼馆时，就生计论，当属惠士奇晚年一段平安时光，然就学术论，其在馆少所遇合，未能贡献所长，则为学人之大不幸。三礼馆为当时经术风会所在，从中不难窥见各家学说之现世声势。由惠士奇在三礼馆之遭遇而言，吴学在乾隆初年只可说是蛰伏未发。

嘉道间，吴县沈钦韩（1775~1831）与阳湖陆继辂（1772~1834）论前辈文章，兼及学问，乃曰：

1　沈廷芳：《红豆书庄歌送惠仲孺先生告归吴县》，《隐拙斋集》卷8，《四库全书存目丛书补编》第10册，齐鲁书社，2001，第245页。
2　参见惠栋《吴人以丧肃宾》，《松崖笔记》卷1，刘世珩辑刊《聚学轩丛书》第3集，广陵古籍刻印社，1982，第2页A。

当高宗纂修《三礼》，望溪以老师宿儒主其事。是时古学
方兴，吾吴惠氏与从祖果堂先生皆习汉学，而坚护宋元冬烘学
究之说，一从其章句，郑义欲起而复废，不能仰副圣主好古求
是之意。[1]

沈氏以为吴中学术在三礼馆当时已与方苞有别，然终不能抗手相
视，而竟为其威名所挟，遂至"坚护宋元冬烘学究之说"，《三礼义
疏》纂修事业终究依违旧途，未能提振郑学。三礼馆中总裁分工，
《周官》由方苞主导，惠士奇入馆而只得分修《仪礼》，所修《仪
礼》初稿，又为李清植、吴绂等后续者以臆删改，吴学之不见容、
不见重于当时也如此，惠士奇锋芒尽为方苞一辈旧时人物所掩，招
致沈钦韩苛评，良有以也。

书馆生涯，从来不仅仅关乎学问本身，尤其玉堂芸署、翰苑台
阁，更是论资排辈、争名夺利之所在。惠士奇不得志于三礼馆，张
大东吴汉学古义新声，还有待来者。其子惠栋，在父殁后，往来
苏、扬之间，帜树汉儒，捐弃流俗，遇虽偃蹇，而名益高，四方士
大夫莫不重之，谈经者得其宗旨，世间遂知有"汉学"。故章太炎
尝谓清人至此始"成学箸系统"。[2]张素卿亦言，论治学理路与学术
史地位，"虽传承家学，确立'汉学'门径而影响后学者，惠栋无疑
才是承先启后的枢纽"；"惠栋区分汉、宋学术的差异，并明确提出
依从'汉学'解经的观念。在此'汉学'典范的指导之下，乾嘉学
者纷纷致力于搜辑汉儒'古义'，并以古文学家擅长的训诂之学解
释经典，藉此阐明经术而考论典章制度，于是成为普遍的趋势"。[3]

1　沈钦韩：《答陆祁生书》，《幼学堂诗文稿》卷7，《续修四库全书》第1499册，上海古籍出版社，
2002，第274页。

2　章太炎：《清儒》，《检论》卷4，《章太炎全集》第3册，第473页。

3　张素卿：《清代汉学与左传学》，第72页；张素卿：《"经之义存乎训"的解释观念——惠栋经
学管窥》，《乾嘉学者的义理学》，第282页。

惠士奇去世三年后，乾隆九年（1744），惠栋《易汉学》成，乃郑重揭橥"汉学"名义：

> 呜呼！先君子即世三年矣。以栋之不才，何敢辄议著述。然以四世之学，上承先汉，存什一于千百，庶后之思汉学者，犹知取证，且使吾子孙无忘旧业云。[1]

此时，远在京城之三礼馆中，方苞早已告老还乡，《三礼义疏》主体纂修亦接近尾声，而稿件仍未清整，馆臣奏陈以为"卷帙浩繁，开馆迄今，总裁屡易……尚需重加厘正"，得旨由大总裁张廷玉及协办大学士事、吏部尚书高斌会同该馆办理，成书刊行尚需将近十年。[2]李义山咏韩愈《平淮西碑》故事云："古者世称大手笔，此事不系于职司。"人心不古，旧事重现，如惠士奇者受阻于职司，纵其堪当经学大手笔又如何？惠栋读此诗而下一转语，云：

> 近日开修书馆，必以大学士、尚书为总裁，此大手笔系于职司也。[3]

文章系于职司则一代无名文，学术系于职司则一代学术无余华。布衣惠栋此叹，盖有深意在焉。不过，世运转移，却未尝系于职司，迁就人意。弘历于十四至十六年间保举经学，其内心悬鹄仍然与昔日无别，然而地方大员贯彻指令，已有就此询及专治"汉学"之"南国之穷庐病夫"惠栋者，惠栋亦借朝廷酒杯，浇自家块垒，恭

1　惠栋：《易汉学自序》，《松崖文钞》卷1，惠周惕、惠士奇、惠栋著，漆永祥整理《东吴三惠诗文集》，第302~303页。惠栋明确抨击清初学者，称"非汉非宋"，思而不学，学而不纯，是其一大不足。盖惠栋确乎用"汉学"自鸣家法，以此月旦前贤（见惠栋《本朝经学》，《九曜斋笔记》卷2，刘世珩辑刊《聚学轩丛书》第3集，第16页B）。

2　参见张涛《乾隆三礼馆史论》，第76~78页。

3　惠栋：《大手笔》，《九曜斋笔记》卷2，刘世珩辑刊《聚学轩丛书》第3集，第18页A。

维"国家两举制科，犹是词章之选，近乃专及经术。此汉魏、六朝、唐宋以来，所未行之旷典"，并愿将"独知之契用"即汉师家法，献之左右。[1]尽管惠栋此次最终没能应征，但不数年间，众多一流学人对惠栋学术鼓吹效法不遗余力，"汉学"势力已悄然兴起。[2]天子弘历虽未必及时知晓惠栋所谓"汉学"，然正因其奖崇"经术"之举，东吴布衣惠栋之"经术"始得在乾嘉学坛占据一席之地。

（本文原题《惠士奇礼学与乾隆初年汉宋学态势》，
载《台大文史哲学报》2019 年第 91 期）

---

1 惠栋：《上制军尹元长先生书》，《松崖文钞》卷 1，惠周惕、惠士奇、惠栋著，漆永祥整理《东吴三惠诗文集》，第 314~315 页。

2 张素卿曾云：（惠栋）"无缘获得朝廷肯定，当时，惠氏带动的治经取向主要流传于民间，在沈彤、余萧客、朱楷、江声等人羽翼，以及卢文弨、王鸣盛、钱大昕乃至王昶等等，诸儒相继响应，'汉学'风尚于是先以吴为中心在江南传布开来，并向大江南北逐渐扩散，流风所煽，终于衍为一代思潮"（见张素卿《清代汉学与左传学》，第 37 页）。

康有为撰写《教学通义》之渊源、本事及旨趣

於梅舫 [*]

  《教学通义》乃康有为早年论著，虽匆促缉定，[1] 却包含康氏初期之政学试验，[2] 反映其当时的学术取径与成学理路，具有独立的学术价值。同时也蕴涵康氏学说因承、变化、发展、演成的线索，是考察之后学术演进的基点。前辈学人对《教学通义》论述多矣，争议亦复不少。争议之结穴，

[*] 於梅舫，中山大学历史学系教授，研究方向为中国经学史、清代以来的史学与学术、近代文化史等。

1 康有为《我史》称此书"已成"，其手定《万木草堂丛书目录》称此稿已"佚"，康氏外孙罗荣邦编《南海康先生著作总目》称"写后旋弃"。此书不无有目无文处，显然缉而未定，亦见缉定之仓促。参见朱维铮《教学通义》之编者按，《中国文化研究集刊》第 3 辑，复旦大学出版社，1986，第 343 页。

2 康氏在《教学通义》中讨论的核心问题，即古今的治、教、政、学的关系，并有鲜明的立场。复古教学之制，实要贯通治教，故梁启超在《清代学术概论》中误称之为《政学通义》，亦可理解。

在于康氏与廖平的学术公案，故目光实聚焦于与之相关的康氏早年经今、古文学之取向，尤其集矢于《教学通义》内既尊周公集成又重孔子改制之"矛盾"。[1] 故不论正反立论，皆或多或少视之为《新学伪经考》《孔子改制考》的注脚而展开论述，对于康氏在《教学通义》中欲表达的"通义"倒有些忽视了。无论如何，如果怀疑此稿已掺入康氏之后观念，也即承认《教学通义》初撰时的独立。朱

1　最早述及《教学通义》的是梁启超。1901 年，梁启超为乃师作传，谓："先生所著书，关于孔教者，尚有《教学通议》一书，为少年之作，今已弃去。"（梁启超：《南海康先生传》，夏晓虹编《追忆康有为》，中国广播电视出版社，1996，第 14 页）1920 年，梁启超《清代学术概论》总结身与其事的晚清"今文学之运动"，谓"有为早年，酷好《周礼》，尝贯穴之著《政学通议》，后见廖平所著书，乃尽弃其旧说"（梁启超：《清代学术概论》，朱维铮校注《梁启超论清学史二种》，复旦大学出版社，1985，第 63 页）。同论一书，见解早晚迥异，一主申孔子教义，一主秉周公之教。梁氏以亲承康氏，地位特殊，此视角为后人继采，尤其关康、廖公案。范文澜《经学史讲演录》即称："广东的康有为，原是搞古文学的，他想从《周礼》中找治乱的根据，看到廖平的著作，大为感动，即援廖例，作《新学伪经考》，反对古文学。"（《历史学》1979 年第 1 期）20 世纪 80 年代，时隔六十年后，此稿重入时人眼中。1984 年，汤志钧据此撰文，虽基本认同梁启超后一说谓此书由《周礼》贯穴而成，却不赞同康氏此书有明确的古文经立场，揭示康氏只是以周公为偶像，强调"时王之法"，注重"变"，"要求改革现状"（汤志钧：《重论康有为与今古文问题》，《近代史研究》1984 年第 5 期）。1990 年，房德邻撰文对梁启超、汤志钧说法进行修正，指认康氏早年虽"基本上是个古文经派"，却早在晤见廖平前在此书中已具某些今文经学观点，且谓有质疑《周礼》真实性及明确区分今古文、申说孔子改制之说，此书非由《周礼》贯穴而成（房德邻：《康有为和廖平的一桩学术公案》，《近代史研究》1990 年第 4 期。在此之前的 1986 年，《中国文化研究集刊》第 3 辑刊载朱维铮《教学通义》编者按，提出《教学通义》受廖平影响，自改其说而自相矛盾，最终弃去。房文未对此有所回应）。1992 年，朱维铮重评《新学伪经考》，涉及《教学通义》，重申 1986 年为标点版《教学通义》而写的"编者按"中的观点，否定了汤、房二文的立论根据，以为《教学通义》整体上学术思想不协调，体现康有为早期在今古文问题上的自相矛盾［朱维铮：《重评〈新学伪经考〉》，《复旦学报》（社会科学版）1992 年第 2 期］，并将《教学通义》与《今古学考》合观，认为此稿"内容可证康有为早年的确酷好《周礼》，但涉及经学，前宗刘歆，后斥刘歆，必非同时所撰，可能是见廖平《今古学考》后曾加修改，但无法克服今古文矛盾，最终只好弃其旧说，另撰《新学伪经考》"（朱维铮：《康有为在十九世纪》，《求索真文明——晚清学术史论》，上海古籍出版社，1996，第 207 页。参见朱维铮《教学通议说明》，刘梦溪主编《中国现代学术经典·康有为卷》，河北教育出版社，1996，第 30 页）。张勇同样认为《教学通义》的"现存抄本'春秋第十一'一节，有'孔子改制'，一段，其意旨与全书及该节思路不符，显然为后来添加"（蔡乐苏、张勇、王宪明：《戊戌变法史述论稿》，清华大学出版社，2001，第 125 页）。2010 年，唐开国、唐赤蓉重申《教学通义》内杂糅晤见廖平后受之影响的经学思想（唐开国、唐赤蓉：《〈教学通义〉中所杂糅的康有为后来的经学思想》，《近代史研究》2010 年第 1 期）。

子论读书法，谓"通一书，而后及一书"，"未得乎前，则不敢求其后。未通乎此，则不敢志乎彼"。[1]对于还复《教学通义》的独立性并理解之，极具参考价值。理解《教学通义》的独立"通义"，并非忽略《教学通义》与康氏后续政学理念演进之间的关系，乃是更为强调通过考辨康氏撰写此稿之渊源、缘起、本事，务使古典、今典融会贯通，以更好体会《教学通义》之本义，把握其与之后学说演进间的真切关系。以理解《教学通义》本身"通义"而言，刘巍《〈教学通义〉与康有为的早期经学路向及其转向——兼及康氏与廖平的学术纠葛》一文，从学术本源入手，顺势而下，考证康氏尊周公、重《周礼》的理念本于章学诚"六经皆史"论，故《教学通义》特重"时王"之制，"通变宜民"之"经世"精神贯注全书，对以《教学通义》为核心的康氏早年学术理念及转变诸问题的研究推进最为显著。[2]然若进一步聚焦于《教学通义》本身，"通义"核心——治教合一理念——之直接理论渊源，以及激发康氏"经世"精神之立脚与促动康氏在光绪十一年正月匆匆缉定《教学通义》的特定本事，包括此书高调宣称的"创法立制"的指向，仍待进一步考证、揭示。故本文立足于以上互为表里的问题展开论述，力图在前人学术进展的基础上，从疏通《教学通义》之渊源、本事的角度，为理解康氏"通义"略进一浅解，以就教于学林。

一 中法之役与文稿缉定

《教学通义》以"通义"命名，其中较为条贯的理路与意思见于康氏自叙，所谓："善言古者，必切于今，善言教者，必通于

---

1 朱熹:《读书之要》,《晦庵先生朱文公文集》卷74,朱杰人、严佐之、刘永翔主编《朱子全书》第 24 册,上海古籍出版社、安徽教育出版社,2002,第 3583 页。

2 刘巍:《〈教学通义〉与康有为的早期经学路向及其转向——兼及康氏与廖平的学术纠葛》,《历史研究》2005 年第 4 期。

治。"[1]此中要义，在于复古切今，贯通治教，以此"创法立制"，为"王者取法"。此种颇具锐气的政学试验，绝非寻常经生之论，也非天才灵感的一时乍现，乃孕发于早年从学经历，激荡于师友之间。而《教学通义》文稿匆匆缉定于光绪十一年（1885）正月，[2]别见时事刺激与现实关怀。

康有为自述早年成学经历，"自师九江先生，而得闻圣贤大道之绪。自友延秋先生，而得博中原文献之传"。[3]师友夹辅，受益于朱次琦与张鼎华不浅。此为康氏早年一大机缘，深深影响了他的治学思路与路径。

康氏幼年从学经历，与出身匹配。康家据称世代以理学传，却非如康氏号称之十三世皆士人。康氏曾祖以下，惟祖父为举人，另有生员数人。康家地位上升，出于康氏从叔祖康国器。当然，康国器护理巡抚之官职，亦从征战太平天国之军功而来，并非来自一般所认可的科举正途。[4]康父临终前，"谕以立志勉学，教以孝亲，友爱姊弟"，康氏自言颇受震动，"当时执丧如成人"，之后跟随祖父，在官舍受教，据说"览《纲鉴》而知古今，次观《大清会典》、《东华录》而知掌故，遂读《明史》、《三国志》"，因久住官舍，遂得读邸报。对此，康氏自称"神锋开豁"，略知学术，一时颇"慷慨有远

1　康有为：《教学通义》，姜义华、张荣华编校《康有为全集》第1集，中国人民大学出版社，2007，第19页。

2　康有为《我史》称此稿成于光绪十二年，复旦大学历史系中国思想文化研究室编《中国文化研究集刊》第3辑即据《我史》定此稿缉定时间，上海文物保管委员会编《康有为遗稿·戊戌变法前后》注明此稿康有为为自记"光绪十二年正月辑定"。后姜义华等编《康有为全集》第1集收录此稿，名《教学通义》，称据"手稿校点付印"，内含康氏自记："光绪十一年正月缉定。"据《我史》，光绪十一年二月，"头痛大作，几死"，至"七月乃瘳"。秋间"乡试"，后"为脑乱病久……还居西樵山白云洞高士祠养病"。整个光绪十一年，几乎皆处于病中，若成于"光绪十二年正月"，或与事理不合。且结合本文后续论证，也可证此稿当缉定于光绪十一年正月。

3　康有为：《我史》，刘梦溪主编《中国现代学术经典·康有为卷》，第821页。

4　邱捷：《关于康有为祖辈的一些新史料——从〈望凫行馆宦粤日记〉所见》，《中山大学学报》（社会科学版）2009年第2期。

志矣"。[1] 康氏本出身于军功之家，家人多重实事，强悍坚忍。耳濡目染之下，自有授受。弟子梁启超称师"刚健任事不畏强御之风，有自来矣"，[2] 可谓知言。康氏回忆，同治八年，时方十二岁，已"能指挥人事"，以古贤人自期，"某事辄自以为南轩，某文辄自以为东坡，某念辄自以为六祖、邱长春，俯接州中诸生，大有霸视之气"。[3]

自比古人的康有为，年少气盛，眼高过顶，八股师自不能入其法眼，虽有远志，却无根基，学杂不约，颇"愤学业之无成"。光绪二年（1876），得从学于名儒朱次琦，于是倾心受学。

朱次琦，岭南大儒也。岭南学术自古不及中原，嘉道后，阮元开学海堂，粤学大振，陈澧崛起于一时，学风突破岭内，遍布宇内。粤中惟朱次琦与之匹敌，成学术之双峰。朱次琦学有本源，有经世实学，开讲于礼山草堂，教弟子治学不分门户，通经以致用，以为经义所以治事也。"读书者何也？读书以明理，明理以处事，先以自治其身心，随而应天下国家之用。""主济人经世，不为无用之空谈高论"，教学者四行五学，"敦行孝弟，崇尚名节，变化气质，检摄威仪"，以"经学、文学、掌故之学、性理之学，词章之学"五学为根基。[4]

康氏大受触动，"捧手受教，乃如旅人之得宿，盲者之睹明，乃洗心绝欲，一意归依，以圣贤为必可期，以群书为三十岁前必可尽读，以一身为必能有立，以天下为必可为"。读书治学遂获门径线索，"畴昔杂博之学，皆为有用"，有豁然开朗之感。[5]

康氏对师说的体会，即是受教处，也是从此悟入而成自己学说之关键点。《朱九江先生佚文序》扼要概括乃师为学宗旨：

1　康有为：《我史》，刘梦溪主编《中国现代学术经典·康有为卷》，第 815~816 页。

2　梁启超：《南海康先生传》，夏晓虹编《追忆康有为》，中国广播电视出版社，1996，第 3 页。

3　康有为：《我史》，刘梦溪主编《中国现代学术经典·康有为卷》，第 816 页。

4　简朝亮：《清朱九江先生次琦年谱》，台北，台湾商务印书馆，1978，第 55~58 页。

5　康有为：《我史》，刘梦溪主编《中国现代学术经典·康有为卷》，第 818~819 页。

　　以躬行为宗，以无欲为尚，气节摩青苍，穷极问学，舍汉
释宋，原本孔子，而以经世救民为归。[1]

朱次琦"经世救民"之方，康氏《南海朱先生墓表》言之最为
透彻：

　　治血气，治觉知，治形体，推以治天下。人之觉知、血
气、形体，通治之术。古人先圣之道，有在于是。八达六辟，
罔不罗络。其治法章所在，曰《诗》、《书》，曰《礼》、《乐》、
《易》、《春秋》。后人圣孔氏，奉祓饰之以为教，尊之曰经，演
之曰史，积其法曰掌故，择其精曰义理，行之远曰文词，以法
古人道治也。……九江先生……无哲师友之传，独反复千儒百
士之说，较而于先圣之义，视其合否而去取之，尽得其痛瘝之
所在，举而复之。于孔氏圣之□，独睹其意，不从其迹，期足
以善身而致旧。其治身之条目，敦行孝弟，崇尚气节，变化
气质，检树风仪。其治用之章，曰经，曰史，曰掌故，曰义
理，曰文词。其说平实敦大，皆出于□口心得之余，绝浮嚣，屏
窈奥，学者由而行之，始于为士，终于为圣人。不出于是，所谓
自治其觉知、血气、形体，推以及天下之觉知、血气、形体，非
耶？噫！古之道术以治为教者，其殆统一于是耶？……以进士令
襄区，以其道治之，二百日大治。谢归，以其道教学者，大治。[2]

揭示朱次琦以《六经》为古人治法，"独睹其意，不从其迹"，上通
于"古之道术以治为教者"。不论康氏之论，是否已论定，至少将

1　陈永正编《康有为诗文选》，广东人民出版社，1983，第579页。
2　康有为：《南海朱先生墓表》，姜义华、张荣华编校《康有为全集》第1集，第1页。此文当
撰于距朱次琦1881年之逝不远，故《康有为全集》的编者将其系于1882年，是矣。

之归宿于"治教"，甚合于康氏几年后《教学通义》"六经者，皆王教之典籍"，以师古教学精意，通治于教（或通教于治）的主旨。

康氏感慨受教于朱次琦后，"畴昔博杂之学，皆为有用"，是否即指此类认识呢？

之后与友朋同道的论学切磋，进一步印证畴昔之所学。其间，对于"治""教"的体认，仍是核心。

光绪五年，康氏在上年冬辞别朱次琦后，读书于西樵山白云洞，得遇适游此山的翰林院编修张鼎华。是为康氏从学朱次琦后的一大机缘。康有为与张鼎华忘年相交，相谈甚欢，于是"尽知京朝风气，近时人才，及各种新书，道咸同三朝掌故"，知识大开。[1] 除获知遇之感外，增加学术自信，或也因此结交粤学另一学脉的青年才俊。

其中，于事功与学问上，对康氏早年影响最大的是梁鼎芬、陈树镛。二人皆为岭南名儒陈澧高足。康氏谓自张鼎华而"得博中原文献之传"，"献"字之落脚，或即在此。

梁鼎芬乃张鼎华外甥，舅甥常携游，梁从张处得知康氏其人，或康从张处得知梁氏其人，皆在情理之中。之后，二人结识，亦是自然顺理之事。梁、康二人，虽在戊戌前后因政见人事交恶，甚至断交，之前却为心心相印的知交。康氏首次上书，为免意外，致书乃弟康广仁交托家务，谓"若有他事，星海太史必能料理"。[2] 托付之重，可见一斑。

梁与陈树镛同年，略长于陈。[3] 光绪三年（1877），二人一同受

1　康有为：《我史》，刘梦溪主编《中国现代学术经典·康有为卷》，第 821 页。

2　康有为：《与幼博书》，姜义华、张荣华编校《康有为全集》第 1 集，第 175 页。

3　梁鼎芬的弟子杨敬安叙乃师生平，称"光绪丙子，年十八"。光绪丙子为光绪二年，推算其生年应为咸丰九年（杨敬安：《节庵先生事略》，《节庵先生遗稿》卷首，香港，出版机构不详，1962）。陈树镛卒于光绪十四年，年三十，核算生年与梁鼎芬同［简朝亮：《清故茂才陈庆笙墓志铭》，《陈庆笙茂才文集》卷首，甲戌（1934）年刻本］。梁鼎芬在《至丰湖书院日记》中记及"访陈庆笙弟树镛，畅论为学之旨"，称陈树镛为弟（载《节庵先生遗稿》卷 3，第 49 页）。故梁与陈同年而略长。

业于陈澧，遂订交。[1]梁与陈相交甚深，"平生悦亲知"，[2]"十年不是
寻常好"，[3]陈早卒后，梁悲痛异常，屡次入梦，"为想当年泪暗倾"。[4]
梁最推重陈树镛之学，称："（陈澧）门下经学有名者甚多，其最著
者，今两湖书院教习顺德县廪生马贞榆，及新会县附生陈树镛两
人。"[5]故后人判分东塾门生，说"一派是陈庆笙、梁节庵辈，一派是
廖泽群、陶春海辈"。[6]梁、陈同列，自是事实的体现。

　　康有为与梁鼎芬、陈树镛多有交集。康与陈订交于光绪六年。
康氏《我史》称，"（光绪七年）是春，陈庆笙来访，自是往还论
学"，[7]恐为误记。康在陈树镛逝后第二年撰《祭陈庆笙秀才文》，记：
"光绪六载，君来见我。"[8]越二年，康撰《陈庆笙秀才墓志》亦称：
"光绪六年，君与萍乡文道希诣余，始识君。"[9]又陈树镛与梁鼎芬函

1　梁鼎芬《答杨模见赠之作》谓："年十九，受业东塾"（《节庵先生遗诗》卷5，《清代诗文集汇
　编》编纂委员会编《清代诗文集汇编》第787卷，上海古籍出版社，2010，第57页）。简朝亮
　《清故茂才陈庆笙墓志铭》称"年十九，进邑庠，从学番禺陈兰甫先生，时先生主讲菊坡精舍"
　（《陈庆笙茂才文集》卷首）。陈树镛逝后，梁鼎芬过陈故居，有诗怀之，其中提到"十年不是寻
　常好"。可证梁、陈二人订交于光绪三年（梁鼎芬：《过庆笙故居》，《节庵先生遗诗》卷1，《清代
　诗文集汇编》编纂委员会编《清代诗文集汇编》第787卷，第14页）。
2　梁鼎芬：《岁末杂诗》，《节庵先生遗诗》卷2，《清代诗文集汇编》编纂委员会编《清代诗文集
　汇编》第787卷，第23页。诗曰："红螺酒空熟（先舅所居曰红螺山房），西庵月何鬟（西庵书
　院庆笙讲学处）。平生悦亲知，深悲碎肝胆。"以陈树镛为知己。
3　梁鼎芬：《过庆笙故居》，《节庵先生遗诗》卷1，《清代诗文集汇编》编纂委员会编《清代诗文
　集汇编》第787卷，第14页。
4　梁鼎芬：《梦陈树镛》，《节庵先生遗诗》卷2，《清代诗文集汇编》编纂委员会编《清代诗文集
　汇编》第787卷，第23页。
5　梁鼎芬：《请建曲阜学堂折》之附片三，《梁节庵遗稿》，第8页。
6　汪宗衍之来函（九），陈智超《陈垣来往书信集》（增订本），三联书店，2010，第483页。
7　康有为：《我史》，刘梦溪主编《中国现代学术经典·康有为卷》，第822页。
8　康有为：《祭陈庆笙秀才文》，姜义华、张荣华编校《康有为全集》第1集，第185页。此文
　《康有为全集》的编者将其系于1888年12月，理由如下："康氏《陈庆笙墓志》谓戊子夏与陈分
　别，'及吾上书道不行，节庵告君死矣'。是氏同年12月12日第一次上书后方知死讯，本文
　应作于此时。"上说或不如康有为《与幼博书》更有根据，康称："今付回庆笙祭文一轴，挽联一
　对，可少定酒果数种，汝入其家祭之，另抄一稿焚其前。"其中明言祭文，似可确切。此信写于
　1889年10月左右，则此祭文很可能writ于1889年。
9　康有为：《陈庆笙秀才墓志》，姜义华、张荣华编校《康有为全集》第1集，第244页。

提及："忆弟年二十二时九月，大雨，云阁宿吾家，谈至深夜。"[1] 陈树镛卒于光绪十四年（1888），终年三十岁，则二十二岁时为光绪六年（1880）。陈、文联袂访康或即在此时。

陈树镛早慧而德长，陈澧"主讲菊坡精舍，推学海堂学长四十二年，多士从之，独以庆笙狂狷异才，称为粤士之冠，以所著书付托之"。[2] 康眼高过顶，对陈树镛却甚钦佩。康氏《陈庆笙秀才墓志》称："吾友陈君庆笙，挟蹉踔亮特之资，受同郡陈京卿之学。"[3] 第一次上书不达后，曾致函沈曾植称："吾子之学，体则博大兼学，论则研析入微，往往以一二语下判词便中款窍，却非识抱奇特，好学深思，不能及此。生平所见人士，自亡友陈庆笙外，未之睹闻，诚一时寡俦也。"[4]

陈树镛"少年慷慨激昂"，[5] 对于"竞言章句，每以非理小言琐琐争一字之训"的学风颇不谓然，[6] "长而哀国之屡废，闵先王政制之暗坠，大口悼乾嘉以来学者之闭滞于小物，愤人风士节之夔诟亡耻，忧悲学术摧坏，儒道之不宣究"，"其厉节遐蹈，非法不武。抱道自尊，高耸抗有王佐人师之心"。[7] 此与勇于任事、以"经营天下"为志的康氏极相合。故康氏每"至城"，"必见"陈树镛，且"越月必见"，见必"难辞风起"。

辩难者，在康氏文字中，多归结于"治""教"：

> 参错造化，辨章教治，上摩三古，下匝九地。[8]

1　陈树镛：《与梁星海书》，《陈庆笙茂才文集》之补遗。

2　简朝亮：《清故茂才陈庆笙墓志铭》，《陈庆笙茂才文集》。

3　康有为：《陈庆笙秀才墓志》，姜义华、张荣华编校《康有为全集》第1集，第244页。

4　康有为：《与沈刑部子培书》，姜义华、张荣华编校《康有为全集》第1集，第236页。

5　陈树镛《与梁星海书》言"吾师少年慷慨激昂，正如吾辈"（见《陈庆笙茂才文集》补遗）。

6　陈树镛：《先考仁泉府君家传》，《陈庆笙茂才文集》卷4。上引为陈树镛述其父训语，陈树镛应表赞同。

7　康有为：《陈庆笙秀才墓志》，姜义华、张荣华编校《康有为全集》第1集，第244页。

8　康有为：《祭陈庆笙秀才文》，姜义华、张荣华编校《康有为全集》第1集，第185页。

必讲辨造化物理之微，治教纬画之迹。[1]

值得注意的是，康氏称陈树镛"上推周、孔，中述汉、宋，下及顾、王，取后王军国之千条百制，先儒哲士之辞说辨义，议刺其玉璺排烁，瀹导深思而详说，务勰先王之旨，洽当世之用"，与《教学通义》"上推唐、虞，中述周、孔，下称朱子"的内容形式相近。其中精神，"勰先王之旨，洽当世之用"，取古制切于当世，与康氏《教学通义》"善言古者，必切于今""善言教者，必切于治"相通。

康氏描述辩难之情状，称"其未言也，若霾云雾；其既言也，日熯风呀，天灏星丽"，[2] 与论沈曾植"往往以一二语下判词便中款窍"之语贴合无间。

若结合上文，康氏对自己最钦敬的师、友二人学问处世的盖棺论定，皆落脚于探索、实践古圣"治教"之义。这一前一后（相对于《教学通义》）的论述，虽不一定即是对朱次琦、陈树镛的真实写照，却不能不说体现了康有为对于以治为教、治教合一理念一以贯之的思索。

如果说，康有为"通治于教"的理念，秉承于朱次琦，激荡于陈树镛，那么在光绪十一年这一特定时间匆匆成稿，[3] 大胆"创法立制"，则别有时事的刺激。此即是中法马江之役的影响。

康氏既已结交东塾门生梁鼎芬、陈树镛，大体当能体会对方风度。梁鼎芬有怀陈树镛、文廷式诗，"感时多慷慨"，对当时法越事起，"云浮西北亘，兵气东南缠"之情形，"殷忧启明主，朗抱披青

1　康有为：《陈庆笙秀才墓志》，姜义华、张荣华编校《康有为全集》第1集，第244页。

2　参见康有为《祭陈庆笙秀才文》《陈庆笙秀才墓志》，姜义华、张荣华编校《康有为全集》第1集，第185、244页。

3　现存抄本，言光绪十一年正月"缉定"，虽全书宗旨甚明确，但其中内容尚有缺漏，恐是匆匆之作。

天"。[1] 青年激昂，发为经世之志。梁鼎芬最能实践"吾乡多直谏"的风习，[2] 于光绪十年四月，上封事"弹劾李鸿章骄横奸恣，罪恶昭彰，有六可杀"。[3] 据说"东朝大怒，几罹重谴。阎敬铭持之而免，然中外传以为骇"。[4] 六月，闻台湾鸡笼屿失守，感愤不已，"书生无一报，洒血付悲歌"。九月，代廷臣拟折，奏对数事，力言和议不可重开。[5] 梁氏《书愤》一诗，写尽心思："犬夷有意敢侵陵，欲往缚蛟无此矕。百口不谐非所惧，四肢将放竟谁惩。至尊忧愤收廷议，使相从容许岁缯。一表草庐长未达，本来淡静卧龙能。"[6]

十月，梁鼎芬返乡归省先墓，康氏与之小聚。康氏有诗记之：

> 一别三年京国秋，冬残相见慰离忧。伏陈北阙有封事，醉卧西风剩酒楼。芍药翻红春欲老，杜鹃啼碧涧之幽。繁花零落故人往，惆怅当时旧辈流。[7]

此诗题："星海自京还，话京华旧游，而崔蘷典编修沦谢矣。蘷典闻吾将复入京，扫室以待。追念厚意，伤旧感怀。"前半首似写实，记与梁鼎芬之聚。后半首似追记，咏与崔舜球之故事。诗内有"冬残相见慰离忧"之句，而梁鼎芬九月请假出都，十月八日祭墓，

1 语出梁鼎芬《怀人一首》，《节庵先生遗诗》卷1，《清代诗文集汇编》编纂委员会编《清代诗文集汇编》第787卷，第8页。

2 梁鼎芬：《梁三学士兄耀枢有封章，诗以美之》，《节庵先生遗诗》卷2，《清代诗文集汇编》编纂委员会编《清代诗文集汇编》第787卷，第19页。

3 梁鼎芬：《参劾李鸿章骄横奸恣罪恶昭彰有六可杀请特旨明正典刑折》，《节庵先生遗稿》卷1，《清代诗文集汇编》编纂委员会编《清代诗文集汇编》第787卷，第1页。

4 李慈铭：《荀学斋日记》己集上，《李慈铭日记》（14），广陵书社，2004，第10316页。

5 吴天任：《梁节庵先生年谱》，艺文印书馆，1979，第18页。

6 梁鼎芬：《书愤》，《节庵先生遗诗》卷2，《清代诗文集汇编》编纂委员会编《清代诗文集汇编》第787卷，第16页。

7 康有为：《星海自京还，话京华旧游，而崔蘷典编修沦谢矣。蘷典闻吾将复入京，扫室以待。追念厚意，伤旧感怀》，《康南海先生诗集》卷之一《延香老屋诗集》，姜义华、张荣华编校《康有为全集》第12集，第146页。

十二月朔登泰山，此诗当作于光绪十年（1884）十一月、十二月之交。[1] 康氏与昔日好友畅谈，知"伏陈北阙有封事"，一时感慨，不无比之啼血杜鹃。

此年，康氏咏《澹如楼读书》诗，曰：

> 三年不读南朝史，琐艳浓香久懒熏。别有遁逃聊学佛，伤于哀乐遂能文。忏除绮语从居易，悔作雕虫似子云。忧患百经未闻道，空阶细雨送斜曛。[2]

"悔作雕虫似子云"指不作绮语（赋），或与其此时厌弃诗文，欲有作为相关。至于"忧患百经未闻道"，或写出康氏此时上下思索不得其道的心思。在国家多事之时，好友梁鼎芬的上书，或激发了本就以经营天下为志的康有为。

康有为曾赋有《感事》一诗，透露心意。诗曰：

> 上帝清明间阊开，纷纭抗议上云台。啖名岂料皆殷浩，受禄谁能似介推。玉斧画图分水地，金縢作册隐风雷。治安一策知难上，只是江湖心未灰。[3]

康氏自注："时马江败，诣阙上书请变法。"汤志钧编辑《康有为政论集》，据此自注，以为"系一八八八年康有为第一次向光绪帝上书后所作"。[4] 这一推断的依据，便是康有为光绪十四年第一次上书的常识。不过，注言"时马江败"，马江之败时在光绪十年七

1　吴天任：《梁节庵先生年谱》，第15~51页。

2　康有为：《澹如楼读书》，《康南海先生诗集》卷之一《延香老屋诗集》，姜义华、张荣华编校《康有为全集》第12集，第143页。

3　康有为：《感事》，《康南海先生诗集》卷之一《延香老屋诗集》，姜义华、张荣华编校《康有为全集》第12集，第145页。

4　汤志钧编《康有为政论集》，中华书局，1981，第62页。

月初三日，距众所周知的康有为第一次上书长达四年零四个月。称为"时"，恐不当如此。很有可能的是，在光绪十四年"计自马江败后，国势日蹙，中国发愤，只有此数年闲暇，及时变法，犹可支持……值祖陵山崩千余丈，乃发愤上书万言"之前，康有为已有变法之志。

诗句中的文字，能透露一些信息。

其一，"啖名岂料皆殷浩"一句，当影射张佩纶。殷浩为晋名士，清谈有盛名，《世说新语》采其辨机甚多，后会稽王司马昱引殷浩为心腹，指挥大军北伐，大败。[1]殷浩名望机遇与张佩纶似。张佩纶以清流主将，为马江之役前敌主帅，于光绪十年七月大败于法军。[2]

其二，"玉斧画图分水地"，典出"宋挥玉斧"，指宋太祖以玉斧画大渡河为界，放弃南诏。[3]或影射光绪十年四月李鸿章与福禄签订《中法天津简明条款》，承认法国与越南签订的《法越和平同盟条约》，改变之前恭亲王奕䜣回复法人所言"至交趾即越南，本系中国属国"的态度。南诏对应越南亦贴切。

其三，"金滕作册隐风雷"，典出《尚书·周书》，大体言武王逝后，成王年幼，周公摄政。[4]《南海先生诗集》梁启超写本按语谓"是时醇贤亲王当国，外廷簿有违言"。"金滕作册"，当称醇贤

1　房玄龄等撰《殷浩传》，《晋书》卷77，中华书局，1974，第2043~2047页。殷浩指挥北伐亦有当时政治派别权衡的原因，参见田余庆《东晋门阀政治》，北京大学出版社，2005。

2　《张佩纶传》，《清史稿》卷444，中华书局，1977，第12456页。详情参见唐景崧《请缨日记》卷5，清光绪台湾布政使署刻本。

3　杨慎《南诏野史》记载："先是，宋太祖丁卯乾德五年春，王全斌平蜀，还京师，请取云南，负地图进。太祖鉴唐之祸，以玉斧画大渡河为界，曰：'此外非吾有也。'由是段氏得据南诏，相安无事。"（收入王有立主编《中华文史丛书》之《西域遗闻·南诏野史合订本》，华文书局影印清光绪本，1968~1969，第168页）清毕沅《续资治通鉴》亦载："全斌既平蜀，欲乘势取云南，以图献。帝鉴唐天宝之祸起于南诏，以玉斧画大渡河以西曰：'此外非吾有也。'"（《宋纪》四，《续资治通鉴》卷1，中华书局，1957，第89页）此事真实性大有争议，《续资治通鉴》内之考异亦提出异议，然为流传甚广之传说则毫无疑问。

4　孔安国传，孔颖达疏《尚书正义》，北京大学出版社，1999，第331~340页。

亲王当国，时在光绪十年。此年，恭亲王奕䜣失势，虽然有礼亲王世铎入主军机处，不过慈禧命军机大臣需同醇贤亲王商议，醇贤亲王遂"参大政"。当政更替，引来非议，"外廷簿有违言"，故有"风雷"一语。

其四，"治安一策知难上，只是江湖心未灰"。"治安一策"语出贾谊《治安策》，"知难上""心未灰"，有知难而上之意，恰是处江湖之远而欲影响庙堂的康氏之抱负，恐是上书前心理。

参证此类信息，结合首句包含梁鼎芬上书在内的"纷纭抗议上云台"，或可证康氏感于马江之战，又受友人梁鼎芬之激发，故有上治安一策的想法。如此，"感事"之名，方有落脚，不然只能改为"感史"。

《我史》的回忆，也可做重要的时间参证。康氏追忆，张鼎华相招游京师，光绪十一年"二月将行"。故十一年本拟有京师之行。《教学通义》匆匆缉定于十一年"二月将行"之前的正月，很有可能便是应此时限。

康氏又撰有一诗，题名《除夕答从兄沛然秀才，时将入京上书》，内云：

> 落拓燕台橐笔行，飘零书剑路千里。海疆万里兵戈戍，春色一年莺燕声。[1]

汤志钧编《康有为政论集》将之系于1887年，依据在于"康有为第一次上书为一八八八年，此诗写于入京前"。[2] 然不能忽略的是，1888年康氏上书时在12月，农历前一年除夕辞兄北上，称之"时将入京上书"，此"时"缺乏时效一如前所辨之"感事"诗。且

1　康有为：《除夕答从兄沛然秀才，时将入京上书》，《康南海先生诗集》卷之一《延香老屋诗集》，姜义华、张荣华编校《康有为全集》第12集，第145页。

2　汤志钧编《康有为政论集》，第35页。

据《我史》，光绪十四年"居乡之澹如楼"，"读佛典"，"足迹久滞乡间"，因张延秋相招，又因乡试，至五月方"决行"，则上一年除夕理无别从兄之事。[1] 内中诗句"海疆万里兵戈成"，当是同于"感事"诗，乃咏马江之役。故此诗应系于光绪十年除夕，可与次年二月入京之"时"恰合。只是，康氏上书虽具意愿，而据其称光绪十一年"二月将行，二十三日头痛大作，几死。……至七月乃瘳"，既未入京，当然也无上书的实事。[2]

对于此年康氏或有上书之计划，已如上言，确有一二头绪，然终不敢自信，只是揭出此层供学界商量讨论，以待更多证据证实或证误。无论如何，不论是否有此计划，在康氏意中，马江之役是事关国家兴衰的一大要事，故感触不浅。

光绪十二年（1886）春，康氏《闻邓铁香鸿胪安南画界撤还却寄》一诗，同咏中法之役中安南划界事，其意一脉相承：

> 山河尺寸堪伤痛，鳞介冠裳孰少多。杜牧罪言犹未得，贾生痛哭竟如何。更无十万横磨剑，畴唱三千敕勒歌。便欲板舆常奉母，似闻沧海有惊波。[3]

"杜牧罪言犹未得，贾生痛哭竟如何"一句，意味深长。刘熙载论杜牧《罪言》道："杜牧之识见自是一时之杰。观所作《罪言》，谓'上策莫如自治'、'中策莫如取魏'、'最下策为浪战'，又两进策于李文饶，皆案切时势，见利害于未然。"[4] 康氏之意，大概也指无人

1　康有为：《我史》，刘梦溪主编《中国现代学术经典·康有为卷》，第 827 页。

2　康有为：《我史》，刘梦溪主编《中国现代学术经典·康有为卷》，第 825 页。

3　康有为：《闻邓铁香鸿胪安南画界撤还却寄》，《康南海先生诗集》卷之一《延香老屋诗集》，姜义华、张荣华编校《康有为全集》第 12 集，第 146 页。邓承修 1885 年 8 月被任命为中法勘界大臣，1885 年 12 月赴广西，1886 年初开始与法国谈判，大致于此年春撤还。

4　刘熙载：《艺概》卷 1《文概》，薛正兴点校《刘熙载文集》，江苏古籍出版社，2001，第 75 页。

能见利害于未然，不能有杜牧"自治"上策。此通于"贾生痛哭"。
贾谊《治安策》言："进言者皆曰，天下已安已治矣，臣独以为未
也。曰安且治者，非愚则谀，皆非事实知治乱之体者也。夫抱火厝
之积薪之下而寝其上，火未及燃，因谓之安，方今之势，何以异
此！本末舛逆，首尾衡决，国制抢攘，非甚有纪，胡可谓治！"[1] 此
意又不期与康氏深以为然的龚自珍《乙丙之际著议》"衰世者，文
类治世，名类治世"相通，与《教学通义》实相通。

　　直至第一次上书，其意仍贯穿，所谓"计自马江败后，国势日
蹙，中国发愤，只有此数年闲暇，及时变法，犹可支持"。[2] 可见，
中法马江之役，确是激发康氏经世之志的大事因缘。

　　因此，《教学通义》匆匆缉定于光绪十一年正月，时在应张鼎
华相邀北上入京前一月，康氏当不无影响时局的奢想。如此，此书
撰成于特定的中法马江之役后，友朋如梁鼎芬者皆"纷纭抗议上云
台"时，欲通治于教（或通教于治），振起人才，改变名为治世实
为衰世的时局，显非藏之名山之作，而为突具时效、志在变法的应
世良方，如此"反古复始，创法立制。王者取法，必施于世"，才
有落脚之处。

二　教学与人才

　　若贯通《教学通义》旨趣，书中"通治于教"的取径，"创法立
制"的指向，皆与龚自珍《乙丙之际著议》"自改革"的理念密切
相关，更可与上节所揭相印证。

　　康氏《教学通义》自叙，描绘天下不治之表征，在于无人才：

1　班固：《汉书·贾谊传》卷 48，中华书局，1962，第 2230 页。
2　康有为：《我史》，刘梦溪主编《中国现代学术经典·康有为卷》，第 827 页。

　　　朝无才臣，学无才士，闾无才将，伍无才卒，野无才农，府无才匠，市无才商，则国弱。上无礼，下无学，朝不信道，工不信□，君子犯义，小人犯礼，则国已。[1]

《教学通义》正文内亦言及：

　　　今日朝廷、公卿、大夫、士，犹时有才，未遽为患。患专官无才吏，专学无才士。患田无才农，城无才士，市无才商，山无才虞，百艺技巧无才奸，国家无所籍以为治。此今日学之大患也。[2]

　　此说本于龚自珍，豁然显露，本不待辨。然言需有征，故不避赘述之讥。龚自珍忧"衰世"之说，谓：

　　　衰世者，文类治世，名类治世，声音笑貌类治世。黑白杂而五色可废也，似治世之太素；宫羽淆而五声可铄也，似治世之希声；道路荒而畔岸堕也，似治世之荡荡便便；人心混混而无口过也，似治世之不议。左无才相，右无才史，闾无才将，庠序无才士，陇无才民，廛无才工，衢无才商，抑巷无才偷，市无才驵，薮泽无才盗，则非但鲜君子也，抑小人甚鲜。[3]

　　一一对应如是。区别在于，龚论出于嘉庆二十至二十一年间，时有此见，尚堪称孤明先发。[4] 至康氏时，此种论断，已成事实，言之

1　康有为：《教学通义》，姜义华、张荣华编校《康有为全集》第1集，第19页。
2　康有为：《教学通义》，姜义华、张荣华编校《康有为全集》第1集，第44页。
3　龚自珍：《乙丙之际著议第九》，王佩诤校《龚自珍全集》，上海古籍出版社，1975，第6页。
4　梁启超称："当嘉、道间，举国醉梦于承平，而定庵忧之，然若不可终日，其察微之识，举世莫能及也。"见梁启超《论中国学术思想变迁之大势》，上海古籍出版社，2001，第126页。

犹勇，而不足为奇了。

基于此种认识，《教学通义》探脉问诊，以为：

今天下治之不举，由教学之不修也。今天下学士如林，教官塞廷，教学恶为不修？患其不师古也。今天下礼制、训诂、文词皆尚古，恶为不师古？曰：师古之糟粕，不得其精意也。善言古者，必切于今；善言教者，必通于治。[1]

康氏揭出：国家不治，在于人才之不兴。人才之不兴，缘于教学之不修。教学之不修，出于不能师古。师古真义，须言教而通治，贯通治教。

内中吃紧处，在于康氏自叙所称，天下名物制度既然处处尚古，何谓不师古？师古又如何能切于今？教与治相通，为何即是善师古？教通于治之道为何？

康氏答案，一言以蔽之，在于师法周公"教学"制中治、政、学、道合一之"公教"，归结于习重本朝政典的"公学"精义。

鉴于前人分析此书渊源，往往从经学的今、古文及与之相关的亲周、重孔的角度切入，鲜少顺势从此书核心"通义"展开，本文先略申康氏"通义"，或可见其整体意思，更可见学理渊源之切近。

《教学通义》"原教"，首先即确立"教学"立人道便万民之意，谓："礼教伦理立，事物制作备，二者人道所由立也。礼教伦理，德行也。事物制作，道艺也。后圣所谓教，教此也。所谓学，学此也。""教""学"之别，出于公、私，所谓"司徒、典乐之教为公教，凡民与国子皆尽学之；稷、礼、工、虞为私学，或世其业，而后传之"。[2]

古圣人教学的精义，实在教、学精微区分的道理，也即"教，

1　康有为:《教学通义》，姜义华、张荣华编校《康有为全集》第 1 集，第 19 页。

2　康有为:《教学通义》，姜义华、张荣华编校《康有为全集》第 1 集，第 20 页。

言德行遍天下之民者也；学，兼道艺登于士者也；官，以任职专于吏者也"。公、私之别也在此，所谓："下于民者浅，上于士者深。散于民者公，专于吏者私。"[1]

《教学通义》尊周公集大成，也在于"教、学""公、私"的明晰区别，分别运用。称："黄帝相传之制，至周公而极其美备，制度、典章集大成而范天下，人士循之，道法俱举。"究其实质，落于周公"为政，虽六官皆学，而有公学、私学之分"。公学，为"天下凡人所共学者"；私学，则"官司一人一家所传守者"。公教即教此公学，"天下之公学，自庶民至于世子莫不学之。庶民则不徒为士，凡农、工、商、贾必尽学之"，举天下皆受教焉。[2]私学则"各有专官，各有专学，则各致其精，各不相知，如耳目鼻口各不相通，而皆有专长。其他不能，不以为愧，不知，不以为耻。材智并骛，皆足以致君国之用"。[3]公私必相兼，私与私不相通。

后世人才不兴，教学不举，核心即在于"合教于学"，公私不分，实际便是以"私与私不相通"、贵尚专精的私学为公教。

康氏深切言之：

微为分之，曰教、学；总而名之，曰教。后世不知其分孽之精，于是合教于学，教士而不及民；合官学于士学，教士而不及吏；于是三者合而为一。而所谓教士者，又以章句词章当之，于是一者亦亡，而古者教学之法扫地尽矣。二千年来无人别而白之，治之不兴在此。[4]

此意在《教学通义》中多次申说。如《立学》谓：

1　康有为：《教学通义》，姜义华、张荣华编校《康有为全集》第1集，第21页。
2　康有为：《教学通义》，姜义华、张荣华编校《康有为全集》第1集，第21页。
3　康有为：《教学通义》，姜义华、张荣华编校《康有为全集》第1集，第26页。
4　康有为：《教学通义》，姜义华、张荣华编校《康有为全集》第1集，第21页。

礼、乐、射、御、书、数（公学——引者按），切于民用者
也，而不下究于民。《易》《春秋》（私学者，长老之学——引者
按），大儒卿士之学，而责之童子，是用者不学，学者不用也。
不采先王之道，而教其说不完不备之文以相争胜，是使民争为
无用也。"若稽古"三字说至万言，而乐、射、数三艺不留一
字，此人才所由不兴也。其弊如此，故弟子员日有所增，周遍
郡国，文学之士或多彬彬，迄于后世数千年，而治卒莫兴也。[1]

后世不分学之公、私，也不知教、学之别，导致不明"学患
不深详，教患不明浅"的道理，故与"学患选之不精，教患推之不
广"之义皆相反，"以学为教，安能行之"。结局即如《敷教》所言：
"今无官领之，无人敷之，无岁月读法之期，无谏救让罚之纠，故
曰教已亡也。"[2] 此即是今人看似处处复古，实不师古的落实处。

于是，康氏所欲复之古、所欲立之学与教——公学、公教亦
明矣。

《教学通义》之《公学》谓：

> 一王之兴，莫不有新制，以易民观听，若仅存于官书，藏
> 于天府，若后世数千卷之会典、则例，郡县或竟无其书，士人
> 或未睹其目，则上下扞格，施政为难。故周人所教学，率皆本
> 朝掌故，欲民之易知易从，而后敷政优优也。[3]

师法周公，也便是师法率从当王时制、本朝掌故的"教学"之
制。就其功效，正向而言：

1　康有为：《教学通义》，姜义华、张荣华编校《康有为全集》第1集，第41页。
2　康有为：《教学通义》，姜义华、张荣华编校《康有为全集》第1集，第53页。
3　康有为：《教学通义》，姜义华、张荣华编校《康有为全集》第1集，第24页。

　　（就周时而言）师儒之学能说本朝之教典，官吏之学能行王朝之政典，士夫之学以周为从，庶民之学以吏为师，民无异心，官无异学，此其所以治也。[1]

反向而言：

　　至于战国，周已垂亡，故府尽湮，官守不备，扫地尽矣。虽以班爵禄之大典，北宫锜固不能知，即孟子亦不得闻其详矣。助法井田为周之大政，而言助法不能引周之会典、会要，仅引诗人之言以为证据。当代典章，失考如此，于是周公之道器不坠者仅矣。[2]

一治一乱之机系于公学、公教，如此之重也。

　　如是，康氏《教学通义》师法周公"教学"之古，重公学、私学之分，欲以当王之典（公学核心——引者按）为教，以达治教合一、兴起人才的目的。这一"善言教者，必通于治"的理念，甚为明确，也贯通整书。此即康氏所谓师古的精义。

　　康氏此说并非孤诣，实有前导。诚如刘巍称，"一言以蔽之，在对周代'教学'制度的探究上，在对当代'教学'的重视上，在对经世精神的张扬卜"，康氏确是"宗周"，并谓康氏尊周公集大成、发挥周公教学之制得于章学诚"六经皆史"说，是矣。[3]然就《教

1　康有为：《教学通义》，姜义华、张荣华编校《康有为全集》第 1 集，第 24 页。

2　康有为：《教学通义》，姜义华、张荣华编校《康有为全集》第 1 集，第 34 页。

3　汤志钧曾指出康氏尊周公重时王法的倾向。他虽认同梁启超所谓《教学通义》由《周礼》贯穿而成之说，认为"尊周公、崇周礼""是古文经师的立论所在"，在此书中"确占重要地位"，但不赞同康有为此期有明确的古文经立场，认为康有为只是以周公为偶像，强调"时王之法"，注重"变"，"要求改革现状"，可谓有见（参见汤志钧《重论康有为与今古文问题》，《近代史研究》1984 年第 5 期）。

学通义》整体意思，尤其落实内中最为核心的"通治于教"理念的切实根源而言，仍不能谓之无间。

刘文曾敏锐地引证钱穆"公羊今文之说与六经皆史之意相通流"之卓论：

> 经生窃其说治经，乃有公羊改制之论，龚定庵言之最可喜，而定庵为文，固时袭实斋之绪余者。公羊今文之说，其实与六经皆史之意相通流，则实斋论学，影响于当时者不为不深宏矣。

而谓"不知道康有为是否由龚自珍而上接章学诚之绪论？"[1]

事实是，龚自珍"公羊今文之说"通流于章学诚"六经皆史"之论明矣，康有为由龚自珍上接章学诚之绪论也时多有之，而直接袭取龚自珍之绪余处则更为显露，且事关全局。不将之表露，对于理解康氏早年政、学理念必缺一关键线索。

确如康氏弟子梁启超所言："吾见并世诸贤，其能为现今思想界放光芒者，彼最初率崇拜定庵。当其始读《定庵集》，其脑识未有不受其激刺者也。"[2]龚氏的文字在那个时代，确如有魔力，让人如痴如醉。叶德辉也预见盛况，谓："曩者光绪中叶，海内风尚《公羊》之学，后生晚近，莫不手先生文一编。其始发端于湖、湘，浸淫及于西蜀、东粤，挟其非常可怪之论，推波扬澜。"[3]

康有为缉定《教学通义》时在光绪十一年，年二十八，他也感

1　刘巍：《〈教学通义〉与康有为的早期经学路向及其转向——兼及康氏与廖平的学术纠葛》，《历史研究》2005 年第 4 期。

2　梁启超：《论中国学术思想变迁之大势》，第 126 页。

3　叶德辉：《龚定庵年谱外纪序》，孙文光、王世芸编《龚自珍研究资料集》，黄山书社，1984，第 124 页。

受到了龚自珍文字的魔力。[1]

前已言，康氏思考"国家无所籍以为治"与"今日学之大患"之"治""学"（或治道、治教）关系，这一现实关怀一直贯穿《教学通义》全书。此即《教学通义》自叙之言——"善言教者，必通于治"的根源。这一鲜明直露的治、教理念，袭自龚自珍又题为"治学"的《乙丙之际著议第六》。

龚自珍谓：

> 自周而上，一代之治，即一代之学也；一代之学，皆一代王者开之也。……天下不可以口耳喻也，载之文字，谓之法，即谓之书，谓之礼，其事谓之史。……王、若宰、若大夫、若民相与以有成者，谓之治，谓之道。若士、若师儒法则先王、先冢宰之书，以相讲究者，谓之学。师儒所谓学有载之文者，亦谓之书。是道也，是学也，是治也，则一而已矣。乃若师儒有能兼通前代之法意，亦相诫语焉，则兼综之能也，博闻之资也，上不必陈于其王，中不必采于其冢宰、其太史大夫，下不必信于其民。陈于王，采于宰，信于民，则必以诵本朝之法，读本朝之书为率。[2]

——对比龚、康之说，可谓熨帖极矣。

龚自珍既称"自周而上"，康有为则设《原教》，上溯周代之前古圣人之"制作"。

龚自珍既谓"一代之治，即一代之学也；一代之学，皆一代王

1　朱维铮已注意到康有为与龚自珍之关系。他根据康有为意引龚自珍一段名言作为"自记"的开场，推测康或因龚自珍而喜好龚自珍甚为推崇的王安石，谓这一师古精意、通于教的思想，或是"王安石《上仁宗皇帝书》所谓法先王之政'当法其意'的回声"，可谓卓识［朱维铮：《重评〈新学伪经考〉》，《复旦学报》（社会科学版）1992 年第 2 期］。

2　龚自珍：《乙丙之际著议第六》，王佩诤校《龚自珍全集》，第 4 页。

者开之", 康有为《公学》则称:"一王之兴, 莫不有新制, 以易民观听, 若仅存于官书, 藏于天府, 若后世数千卷之会典、则例, 郡县或竟无其书, 士人或未睹其目, 则上下扞格, 施政为难。"[1]

龚自珍既曰法、书、礼、道、学、治实皆"一而已", 康有为《原教》则"推虞制, 别而分之, 有教、有学、有官。……先王施之有次第, 用之有精粗, 而皆以为治, 则四代同之。微为分之, 曰教、曰学, 总而名之, 曰教"。《备学》谓:"黄帝相传之制, 至周公而极美备, 制度、典章集大成而范天下, 人士循之, 道、法俱备。"[2]

龚自珍既言古人皆诵、学本朝之法, 康氏《公学》则曰:"故周人所教学, 率皆本朝掌故。……故师儒之学能说本朝之教典, 官吏之学能行王朝之政典, 士夫之学以周为从, 庶民之学以吏为师, 民无异心, 官无异学, 此其所以治也。"[3]

缘于此,《教学通义》颇讥后世失教学之义, 而称之为"轻当王之典 (本朝之法)"。《立学》道:

> 六艺既不定成书, 百官亦无专业, 小民不能下逮, 虽叔孙礼仪藏于理官法家, 又复不传, 与萧何律令、张苍章程,《艺文志》皆不录, 则轻当王之典为已甚也。古人之治教, 务使学者诵一王之典, 以施于用而已。六经者, 皆王教之典籍也。自《典》、《谟》、《夏正》、《商颂》而外, 夏、殷之礼无征, 无往而非大周会典、大周通礼也。[4]

此亦与龚自珍上文主旨切合无间。

龚自珍根本于治、学相一的观念, 而谓:

1 康有为:《教学通义》, 姜义华、张荣华编校《康有为全集》第 1 集, 第 24 页。
2 康有为:《教学通义》, 姜义华、张荣华编校《康有为全集》第 1 集, 第 21 页。
3 康有为:《教学通义》, 姜义华、张荣华编校《康有为全集》第 1 集, 第 24 页。
4 康有为:《教学通义》, 姜义华、张荣华编校《康有为全集》第 1 集, 第 41 页。

　　　　职以其法载之文字而宣之士民者，谓之太史，谓之卿大
　　夫。天下听从其言语，称为本朝，奉租税焉者，谓之民。民之
　　识立法之意者，谓之士，士能推阐本朝之法意以相诫语者，谓
　　之师儒。[1]

康有为《教学通义》乃谓：

　　　　能守其业者曰官，能通其意者曰师儒，能肄其学者曰士，
　　能知其法、守其法者曰民。[2]

词语略变，而语义一一可匹配，如此甚矣。

　　更可异者，龚自珍之说，虽无公学、私学之名而有其实，其
论中治、学、道相兼之学，也便是以读本朝法为核心的有实无名的
"公学"。

　　龚自珍所言一代之治即一代之学，"陈于王，采于宰，信于民，
则必以诵本朝之法，读本朝之书为率"，上下相通，天下咸习。当
是康氏"公学"之所本。而"师儒有能兼通前代之法意"者，则为
"兼综之能也，博闻之资也，上不必陈于其王，中不必采于其冢宰、
其太史大夫，下不必信于其民"。"取前代之德功艺术，立一官以世
之，或为立师，自《易》《书》大训杂家言，下及造车、为陶、医、
卜、星、祝、仓、庾之属，使各食其姓之业，业修其旧。"[3] 当是康
氏"各有专官，各有专学，各致其精"的私学之所本。

　　正是基于治、学相一之"公"，龚自珍论中"士"涵括者极广，
"民之识立法之意者"即为士。后世不治，要因之一，正在悖其成

1　龚自珍：《乙丙之际著议第六》，王佩诤校《龚自珍全集》，第4页。
2　康有为：《教学通义》，姜义华、张荣华编校《康有为全集》第1集，第41页。
3　龚自珍：《乙丙之际著议第六》，王佩诤校《龚自珍全集》，第4~5页。

士之道。龚自珍痛切言之：

> 后之为师儒不然。重于其君，君所以使民者则不知也。重
> 于其民，民所以事君者则不知也。生不荷耰锄，长不习吏事，
> 故书雅记，十窥三四，昭代功德，瞠目未睹，上不与君处，下
> 不与民处。由是士则别有士之渊薮者，儒则别有儒之林囿者，
> 昧王霸之殊统，文质之异尚。其惑也，则且援古以刺今，嚚然
> 有声气矣。是故道德不一，风教不同，王治不下究，民隐不上
> 达，国有养士之资，士无报国之日。殆夫，殆夫，终必有受其
> 患者，而非士之谓夫？[1]

《教学通义》也可一一对应。其论古之士：

> 六艺为古凡民之通学，非待为士而后能。若以为士，则
> 古者农、工、商、贾无不从士出身，故其民释耒耡则习礼乐之
> 容，振削牍则通论说之用，与朝廷之士殆无以异。[2]

论士之失，则谓：

> 师儒士夫专以通经学古为贤，于是有训诂考据之学，说尧
> 典二字以二万言，仲尼居三字以数万字。……其有学术通才，
> 道德大师，济时伟器，不沾沾于是者，则摈为末学，不得预
> 会。……然质之先圣教学之原，王者经世之本，生民托命之故，
> 则无一当焉。虽以巨学耆儒，问以国故而不通，询以时事而不

1　龚自珍：《乙丙之际著议第六》，王佩诤校《龚自珍全集》，第5页。
2　康有为：《教学通义》，姜义华、张荣华编校《康有为全集》第1集，第23页。

知，考以民生而不达。[1]

此类文字相近，言语相通，意思更近于一致。正是因此，龚、康皆言世无才士及百业能者。两者逻辑相近，论证相似，精神更是相通。

归根结底，龚、康二人，坚信一代应有一代之治，遂追溯一代之治的根本，在寻求常道的同时，以见常中之变。

龚自珍谓：

> 无八百年不夷之天下，天下有万亿年不夷之道。

在审常思变的基础上，龚氏明确提出众所熟知的"自改革"：

> 一祖之法无不敝，千夫之议无不靡，与其赠来者以勃改革，孰若自改革？[2]

于是，结合上文可知，康有为在中法之役后时人纷纷上书抗议的氛围中，在原定计划入京上书之前月，匆匆缉定《教学通义》，欲"通治于教"，以此"反古复始""创法立制"，以为"王者取法"，替"生民托命"，其论述理路与意趣，皆与龚氏之论相通，可谓对龚自珍所疾呼之"自改革"的遥相呼应。

三　反古复始与创法立制

凸显康氏主体意识的是，他受龚自珍一代有一代之治、治即学

1　康有为：《教学通义》，姜义华、张荣华编校《康有为全集》第 1 集，第 45 页。此中意思，也通于龚自珍"当彼其世也，而才士与才民出，则百不才督之缚之，以至于戮之"（龚自珍：《乙丙之际著议第九》，王佩诤校《龚自珍全集》，第 6 页）。

2　龚自珍：《乙丙之际著议第七》，王佩诤校《龚自珍全集》，第 5~6 页。

（公学）即法即礼的理念启发，落脚于复古治教合一的"教学"之
旧，重视承载公学、公教核心精神的"当王之典"，故师古也便是
切今，自然指向重订（时王）今"学"——礼、制、法，以复"治
教"相一的精神。如此，方有"反古复始"这一"反向"的追溯，
却又必然具备"创法立制"这一"正向"的开拓。内中精神，皆与
"上书变法"相通。

《教学通义》浓缩此层精神，不能忽视下文：

> 欲复古人之学，诚宜有鸿儒硕师复讲古制，重定礼乐，而
> 后学可复也。[1]

教切于治，治通于教，治教的融合无间，是康氏发挥的三代教
学古制。三代古制既上承前贤，而又各以时王法为尊，以时王之制
为公学、公教，故欲复此古制，恰须探礼制的因时沿革，以斟酌古
今，重定礼乐，复学于古，实即重从今王之学，以备致用。康氏言
之透彻：

> 后世不知守先王之道在于通变以宜民，而务讲于古礼制度
> 之微，绝不为经国化民之计，言而不行，学而不用。[2]

反向视之，"先王之道"与讲"先王之制"之同异，自是题中应
有之义。《教学通义》强调："先王之道，非不美也，而时王之制已
大变改，徒使通经学古广为调说，高为论议，而不许施之于用。时
王之制既不完备，稍完备也，而人士不学。所用者在此，所尊高者
在彼，此儒术所以诮迂，疏而无用，而不知非先王之制也。"[3] 简言

---

1 康有为：《教学通义》，姜义华、张荣华编校《康有为全集》第1集，第43页。

2 康有为：《教学通义》，姜义华、张荣华编校《康有为全集》第1集，第51页。

3 康有为：《教学通义》，姜义华、张荣华编校《康有为全集》第1集，第41页。

之，后世学古，须学古之道，思古制精义，接续者在此。而非徒讲求古制，食古不化。

因此，《教学通义》还复"周制以时王为法"的教学之古，势必不得不有"从今"一目。"从今"有言：

> 以好古贱今之故，故法令律例委于吏胥，吏胥庸猥，盖以今事为笑，故相率习于无用之学，而待用者亦遂无材。顾亭林之言曰：昔之清谈在老、庄，今之清谈在孔、孟。夫学而无用谓之清谈。清谈孔、孟然且不可，况今之清谈又在许、郑乎？今天下人士多迂愚而无用，岂其质之下哉？殆亦高言学古为之累也。今一郡一邑乡曲间，求一《大清通礼》、《大清律例》不可得，求《会典则例》、《皇朝三通》、诸方略书，有并无之者，况欲得通古今、周四方之故者哉？以此为教，而欲求治才，何异北行而之楚，缘木而求鱼也？时制之暗如，而欲求其损益今故，变通宜民，不亦远乎？孔子曰：吾从周。故从今之学不可不讲也。今言教学，皆不泥乎古，以可行于今者为用。六艺官守，咸斯旨也。朱子曰：古礼必不可行于今，如有大本领人出，必扫除更新之。至哉！是言也。[1]

"从今"之论，可谓《教学通义》贯通治教、连接前后之枢纽。此文约《教学通义》之前半部，言人才不兴，在于以"好古贱今""高言学古"之学为公教，致天下人士不知讲求时制，于本朝当王之典如礼、律例、会典皆暗如，既不知今，何谈损益古今，变通宜民。文末引朱熹"古礼必不可行于今，如有大本领人出，必扫除更新之"之说，赞之曰"至哉！是言也"，[2] 等于明确宣示，"今言

1　康有为：《教学通义》，姜义华、张荣华编校《康有为全集》第 1 集，第 45 页。

2　康有为：《教学通义》，姜义华、张荣华编校《康有为全集》第 1 集，第 45 页。

教学"须"损益今故""以可行于今者为用",势不得不扫除"古礼"更新之。显然,师古至切今,应是顺势之举。

问题是,这一正向的开拓——创法立制,如何组织,如何展开?

"从今"一章,康氏以朱子论扫除古礼结尾,下一章则紧接"尊朱",浑然一体,意味深长。《教学通义》之所以尊朱,即是视之为"大本领人",能斟酌古今,损益今故,重编礼书,为"孔子之后一人而已"。尤其"尊朱"之收束,以"朱子编礼之书迟而不就"为古今一大会,显见乃是将朱子视作扫除古礼、重订新制这一正向开拓之典型。

会通古今礼乐,确是朱子的终身抱负,也是其晚年一大心结。学者一大憾事,即是学识已达境界,而时不我待。好在《朱子语类》记录了朱子编礼书的精义名言,可知梗概。其言曰:"礼乐废坏二千余年,若以大数观之,亦未为远,然已都无稽考处。后来须有一个大大底人出来,尽数拆洗一番,但未知远近在几时。今世变日下,恐必有个'硕果不食'之理。"[1] 又曰:"古礼于今实难行。尝谓后世有大圣人者作,与他整理一番,令人甦醒,必不一一尽如古人之繁,但放古之大意。"[2] 又曰:"圣人有作,古礼未必尽用。须别有个措置,视许多琐细制度,皆若具文,且是要理会大本大原。"[3] 期待后起者可以当此重任。

"以圣贤为必可期"的康有为,对于朱子论礼以待后圣之言,当大有会心处,在《教学通义》内也反复征引。康氏引朱子待后圣重订礼乐之语后,立马便称:"夫新王改制,修订礼乐,本是常事,而二千年中,不因创业之未暇,则泥儒生之陋识,有王者作,扫除而更张之,亦何足异乎?"又以朱子"不知迟速在何时"为问,而

1　黎靖德编,王星贤点校《朱子语类》卷 84,中华书局,1988,第 2177 页。

2　黎靖德编,王星贤点校《朱子语类》卷 84,第 2178 页。

3　黎靖德编,王星贤点校《朱子语类》卷 84,第 2179 页。

自答曰:"此晦否塞至于今日,此其时也!"[1]大有斯人在此,天可降大任与之的壮志,接续朱子之意甚明朗。

事实也是,《教学通义》前半部多承龚自珍之论,取法周公"教学"之制,复"周制以时王为法"之古;后半部求变切今,志在复学,定礼立制,不论明参暗合,皆与朱熹编礼书将古礼"拆洗一番","斟酌古今之宜","整理一番",须使人"上下习熟,不待家至户晓,皆如饥食而渴饮,略不见其为难"存千丝万缕的联系。[2]

《教学通义》对待古礼,尝有经典一问:"朱子曰古礼必不可行于今日。不独古今异宜,文为须称,实则三古异时,周孔异制,诸经乖互,理不可从,后师附会,益加驳杂。若定新制以宜民,则不假于是。若以古人为据,则经义各殊,以何为依归乎?"[3]

康氏主张以礼"安上治民"为最善,故引证朱子之言"《仪礼》非一时所能作,逐渐添得精密,然后圣人写出本子,皆以称情立文也",以见礼之因时损益,乃指出"后世制度殊绝,情文绝异,惟有斟酌古今,定质文之中,存尊卑隆杀之数,使人人可行。总会百王,上下千古,定为一书,立于学官,行于天下,习于士民,督于有司",[4]大体为前问的答案。而总会百王,上下千古,所定之书,也便是康氏规划中,望立于学官,使天下之士诵之、通之的《类礼》——公学。

此意一直盘旋在当时的康有为心中。作于1886年的《阖辟篇》便谓:

> 凡言治者,非徒法先王、法后王可以为治也,当斟酌古今

---

1 康有为:《教学通义》,姜义华、张荣华编校《康有为全集》第1集,第48~49页。

2 黎靖德编,王星贤点校《朱子语类》卷84,第2178页。朱子论礼之意也通于《教学通义》天下人皆可学、皆能学之公学(以教言,则为"教患推之不广"之公教)。

3 康有为:《教学通义》,姜义华、张荣华编校《康有为全集》第1集,第49页。

4 康有为:《教学通义》,姜义华、张荣华编校《康有为全集》第1集,第49~50页。

之宜，会通其沿革，损益其得失，而后能治也。损益其沿革得失，确然可以施之为治矣。[1]

1888 年，致函潘祖荫亦言：

> 窃谓成例者，承平之事耳，若欲起衰微，振废滞，造皇极，晖万象，非摧陷廓清，斟酌古今不能也。[2]

1888 年，康氏《上清帝第一书》建言：

> （在敌国并立之世，）今但变六朝、唐、宋、元、明之弊政，而采周、汉之法意，即深得列圣之治术者也。皇太后、皇上知旧法之害，即知变法之利，于是斟酌古今之宜，求事理之实，变通尽利，裁制厥中。[3]

这一路径与意趣，本通于朱子编礼书。朱一新谓："礼时为大。知古而不知今，未足施诸实用。朱子早年定《家礼》，犹第增损益温公《书仪》，晚年修《仪礼经传通解》，则创前古未有之例。江慎修继之，秦文恭扩之，遂勒成一朝巨典。""盖道者千古莫易，制度则当随时损益，艺亦古今不同……时不同也。"[4]"《礼》有文有本"，后世所"损益"的便是"其文之委屈繁重者，非后世所能行"者，"第增"的也是适于"时"的因素，至于礼的精义贯通而一，宗旨

1　康有为：《康子内外篇》，姜义华、张荣华编校《康有为全集》第 1 集，第 98 页。

2　康有为：《与潘文勤书》，姜义华、张荣华编校《康有为全集》第 1 集，第 168 页。

3　康有为：《上清帝第一书》，姜义华、张荣华编校《康有为全集》第 1 集，第 183 页。值得注意的是，文内言师"周、汉之法意"，实际便是言周、孔之法意。所谓"凡两汉四百年政事、学术皆法"《春秋》，孔子为汉制法，本是公羊学的一大要旨。

4　朱一新：《答某生》，《佩弦斋杂存》卷上，清光绪二十二年龙氏葆真堂刻拙盦丛稿本。

不偏离，[1] 便是矣。

故似可说，启发自龚自珍治教合一的周公教学之制，使康氏获得变法（自改革）之正统或合理性，而朱子斟酌古今、重订礼乐之精义，不仅通于一代有一代之治、教，也为《教学通义》如何创法立制——重订礼乐指明了方向。

《教学通义》开拓性的文字，确实也集中于论"礼"。《教学通义》引孔子"安上治民，莫善于礼"之言，而谓"虽古今不同，中国夷狄殊异，其所以合好去恶，安上治民，其揆一也"，[2] 故"礼"看似仅是康氏欲复的公学之六艺之一，却显为最扼要的核心。《教学通义》的设想，重订礼乐，应存礼学三书，一为"礼案"，一为"类礼"，一为"礼"古经。除礼古经"存于秘府，藏于名山"，其余二者皆切当世之用。其言：

> 礼案设科，以待专门之搜讨，存之于吏，以备考案之检查。虽以康成之才，仅备礼曹之佳吏耳。不精熟于礼案者，不得选举为礼吏。
>
> 类礼立于学宫，使天下之士诵之通之，不通者（不得）为士人。[3]

结合本文第一节，可知"类礼"即是《教学通义》强调的公学，以之教天下人即为公教。其显然为全书核心　　重订礼乐，以成礼学三书之核心。

对此，《教学通义》言"朱子《经传通解》，盖亦有类礼之意"，[4] 实际承认取法于朱子。"类礼"之名，也当出于朱子。康氏对于

1　朱一新：《无邪堂答问》卷4，中华书局，2000，第145页。

2　康有为：《教学通义》，姜义华、张荣华编校《康有为全集》第1集，第48页。

3　康有为：《教学通义》，姜义华、张荣华编校《康有为全集》第1集，第52页。

4　康有为：《教学通义》，姜义华、张荣华编校《康有为全集》第1集，第52页。

《朱子语类》不应不寓目,《语类》记朱子言:"《礼经》要须编成门类,如冠、昏、丧、祭、及他杂碎礼数,皆须分门类编出,考其异同,而订其当否,方见得。然今精力已不逮矣,姑存与后人。"[1] 具体则是以《仪礼》为经,《礼记》为礼经义疏,谓:"今欲定作一书,先以《仪礼》篇目置于前,而附《礼记》于后。如《射礼》,则附以《射义》,似此类已得二十余篇。若其余《曲礼》《少仪》,又自作一项,而以类相从。若疏中有说制度处,亦当采取以益之。"[2]朱子《乞修三礼劄子》,言之更详:

> 《六经》之道同归,而礼乐之用为急。遭秦灭学,礼乐先坏。汉、晋以来,诸儒补缉,竟无全书。其颇存者,《三礼》而已。《周官》一书,固为礼之纲领,至其仪法度数,则《仪礼》乃其本经,而《礼记》"郊特牲"、"冠义"等篇,乃其义疏耳。……顷在山林,尝与一二学者考订其说。欲以《仪礼》为经,而取《礼记》及诸经史杂书所载有及于礼者,皆以附于本经之下,具列注疏诸儒之说,略有端绪。……欲望圣明,特诏有司,许臣就秘书省关借礼乐诸书,自行招致旧日学徒十余人,踏逐空闲官屋数间,与之居处,令其编类。……可以兴起废坠,垂之永久。使士知实学,异时可为圣朝制作之助,则斯文幸甚。[3]

朱子的抱负,如前所言,欲将古代的礼乐"拆洗一番","斟酌古今之宜","整理一番",成《仪礼经传通解》一书,以为"圣朝制作之助"。此是康氏追踪朱子之处。

虽然最终是要整理成"类礼",或新礼乐,但中间必须有拆洗的过程。也即确定新礼之前,须"复讲古制",然后礼乐可重订,

---

1 黎靖德编、王星贤点校《朱子语类》卷 83,第 2176 页。
2 黎靖德编、王星贤点校《朱子语类》卷 84,第 2186 页。
3 朱子:《乞修三礼劄子》,朱杰人、严佐之、刘永翔主编《朱子全书》第 2 册,第 25~26 页。

"学可复"也。朱子编类礼书，欲成《仪礼经传通解》，在康氏看来，既是参考酌改的"存案"或"礼案"，也具有"类礼"这一结果的意味。

康氏别于朱子的个性，也凸显在这一斟酌古今的过程——礼案中。

《教学通义》虽认同《仪礼经传通解》斟酌古今、拆洗古礼之路径，对于内中理念仍有极大保留——康氏以为朱子《仪礼经传通解》"但以《仪礼》为经，《礼记》为传，不知今古错杂"。[1] 落于根柢而言，康氏"类礼"与朱子《仪礼经传通解》差异处，正在于编订"存案"或"礼案"眼光之差异，具体则在康氏承认周孔异制、孔子改制。

这是揭示康氏别于朱子的自主性，也是理解《教学通义》旨趣的重要一环。内中出现孔子改制、"变乱于汉歆"，牵涉周、孔异制，是后世论此书的一大争议所在，也是本文不能回避处。此一问题亦需从此书"通义"入手。

康有为确实尊周公为集大成的圣人，如梁启超称乃师"早年，酷好《周礼》"，却绝不能谓其"贯穴之著《政学通议》（即《教学通义》——引者按）"。[2] 称以《周礼》贯穿《教学通义》全书，显然并未深通此书主旨。

《教学通义》论周公集大成，有数处。其一谓："黄帝相传之制，至周公而极其美备，制度、典章集大成而范天下，人上循之，道法俱举。"[3] 其二谓："周公所以位天地，育万物，尽人性，智周天下，道济生民，范围而不能过，曲成而无有遗。盖承黄帝、尧、舜之积法，监二代之文，兼三王之事，集诸圣之成，遭遇其事，得位行

1　康有为:《教学通义》，姜义华、张荣华编校《康有为全集》第1集，第52页。

2　梁启超:《清代学术概论》，朱维铮校注《梁启超论清学史二种》，中国人民大学出版社，2007，第63页。

3　康有为:《教学通义》，姜义华、张荣华编校《康有为全集》第1集，第21页。

道，故能创制显庸，极其美备也。"[1] 语义一致。本文第一节已言及，康氏之尊周公集大成，乃在于尊周公变通古礼，以时王为法，成一代之制（治）。

与《教学通义》撰述时间较近的《民功篇》，可做对比参照。《教学通义》内屡与集大成周公并举的是另一个集大成的古圣人。在《民功篇》内即是"凡生民千制百学，至黄帝而大备"，正在于黄帝能变通，"十岁知神农之非，而改其政"。故谓"《易》特有变通、宜民之美，以炎、黄、尧、舜皆出一家，而能变政以利民，故可美也"。比较之下，"汉不知通变，自改其政，而亡于女寺；唐不知通变，自改其政，而亡于盗贼"，[2] 正在突出变政利民。

那么，集大成、范围百代与通变、改政是否存在矛盾呢？

事实是，《教学通义》多处尊崇周公能集大成，除揭出周制以时王为法的精神外，也在于微妙地说明后世"无大本领"者可以脱出之，以斟酌古今，别出一格，自定礼乐，为时王法。且看，《教学通义》言：

> 然周制之所以熔铸一时，范围百代者，盖自文、武、周公义理精纯，训词深厚，而制度美备，纤悉无遗，天下受式，迥越前载，人自无慕古之思也。汉高起于无赖，其臣萧、曹、绛、灌皆刀笔屠狗纬萧之徒，叔孙通俗学鄙夫，安有范围一世之学术。[3]

又曰：

> 《周礼》所以范围后世而尊之无穷者，诚美备也。后世以时王之制不能笼盖儒生者，诚粗疏也。自汉高起于马上，汉文

1　康有为：《教学通义》，姜义华、张荣华编校《康有为全集》第1集，第36页。

2　康有为：《民功篇》，姜义华、张荣华编校《康有为全集》第1集，第70页。

3　康有为：《教学通义》，姜义华、张荣华编校《康有为全集》第1集，第45页。

谦让，未遑制作，故礼最简陋，贾谊、仲舒、王吉、刘向之徒，数请定制，而卒不行。刘向曰：今有司敢于制律而不敢制礼，是敢于杀人而不敢养人也。其言至切，然讫不用。其粗疏若此，宜儒生因得援据古礼以讽刺时政也。[1]

何一不在申说，后世无力，无大本领人出，不能变古制，接续古圣治统，重订礼乐，一新政治，以济世利民，反多援据古礼以讽刺时政，变乱政治。两相对比如此，因此朱子谓古礼不可行于今，必待有大本领者出而扫除更新之，才言之切己，体之深切，促动康有为。

康氏既然深深痛惜"儒生志士，搜遗经坠礼于屋壁之中，时援古以黜时，得之也艰，则护之也至，去之也远，则尊之也益甚。于是，周公之治，非特无人以为可以逾越，惟以守其一二为难。大儒巨学，于一二典礼，出全力身命与国相争而保护之，而反致于不问，本末横决。耳目隘陋，浅夫小人日横，一汉唐天下而文饰之，文夫巨子，临深以为高，加少以为多，因推尊一三代之治，以为若天之不可几"，[2] 如果后世真能追踪周公之道，那么周公之治且待后圣逾越，又如何会将《周礼》贯穴《教学通义》全书呢？

《教学通义》尊周公，正是尊那个不定一尊的周公，尊那个打破古礼的周公，故前有"凡生民千制百学，至黄帝而大备"的时代，后即有"熔铸一时，范围百代"的周公，变通精神相续，不失为范围一世的古圣人。

学周公之道，乃学此改政利民之精神，非照搬周礼，掉古书袋，更不是要坚执所谓的古文经立场。于是，已获知以龚自珍为线索的常州公羊之学的康有为，在欲"创法立制"之书内，出现孔子

1　康有为：《教学通义》，姜义华、张荣华编校《康有为全集》第1集，第48页。

2　康有为：《民功篇》，姜义华、张荣华编校《康有为全集》第1集，第90页。

改制之论，实不突兀。[1] 而启发康氏甚多的龚自珍本身，便是既尊周公又宗孔子的典型。

且看，对康氏政学理念颇多启发之龚自珍，对于周、孔的描述，便不同于坚持今、古文立场的学人，而较切于历史的眼光，又融入公羊学三世说。龚氏既言：

> 孔子曰："郁郁乎文哉，吾从周。"又曰："吾不复梦见周公。"至于夏礼商礼，取识遗忘而已。以孔子之为儒而不高语前哲王，恐蔑本朝以干戾也。[2]

又言：

> 孔子曰："非天子不议礼，不制度，不考文，吾从周。"从周，宾法也。[3]

从一代有一代之治，周公制作，以时王为法的角度看，似谓孔子无位，不能自制作。《教学通义》也有如此说法。

而龚氏又曰：

> 昔者仲尼有言："吾道一以贯之。"又曰："文不在兹乎！"文学言游之徒，其语门人曰："有始有卒者，其惟圣人乎！"诚知圣人之文，贵乎知始与卒之间也。圣人之道，本天人之际，胪幽明之序。始乎饮食，中乎制作，终乎闻性与天道。[4]

1　参见刘巍《〈教学通义〉与康有为的早期经学路向及其转向——兼及康氏与廖平的学术纠葛》，《历史研究》2005 年第 4 期。
2　龚自珍：《乙丙之际著议第六》，王佩诤校《龚自珍全集》，第 5 页。
3　龚自珍：《古史钩沉论四》，王佩诤校《龚自珍全集》，第 27~28 页。
4　龚自珍：《五经大义终始论》，王佩诤校《龚自珍全集》，第 41 页。

既已明言圣人必具制作，又称《春秋》具有"制作大义"，[1] 且谓"三世，非徒《春秋》法也。《洪范》八政配三世，八政又各有三世。……食货者，据乱而作。祀也，司徒、司寇、司空也，治升平之事。宾师乃文致太平之事，孔子之法，箕子之法也"，[2] 则龚氏认为孔子制作、自成法度也明矣。

则孔子不仅自成法度，且可自成一统（或一代）。龚氏所谓"能知王霸之异天者曰大人。进退王霸之统者曰大人。大人之聪明神武而不杀，总其文辞者曰圣人。圣人者，不王不霸，而又异天。天异以制作，以制作自为统"即是矣。[3]

于是，本就深受龚自珍学说影响的《教学通义》，论及周、孔，既有孔子从周一目，以应时王之制，又具改制之义，视"春秋"为一代，以应变政之意，既在情理之中，也合全书通义。康氏区分周、孔异制，当然绝非欲在今、古文之间有所取舍、依违，不能以《新学伪经考》之后的今、古文眼光视之。

诚如刘巍一文所揭示，康氏判分今古学的旨趣，乃出于此书规划内的《礼案》，欲编好礼之存案，即须"先在辨古今之学"。[4] 同时应指出的是，康氏欲编辑"礼案"，实际便是追踪朱子编礼之书，将古礼"拆洗"一番，"整理"一番，最终指向"类礼"，重订礼乐，以复学、复教。故与朱子编礼书大体一致，必经上下千古、损益今故之过程，在吸收了公羊学孔子改制之说后，周公、孔子也只是"百王"（包含素王）之一，周、孔异制，今、古殊文，在斟酌古今上，从"礼，时为大"或"一代有一代之治"而言，乃时之不同。

1　龚自珍：《六经正名答问五》，王佩诤校《龚自珍全集》，第 40 页。

2　龚自珍：《五经大义终始答问一》，王佩诤校《龚自珍全集》，第 46 页。

3　龚自珍：《壬癸之际胎观第三》，王佩诤校《龚自珍全集》，第 15 页。

4　参见刘巍《〈教学通义〉与康有为的早期经学路向及其转向——兼及康氏与廖平的学术纠葛》，《历史研究》2005 年第 4 期。

一定程度上，就是根据时序之异，究演化之迹，明其法意，以定其取舍。即所谓"分四代之古礼，别周、孔之异制，下及汉、唐二千年来礼制之因革沿革，定为一书，谓之《礼案》"。[1]

甚至，康有为意识到，朱子可能也隐有此意。《教学通义》尝以意节录《朱子语类》以下一段：

> 胡兄问礼。曰："礼，时为大。"有圣人者作，必将因今之礼而裁酌其中，取其简易易晓而可行，必不至复取古人繁缛之礼而施之于今也。古礼如此零碎繁冗，今岂可行！亦且得随时裁损尔。孔子从先进，恐已有此意。[2]

康氏并未将"孔子从先进，恐已有此意"录入。细味朱子语，孔子也有裁酌古礼、更订礼制之意。"恐"字极见慎重，此本与礼相关。朱子尝承学者问："今在下有志之士，欲依古礼行之既不可。若一向徇俗之鄙陋，又觉大不经，于心极不安。如何？"朱子答语之首便谓："非天子不议礼，不制度，不考文。"或又问丧礼，朱子答曰："自圣贤不得位，此事终无由正。"[3] 确立这一后世所谓政治正确后，方对礼制有所评述。也可说，古礼亟待更新如此明朗，却限于无位不制作，俱见朱子已深明其理而无可奈何。故朱子本人虽极欲重订礼乐，也只能向皇帝"乞修"，"须得上之人信得及"，所修礼书也标榜"异时可为圣朝制作之助"。[4] 而对于门人曰："问所编礼，今可一一遵行否？"则答曰："人不可不知此源流，岂能一一尽行。后世有圣人出，亦须著变。"[5] 态度一致。

1　康有为：《教学通义》，姜义华、张荣华编校《康有为全集》第 1 集，第 50 页。

2　黎靖德编，王星贤点校《朱子语类》卷 84，第 2178 页。

3　黎靖德编，王星贤点校《朱子语类》卷 84，第 2188 页。

4　朱子：《乞修三礼劄子》，朱杰人、严佐之、刘永翔主编《朱子全书》第 2 册，第 25~26 页。

5　黎靖德编，王星贤点校《朱子语类》卷 84，第 2185 页。

故从打破古礼、编订新制的精神出发，朱子《仪礼经传通解》虽"从事晚暮，不及成书而卒，大体虽举，未免疏略"，[1] 康氏仍大赞"设使编成，后世本为师法，于今礼业之精，当不后古人也"，故"为朱子惜也"。[2] 且于众人皆谓"心性于宋明"之时，识朱子编今礼书之业，犹如"尊孔子者，不类后人尊孔子之道德，而尊孔子能制作《春秋》，亦可异矣"。[3] 此即《教学通义》称朱子为孔子之后一人而已之要因。

然康氏又叹朱子"惟于孔子改制之学，未之深思"。"未之深思"，仅从语义看，显是知道，是否指朱子能知"孔子从先进，恐已有此意"之类"孔子改制之学"，而未能直截担当，仍屈于"自圣贤不得位，此事终无由正"？故《教学通义》称：

> 孔子改制之意隐而未明，朱子编礼之书迟而不就，此亦古今之大会也。朱子未能言之，即言之，而无征不信，此真可太息也。[4]

有己人可堪独明孔子、朱子之圣贤，既识孔、朱熔铸一时、范围一世之优长，又不为之笼罩作匍匐之奴仆之意。斯人可言"朱子未能言之"之论，不仅是在精神上作为往圣继绝学的自我标榜，是否也隐有对于布衣改制正当性的追求？康有为在未至而立之年，于《教学通义》苦心造"上推唐虞，中述周孔，下称朱子"之因，必欲结"反古复始，创法立制"之果，亦可异矣！

（本文原题《"自改革"的回音：康有为〈教学通义〉撰写　　缘起与论述旨趣》，载《中国哲学史》2020 年第 5 期）

1　康有为：《教学通义》，姜义华、张荣华编校《康有为全集》第 1 集，第 50 页。
2　康有为：《教学通义》，姜义华、张荣华编校《康有为全集》第 1 集，第 46 页。
3　康有为：《教学通义》，姜义华、张荣华编校《康有为全集》第 1 集，第 39 页。
4　康有为：《教学通义》，姜义华、张荣华编校《康有为全集》第 1 集，第 46 页。

论覆宋严州本《仪礼》

蒋鹏翔[*]

在《仪礼》经注本的版本系统中，宋严州本是至关重要的一环。南宋孝宗乾道八年（1172），两浙转运判官直秘阁曾逮拟刊行《仪礼》，张淳为之校定，即以严州本为据，参校他本。降及清代，严州本更被视为《仪礼》经注本之白眉。清代文献学家顾千里为黄丕烈作《百宋一廛赋》，开篇即云："姬公《礼经》，六籍冠冕。高密家法，传注之选。厄繇难读，文襫句揥。不睹严州，绝学曷显。"[1]《增订四库简明目录标注》亦称："《仪礼》宋严州刊小字单注本最佳。"[2] 此本曾于清乾隆五十九年（1794）

---

* 蒋鹏翔，湖南大学岳麓书院副教授、湖南大学中国四库学研究中心副主任，研究方向为中国历史文献学。

1 王欣夫辑《顾千里集》卷1，中华书局，2007，第3页。
2 邵懿辰、邵章：《增订四库简明目录标注》卷2，上海古籍出版社，1979，第81页。

入藏黄丕烈读未见书斋，后不知所踪。关于其流传经历，张文《严州本仪礼考论》已有详细介绍，[1]但黄氏据严州本覆刻的《士礼居丛书》本《仪礼》（下文简称黄刻《仪礼》）则似尚存未发之覆，故试陈管见，以就正于方家。

一　顾千里与黄刻《仪礼》之关系

顾千里与黄丕烈曾是挚友。顾氏于黄氏病愈后作诗云："复翁（黄丕烈号复翁——引者按）复生书不死，远信初闻杂惊喜。归来见面为我泣，益信于翁是知己。"[2]又曾参与士礼居祭书并作诗云："归家倏忽岁将除，折简频邀共祭书。君作主人真不忝，我称同志幸非虚。"[3]黄氏则称，"余性喜读未见书，而朋友中与余赏奇析疑者，惟顾子千里为最相得"，[4]且先后请其代笔撰序五篇，陆续刊行之。[5]友谊之深，可见一斑。

黄氏初得严州本时，不识其版本来历，经顾氏鉴定后始知为宋严州刻本。《百宋一廛书录》"仪礼注"条云："此本无刊刻时地可考，顾千里取校是书，为余跋云：'张忠甫校此书，有监本、巾箱本、杭本、严本四种，今《识误》所存严本者十许条，以此本验之，无一不合，其为严本决然矣。经注之文并未依张更易，后来窜改者自末由阑入，故可正今本者多也。'则此《仪礼注》实为得未曾有。"[6]

1　张文：《严州本〈仪礼〉考论》，《中国典籍与文化》2011年第4期。

2　王欣夫辑《顾千里集》卷2，第40页。

3　王欣夫辑《顾千里集》卷1，第46页。

4　余鸣鸿、占旭东点校《黄丕烈藏书题跋集》卷4，上海古籍出版社，2013，第183页。

5　《顾千里集》卷8《校刊明道本韦氏解国语札记序》《重刻剡川姚氏本战国策并札记序》，卷10《刻陆敕先校宋本焦氏易林序》，卷13《汪本隶释刊误序》《汪本隶释刊误后序》，皆系顾千里为黄丕烈代作者。

6　余鸣鸿、占旭东点校《黄丕烈藏书题跋集》附《百宋一廛书录》，第975~976页。

　　顾、黄交好期间，顾氏曾至少两次利用严州本校勘《仪礼》经注。《顾千里集》卷17"仪礼注疏十七卷校宋本跋"云："嘉庆庚申（1800），元和顾广圻复校。于经注云宋本者，张忠甫所谓严本是也。"[1] 同卷"仪礼郑注十七卷明徐刻校本跋"云："嘉庆丙寅（1806）六月朔日，元和顾广圻校于江宁郡斋记。……右唐开成石本校经，又以宋严州本校经注，三月十六日记。"[2] 但至嘉庆二十年（1815）黄刻《仪礼》刊成时，二人久已断交，是以书后所附《校录》出自黄氏亲撰，其《宋严州本仪礼经注精校重雕缘起》（以下简称《缘起》）一文亦绝口不提顾氏之名，只称"是此书经注本之行世，古余太守为之倡，而余与陶君辅之者也"，与嘉庆四年（1799）刊印《士礼居丛书》本《国语》时所附札记、序文皆由顾氏代撰而署黄氏之名的情况大不相同，故后人考论顾千里校刊古书之事迹，未有言及黄刻《仪礼》者，盖皆以为顾氏与此书并无关系。其实不然。

　　《缘起》云："后张古余太守在江宁将此经注及疏合刊，学者已幸双美合璧矣。岁丁卯，古余又属影抄经注本，将以付刊。既而调任吉安，札致余曰：俟抄竣，即交伊友收存。如言交去。越岁戊辰，伊友云古余谓吴门有好事者如欲刻之，当举以赠。遂从伊友处次第取刻之，未及半而斳不与。复商诸友人陶蕴辉，补写其样之未全者。至乙亥工成。是此书经注本之行世，古余太守为之倡，而余与陶君辅之者也。"

　　按张敦仁据宋严州本《仪礼郑注》与宋单疏本《仪礼疏》的传校本合刊《仪礼注疏》，事在嘉庆十一年（1806）（《重刻仪礼注疏序》落款为"嘉庆丙寅七月"）。次年，张氏又因计划覆刻严州本，请黄丕烈影抄该书，黄氏随后遵嘱将影抄本交给"伊友"（张氏之友）收存。嘉庆十三年（1808），"伊友"转告黄氏，如有意覆刻此

1　王欣夫辑《顾千里集》卷17，第260页。
2　王欣夫辑《顾千里集》卷17，第259页。

书，张氏愿回赠该影抄本。于是黄氏从"伊友"手中陆续取回，准备自行付梓，但还未及取回全书，"伊友"就改变态度，拒绝交还剩余卷帙，黄氏不得不另请友人陶蕴辉根据严州本原书补写缺少的部分，至嘉庆二十年，覆刻严州本才终于刊成。

这段记述颇为曲折而语焉不详，要还原当时经过，关键在于确定"伊友"的身份。首先，"伊友"是张敦仁与黄丕烈的中间人，不仅张氏对其颇为信任，黄氏也至少与其有过一定的交谊；其次，"伊友"与黄氏在嘉庆十三年关系突变，此前乐于交流，此后断绝往来。同时符合这两个条件的，只有顾千里一人。

顾、黄之交，人尽皆知，而顾、张相知之深，则有《与古楼记》为证。[1] 更重要的是，顾千里系张敦仁合刊《仪礼注疏》的实际主事人，合刊完成之次年，张敦仁欲求严州本影抄本以供覆刻之用，最合适的联络人自然还是当时与黄丕烈友情尚笃的顾千里。而《缘起》所言关系突变之戊辰年（1808），正是顾、黄绝交之时。考《黄丕烈年谱》，自清乾隆六十年（1795）至嘉庆十三年的十四年间，除嘉庆六年（1801）因黄氏北上会试而顾氏南往杭州，两人之间无事可述外，其余年份均载有双方交流之事迹，或校文，或作跋，或易书，或和诗，足见来往密切，而自嘉庆十四年（1809）起，再无两人直接联系的记录。《新订顾千里年谱》亦将顾、黄绝交的时间定于是年，个中原委，李庆师已加考证，[2] 兹不赘述。

以常理言之，某人与黄氏若非好友，张氏不会委托其联络影抄之事，黄氏也不会放心将影抄件交给他。但既是好友，何至于中途变卦，"靳不与"剩余卷帙，黄氏又何至于七年后仍心存怨愤，强调其只是"伊友"而与己无关。可见"伊友"与黄氏之关系必在嘉庆十三年发生剧变，前为挚友，后同路人，再联想到顾千里的礼学

1　王欣夫辑《顾千里集》卷6，第87页。
2　李庆：《顾千里研究》（增补本），台北，台湾学生书局，2013，第101~102页。

渊源及其与士礼居藏书之关系，推论其即《缘起》所言之"伊友"，
当无疑义。

二　黄刻《仪礼》与严州本之异同

　　黄丕烈刻书以忠于底本、不轻改字为尚，《荛圃刻书题识》已
反复申明斯旨。不仅其影刻本如此，如《袁本傅崧卿本夏小正校
录》云"其中字画缺误、前后歧出，悉仍其旧，不敢添改"，[1]《重雕
蜀大字本孟子音义跋》云"卷中有一二误字，两本多同，当是宋刊
原有，且文意显然，读者自辨，弗敢改易，致失其真"，[2] 其新写刻
本亦如此，如《校刊明道本韦氏解国语札记识语》云："其中字体前
后有歧，不改画一，阙文坏字亦均仍旧，无所添足，以惩妄也。"[3]
凡主动校改正文之书，必郑重说明，如《重雕嘉靖本校宋周礼札记
序》云："此刻系校宋本，非覆宋本，故改字特多，然必注明以何本
改定，非妄作也。"[4] 则其据宋严州本影刻之《仪礼》，是否也同样完
全忠实于底本呢？

　　《缘起》云："今以陆、贾、李、张四家之书校此本刊行之，不
尽改其字于十七篇内者，存严刻之旧面目也。"《严本仪礼郑氏注续
校识语》（以下简称《续校识语》）云："余惟是刊悉存严本面目，其
中讹缺断坏之字，间据陆、贾、李、张四家书是正完补。"[5] 所言模棱
两可，似自相抵牾（既言有所校改，又称悉存原貌），并不像黄刻
他书识语那样明白肯定，则此覆刻本与底本之间究竟异同如何，仍
应就原书求之。严州本久已亡佚，但除黄刻外，尚有数种与之关系

1　余鸣鸿、占旭东点校《黄丕烈藏书题跋集》附《荛圃刻书题识》，第 684 页。
2　余鸣鸿、占旭东点校《黄丕烈藏书题跋集》附《荛圃刻书题识》，第 685 页。
3　余鸣鸿、占旭东点校《黄丕烈藏书题跋集》附《荛圃刻书题识》，第 687 页。
4　余鸣鸿、占旭东点校《黄丕烈藏书题跋集》附《荛圃刻书题识》，第 681 页。
5　余鸣鸿、占旭东点校《黄丕烈藏书题跋集》附《荛圃刻书题识》，第 684 页。按此篇识语原载
于黄刻《仪礼》后印本卷末，内容与《黄丕烈藏书题跋集》所载相同。

密切的文献材料存世，可彼此印证，据以推考宋椠原貌。所谓关系密切者有三：明嘉靖徐氏翻刻宋本《仪礼》、清张敦仁刻《仪礼注疏》与清顾千里手批明监本《仪礼注疏》。

　　徐本《仪礼》，顾千里曾取与严州本对校，认为"此正自严州本出，与宋椠未达一间耳，善读者必知其佳也"。[1] 今张文《严州本仪礼考论》、廖明飞《徐本〈仪礼〉及其传刻本综考》皆历举二书版刻细节吻合之处，[2] 证实顾氏之说。值得注意的是，傅增湘《藏园订补邵亭知见传本书目》卷 2 曾指出徐本《仪礼》有原刻、翻刻之别，[3] 廖明飞进而发现徐本原刻虽源自严州本，但已参考明陈凤梧刻《仪礼注疏》修订多处文字，翻刻徐本又在原刻基础上续有校改，所以在推考严州本原貌的过程中，如需利用徐本，不仅要区分原刻翻刻，更应认识到徐本是"被污染的证据"，与严州本相比，已发生明显变化，只能保守参考。张本《仪礼注疏》，其序云："《仪礼》经、郑注、贾疏，前辈每言其文字多误者，予因遍搜各本而参稽之，知经文尚存唐开成石刻，可以取正，注文则明嘉靖时所刻颇完善。……千里又用宋严州本校经及注，视嘉靖本尤胜，皆据吴门黄氏家之所藏也。……经注之文，间有与疏违互者，以其元非一本，不可强同也。严州本之经，较诸唐石刻或有一二不合，今犹仍之者，著异本之所自出也。注与疏两宋本，非必全无小小转写之讹，不欲用意见更易者，所以留其真，慎之至也。"[4] 此本经注，皆由顾千里据严州本校定，且强调恪守严州本原文（即使有误），所以对于推考宋椠原貌来说至关重要，惟顾氏当时不免漏校，又曾参引他本，故情况复杂，亦需详考。顾批明监本《仪礼注疏》，现藏宁波天一阁博物馆。全书朱墨烂然，皆系顾氏手校遗迹，虽以校贾

1　王欣夫辑《顾千里集》卷 17，第 259 页。

2　廖明飞：《徐本〈仪礼〉及其传刻本综考》，《中国典籍与文化》2013 年第 4 期。

3　莫友芝撰，傅增湘订补《藏园订补邵亭知见传本书目》，中华书局，2009，第 78 页。

4　王欣夫辑《顾千里集》卷 8，第 130~131 页。

疏为主，但也不乏校勘经注之处。此本之价值，在于证实顾千里校勘经注时所用之具体版本，且有助于考见当时校勘过程。尤为重要的是，此本校语所记时间有自嘉庆十年（1805）至十一年者，与顾氏主持校刻张本《仪礼注疏》的时间正相吻合，可知此本必与张本《仪礼注疏》有莫大关系，甚至可能就是校刻时的工作本。

顾批监本于所引用之材料，如《仪礼疏》《仪礼要义》《仪礼图》《仪礼经传通解》《经典释文》《仪礼注疏详校》《仪礼小疏》等文献皆注明书名或简称，但对参校的《仪礼》经注本则只做校记，未注书名，故周慧惠误以为其校勘"基本不涉及经和注"，[1] 且在罗列其引用材料时亦失载相关经注本之信息。今欲从顾批监本开始推考，自应先辨明其曾参校何种经注本。

监本卷 1 第 55 叶经文"加有成也"下，画一插入符号，先用墨笔补书于天头："醮，夏殷之礼，每加于阼阶，醮之于客位，所以尊敬之，成其为人也。"复用朱笔改"阼"为"则"。此段注文，《仪礼注疏》的闽本、毛本、殿本皆脱去，仅严州本、徐本尚存，但徐本作"阼"，严州本作"则"。可见顾氏先据徐本补录注文，然后据严州本用朱笔改之（严州本今已不可见，黄刻《仪礼》作"则"，但顾氏必是用严州本原书校勘，故此处仍称严州本。下文同理）。

监本卷 12 第 24 叶注文"象平生沐浴裸裎"，用墨笔改"裸"为"倮"，"裎"字未改。按此处严州本作"倮程"，徐本原刻作"倮程"，徐本翻刻作"倮裎"（各本裸倮、裎程常相混用，盖刻版之异体，姑置勿论），阮元《校勘记》称此处徐本作"倮程"。[2] 于是可知阮氏所据之徐本系原刻，顾氏所据之徐本系翻刻。明乎此，然后可以比勘黄刻《仪礼》与徐本、监本、张本之异文。

1　周慧惠：《天一阁藏顾广圻校〈仪礼注疏〉考述》，《文献》2016 年第 1 期。

2　阮元：《仪礼注疏校勘记》卷 12，《续修四库全书》第 181 册，上海古籍出版社，2013，第 466 页。

黄刻《仪礼》据严州本覆刻，张本《仪礼注疏》亦自称经注存严州本之真，二者却多有不合，自然令人生疑。曹叔彦《礼经校释》曾通校张本与黄刻《仪礼》，得异文四十八条，但未及考辨其由来。今依《礼经校释》提供之线索，逐一复核。其中有黄本作甲，张本、徐本同作乙者，如张本卷 31 第 13 叶注文云"此著不降"，"此著"黄本作"止者"，张本、徐本同作"此著"（监本作"此者"，顾氏用朱笔改"者"为"著"）；有黄本作甲，张本、徐本、监本同作乙者，如张本卷 37 第 6 叶注文云"菹在醢南也"，"醢"黄本作"醴"，张本、徐本、监本同作"醢"；有黄本、徐本同作甲而张本、监本同作乙者，如张本卷 13 第 9 叶注文云"谓首其本"，"首"黄本、徐本同作"前"，张本、监本同作"首"；有黄本、徐本、监本同作甲而张本独作乙者，如张本卷 13 第 19 叶注文云"如驴歧蹄"，"歧"黄本、徐本、监本同作"岐"，张本作"歧"。上文所以要辨明顾氏校书引用的是徐本翻刻而非原刻，是因为徐本内部的异文也可能影响我们的判断，如张本卷 35 第 9 叶注文云"故以其旗识"，黄本与徐本原刻同无"以"字，但徐本翻刻本已挖改板片补入"以"字，若不知此分别，就不能得出张本此句同于顾氏所据之徐本的结论。

纵观这 48 例张本异于黄本的文字，其与监本吻合者所占比例最高，凡 31 例，其同于徐本却异于监本者只有 3 例（张本与徐本、监本、黄本皆不相同者共 14 例）。究其原因，首先，徐本虽然源自严州本，但其原刻已受明陈凤梧合刊《仪礼注疏》的影响，较严州本有所变化，其翻刻更进一步参考通行注疏本，修改了大量文字，于是顾氏持校之徐本与俗本渐同而去古愈远，张本与徐本相同之处自然也多与监本吻合。从宋严州本到明嘉靖徐本再到明万历钟人杰本，属于一脉相承的经注本系统，而《仪礼注疏》明闽刻本、监本直到明末清初的汲古阁本则均可溯源自明嘉靖陈凤梧刻本，这实际上反映着独立的经注本系统不断被通行的注疏合刻本系统侵蚀的历史现象。其次，尽管张本序文于宋本之外，只提及明嘉靖徐本，认为"所刻颇完善"，足资考校，但从这些异文来看，顾氏当时主持《仪礼注疏》合刊的基础仍然是以监本为代表的"俗注疏"，因为过去认为顾千里漏校之处，十之八九皆与监本吻合。有趣的是，监本中的几处文字，虽然已经顾氏校改，但张本仍与监本一致，并未体现其校勘意见，如张本卷3第11叶注文"白布冠"，黄本、徐本同作"白布冠者"，监本作"白布冠"，"冠"字下已用朱笔补书"者"字，但张本仍作"白布冠"；张本卷14第11叶注文"不以酒恶谢宾"，黄本、徐本同无"恶"字，监本有"恶"字却画一墨围圈之，即应删去之意，但张本仍存"恶"字。这些笔迹可能系顾氏在张本刊成后补校时所写〔根据顾氏手书的落款时间来看，其校勘此本始于清乾隆六十年，讫于道光十年（1830），绵延三十余年〕，却更可证明除据严州本校改的内容外，张本经注实主要源自以监本为代表的"俗注疏"系统，而非其序文所言明嘉靖徐刻本。

　　既然在张本、黄本之间的异文中，其同于监本、徐本的条目不能视为张本保存的严州本原文，那么张本独异之处（与监本、徐本亦不相同）能否理解为严州本原文如此呢？有此可能，但从核查结果来看，这些独异之处更像是张本付梓时的手民之失，如张本卷5第4叶经文"壻以几姆加景乃驱不受"，黄本、徐本、监本同作"壻御妇车授绥姆辞不受"；张本卷25第17叶经文"公逆于大门"，"逆"黄本、徐本、监本同作"送"，均显然属于张本误刻，别无深意。还有一些异文，虽与其他文献暗合，但也无法作为此即严州本原文的证据，如张本卷30第15叶注文"其为父后持重者"，"持"黄本、徐本原刻皆作"特"，徐本翻刻、监本皆作"服"，顾氏用墨笔改监本"服"为"持"，张本亦作"持"。顾氏此处未注明校勘依据，而据笔者所知，仅有宋李如圭《仪礼集释》（清武英殿聚珍版丛书本）作"持"，那么顾氏是根据《仪礼集释》校改，还是仅仅以理校之，暂难确定，但无论如何，此类文字是不宜作为张本独存严州本原文的证据的。

总而言之，黄本、张本虽然一为影刻，一为新刊，但均以保存严州本文本原貌为主旨，从逻辑上说，必有一本修改了严州本之文字，才会造成二者同源而多歧的结果。既然黄丕烈在《缘起》《续校识语》中含糊地表示其曾校改补正底本文字，张本序文则强调于严州本虽误不改，读者自然会产生怀疑：张本异于黄本之处，是否才是严州本的原貌，而黄本的对应文字实为改正后的结果。但根据对异文来历的逐条考察，我们发现张本异于黄本的文字，大部分只是由直接移录"俗注疏"经注而未及比勘严州本造成的，少数独异之处也更像是张本误刻或顾氏理校的结果，没有一条张本异文可确指为仅严州本原文如此者。于是可以推论，与张本相比，黄本确实更忠实地保存着严州本的原貌，对勘现有文献也无法证明黄丕烈在影刻过程中主动修改了严州本的正文（黄刻《仪礼》有因误读原书而刻错的字，如其后印本所附《续校·士丧礼》"注中卦中央壤也"条云"宋刻'卦'乃'封'之坏字，刊误，'卦'当改'封'"，也有单纯的手民之失，如《续校·丧服》"注谓老君有废疾而致仕者也"条云"宋刻'若'不误，刊讹'君'，当改'若'"，但均属于被动变化，非黄氏刻意为之，详见下节）。于是产生新的问题：素以佞宋自诩的黄丕烈在覆刻如此珍贵的宋本时，明明于底本亦步亦趋，不曾校改，为什么却要违背习惯，偏偏在《缘起》《续校识语》中用模棱两可的表述使读者产生其曾校改严州本正文的印象呢？

三　黄丕烈《校录》《续校》之得失

黄刻《仪礼》附《校录》一卷，系其本人校勘严州本《仪礼》所得。关于《校录》的编撰思路，袁媛《论黄丕烈校勘事业与校勘理念》第三节已有详尽分析。[1] 约而言之，黄氏以陆德明《经典释文》、贾公彦《仪礼疏》、李如圭《仪礼集释》与张淳《仪礼识误》四家书校严州本《仪礼》，就所见异文推考来历，判别是非。其关注之重点在于严州本一书，而非《仪礼》版本之全局，故自称"抑经注之讹阙出于严本张校之外者尚不可枚数，段若膺先生定《校勘记》既胪陈之，而先生《仪礼汉读考》亦将成书刊行，学者合诸此本读之，落叶尽扫矣"，可见旨在利用自藏善本补苴前人成果，无意独立门户。

《校录》之长，是作者能目验他人不得见之原书，祛耳食传校之疑。在黄氏覆刻严州本以前，已有校本流传于外。阮元《仪礼注疏校勘记》序云"经、注则以唐石经及宋严州单注本为主"，又云"宋严州单注本，宋本之最佳者。张淳所据即此本也。元和顾广圻用钟本校其异者，书于简端，今据以采入"，[2] 即据传校本成书之最显者。然校记经辗转移录，不免错讹，甚至有张冠李戴之失。如《仪礼·大射仪》经"羞庶羞"注文，毛本作"或有炮鳖脍鲤"，黄本作"或有炰鳖脍鲤"。阮元《仪礼注疏校勘记》据毛本立说，云："炮，严本作炰，《释文》、徐本俱作炮，《释文》云：炮或作炰、缹。"[3]《校录》云："宋本炰作炮（此宋本指惠栋、沈大成所校宋本，非严州本——引者按）。案《释文》云：或作炰、缹，同音缶。单疏本、魏氏本皆作炰，可见《仪礼》古本不作炮者。"黄氏亲见严州本，称其作"炰"，并在《校录》中详列各本异文，阮氏所见为严州本之传校本，而称其作"缹"，两者相较，黄氏之言自然更加可信。《礼经校释》列黄刻《仪礼》与阮校所引严州本抵牾处凡四例，情况皆与此相仿。《校录》关于严州本后印本挖改变化的探讨亦值得重

1　袁媛：《论黄丕烈校勘事业与校勘理念》，《版本目录学研究》第5辑，北京大学出版社，2014，第576~581页。

2　阮元：《仪礼注疏校勘记》序目，《续修四库全书》第181册，上海古籍出版社，2013，第287页。

3　阮元：《仪礼注疏校勘记》卷7，《续修四库全书》第181册，第381页。

视。如《聘礼》"注豕束之"云："张本出'束'字于上，而原文作
'豕东之'，是张所见严本为'东'也，故引疏云'豕束缚其足'。
是张改'东'为'束'者，据疏也。"《士虞礼》"注今正者自相亚
也"云："张本出'令'字于上，而本文作'令'。是所见严本与此
异也。"能够下此结论，同样得益于目验原书。黄氏以"读未见书"
为斋名，其学问也是以"未见书"为基础。

　　《校录》之弊，一是校本选择不当。严州本作为《仪礼》经注
本系统中传世的最善之本，最应比勘的是源出严本又多有变化的明
嘉靖徐刻本及其衍生版本，其次是自陈凤梧本以下诸种注疏合刊
本，如此必大有益于还原《仪礼》历代经注本的演变轨迹，了解经
注本与注疏合刊本互相影响的发展过程。严州本之可贵，实在于
此。黄氏却用《经典释文》叶石君影钞宋本、《仪礼疏》宋刻单疏
本、《仪礼识误》聚珍本与《仪礼集释》聚珍本校勘，这四种书不仅
不属于《仪礼》经注本系统中的相关版本，甚至连同一种书都算不
上，只不过内容与《仪礼》经注存在联系，便于印证而已。推测黄
氏的选择理由，可能是前二者系宋刻或影钞宋本，后二者系宋人撰
作，时代较早，即可信用。《仪礼集释》全载经注，对校尤便，故
《校录》引用李本最多。佞宋至此，真皮相耳。按以疏校经注、以
《经典释文》校经注、以古人引文校《经注》，是清人常用之法，践
行伊始，确有补于文献讹阙，但好奇太过，则不免淆乱版刻本原。
顾千里代张敦仁作《重刻仪礼注疏序》云"经注之文，间有与疏违
互者，以其元非一本，不可强同也"，正是此意。乔秀岩《学抚本
考异记》发明顾氏校书宗旨，曰"各种古籍，成书、流传各不相
同，不容据彼例此"，曰"他书引文本不足据，况所见俗本已失原
貌，则绝不可参据"，曰"《释文》所据经注文本与《正义》所据或
石经、监本所传不同，不得相乱"，[1]更如同针对《校录》的精确批评

_____

1　乔秀岩：《学抚本考异记》。此文原刊于《中正汉学研究》第23期，后作者又发布定稿于北京大
　　学历史学系官网，http://www.hist.pku.edu.cn/news/Article/UploadFiles/201412/2014122208311218.
　　pdf。今所引皆据北大官网版本。

（《抚本考异》成于清嘉庆十一年，《校录》刊行于嘉庆二十年，前者
当然不可能逆睹后者之失，只是密友多年前就已总结出的教训，黄
氏仍不能领会其用意而重蹈覆辙，实为深憾）。

其弊之二，在于泯灭各本异同。通过上文的对校可以确认，黄
氏覆刻旧本是较为审慎的，凡底本所载之文字，其覆刻本皆仍其
旧，不会主动加以修改。但这种保存底本原貌的行为对黄丕烈来说
似乎更近于一种机械的习惯，至于其在文献学上究竟有何意义，则
并无深入的思考。何以言之？《校录·士相见礼》"注君祭先饭"云：
"'先'，严阙，据李本补。"《校录·大射仪》"注大侯服不氏负侯徒
一人"云："'徒'，严阙，据宋本补。"可见严州本原阙"先""徒"
二字，黄氏覆刻时分别根据李如圭《仪礼集释》与惠栋、沈大成所
校宋本补入。李本、"宋本"均与严州本所代表的版本系统判然两
途，即使是严州本先后印本之间的异文，尚且不能鲁莽互补，更何
况是这些另有来历的本子。《校录》中屡次言及严州本某字有误却
并不因此修改正文，足见其知墨守旧本之必要，然而由这两例补字
可以看出，对黄氏而言，不同宋本之间的界限似乎没有那么清晰，
底本文字自然不可擅改，但如底本阙字，则取他书补之无妨。换言
之，其心中所存是一笼统的宋本概念，未做精确区分。他引四家书
印证严州本文字，相合者自然赞成，不合者则分析是非，必欲求一
确解，最终目的仍然是通过各书的汇校，探索出一个泯灭异同、归
于至是的《仪礼》定本来。《缘起》所云"落叶尽扫"即此意，《校
录》各条亦无非此意，所以黄氏于诸家版刻"存异"只是表象，于
古籍文本"求同"才是主旨。《学抚本考异记》云"文献学之宗旨，
在抵制合理化统一"，[1] 黄氏却是意在推行"合理化统一"之人。如
此评价这位清代声名最为显赫的版本学家，似乎匪夷所思，但细读
《缘起》《校录》，当知此言非虚。有趣的是，黄丕烈于嘉庆四年据

1　乔秀岩：《学抚本考异记》，第1页。

宋明道本重刻《国语》时，底本"字体前后有歧，不改画一，阙文坏字亦均仍旧，无所添足，以惩妄也"。[1]《国语》当时尚有多种源于宋公序本的翻刻本流传，要补明道本的阙文，并无困难。为何不像后来的《仪礼》那样加以添补呢？按《国语》之校刊实由顾千里主其事（所附《礼记》亦顾氏代笔)，《仪礼》的定稿则是黄氏亲力为之，故两书于底本阙文的补与不补，所反映的正是顾、黄二人在古籍校刊方面的理念分歧，也可证此种泯灭各本异同的做法在当时并非普遍风气，只是缘于黄氏个人的学识缺陷罢了。

其弊之三，是立论犹疑，识见平庸。黄氏虽以佞宋自名，但其在校勘严州本时所持立场并不坚定。他的理想是集合各种宋本之长处（包括影钞宋本、宋人论著），还原出一个在文本上接近于绝对正确的古籍主体，但在具体的校勘工作中，由于学识有限，又不得不表现出因缺乏自信而过度小心的姿态来。抽校陆、贾、张、李四家，异文易得，参证易行，然而这种做法对于严州本文献价值的发掘来说，几乎没有意义，恐怕只能理解为校勘者治学炫博心态的外化。他遵守覆刻宋椠不改底本的惯例，又于底本阙文等闲补之，也从反面证实其关于宋本意义的理解之不成熟。《校录》诸条，十之七八都是对校所得异文，然后简单地用是否能从他书得到印证作为标准评判是非，黄氏本人能根据异文阐发校勘心得者则百不一见，真正称得上有所考证的内容大多是转引戴震、段玉裁之说。借名家言以藏己拙，无可厚非，但戴、段二人并不长于经书校勘，故所论每以经义、小学为限，文献学方面则乏善可陈。《校录》所以在今天仍有参考的必要，只是因其保存着一些稀见版本的具体材料（不仅仅是今已亡佚的严州本、宋刻单疏本，据袁媛复校，其引用的戴震、段玉裁之说亦有不见于二人通行著述者），至其发明实无足道。相较而言，顾千里《抚本礼记考异》从校勘入手，平章古今，考辨

1　余鸣鸿、占旭东点校《黄丕烈藏书题跋集》附《荛圃刻书题识》，第687页。

入微，不仅于历代版刻得失洞若观火，诸家征引文字臧否至公，更能发凡起例，光大郑学，其高出《校录》处真不可以道里计。

黄刻《仪礼》刊行后，张翰宣指出书中疑误之处，黄丕烈遂撰《严本仪礼郑氏注续校》（以下简称《续校》）附于黄刻《仪礼》新印本卷尾，以补《校录》之疏失，兼作回应。《续校》主要用李如圭《仪礼集释》对校底本，未再征引清人言论，故校记之简更逾《校录》，但其中透露出的一些底本细节值得重视。《续校》中有七条校记称宋刻某字乃某之坏字，刊误，当改某字。意谓因严州本某字笔画模糊残缺，当时误认为某字导致覆刻本刻错，故应改正。如《续校·士虞礼》"记注亡则庚日三虞王日卒哭"条云："宋刻'亡'乃'士'之坏字，刊误，'亡'当改'士'。宋刻'王'亦'壬'之坏字，刊误，'王'当改'壬'。案李《集释》'士''壬'不误。"按此句"士""壬"二字明监本皆不误，张敦仁本亦不误。黄丕烈覆刻写样时不能校此当校之书，舍近求远参校《仪礼集释》时又漏此二条，草率识读，致生此误。又如《续校·士丧礼》"注设床檀第有枕"条云："宋刻'檀'乃'禫'之坏字，'第'乃'笫'之坏字，刊作'檀'作'第'误。'檀'当改'禫'，'第'当改'笫'。"按此句徐本"禫"字不误，"笫"亦作"第"，足证严州本漫漶已久，但明监本、张敦仁本皆不误，黄刻《仪礼》此句右一行"主人出而禫笫"亦不误。可见黄氏覆刻时既未翻检当校之书，此句之上下文亦失于参考。退一步说，即使不用本校、对校之法，仅凭对礼书用字习惯的了解，也不至于将笔画残缺之"禫""笫"误认为"檀""第"。此种校记内容在《校录》中均未涉及，如果不是因为读者提出质疑，主事者不得不在《续校》中说明原委，我们也很难相信一位大藏书家识读古籍残损文字之能力尚有如此缺陷。

理想状态的古籍覆刻，追求的不仅仅是字形、行款上的相似，还应该拟定科学的体例进行校勘，并综合利用文献学知识对底本的漫漶残阙、衍脱误倒分别加以适当的处理。当然这不是提倡在覆刻本中直接修改底本文字，但通过本文所举例证可以看到，如果缺乏整理经部文献的学力素养，即使是主观上强调保存底本原貌的覆刻，同样会出现各种问题。黄氏作为当事人，对自身学问之长短必然非常清楚，却仍勉力为之，似有苦衷。此刻我们回头重读《缘起》，就不难发现一些隐晦而有趣的疑点：其一，严州本已于乾隆五十九年（1794）归于黄丕烈，为何迟至嘉庆十三年才决定覆刻？这当然不能理解为黄氏轻视该书，因为《百宋一廛赋》即以此本开篇，也不是由于黄氏此前无刻书兴趣，因为其早在嘉庆五年（1800）就已刻成《士礼居丛书》第一种——《国语》。其二，严州本影钞本虽已交给顾千里，原书却一直在黄氏手中，依原书覆刻更加方便，为何要等到顾千里许诺回赠影钞本后才开始？其三，严州本原书不足 140 叶，影钞本装订一般也不会超过三册，《缘起》却说"从伊友处次第取刻之，未及半而靳不与"，区区两三册书还要陆续取回，实在不合常理。其四，从嘉庆十三年开始复刻，至嘉庆二十年才完工，虽然中间经历了另请友人补写样稿的波折，似也不至于拖延如此之久（在嘉庆十三年至二十年这段时间内，《士礼居丛书》又已刊成《焦氏易林》16 卷、《宣和遗事》2 卷、《舆地广记》38 卷、《藏书纪要》1 卷、《三经音义论孟孝经》3 卷等五种图书）。[1]

综合上述线索，不妨做出推论：黄丕烈收藏的宋严州本《仪礼》是一部残损漫漶颇为严重的刻本，必经专家董理后，方可正常识读。顾千里此前已多次校勘此本，并根据所得校记为张敦仁刊成《仪礼注疏》，但仍嫌不够完备（由《礼经校释》所记异文可知顾氏确有漏校之处），故进而向黄氏请求影钞严州本，欲做全面深入的校理。黄氏深知其为不二人选，正可借此机会完成覆刻严州本的夙愿，自然同意襄助。顾氏此次在底本漫漶文字的识读、异文源流的考校等方面都收获颇丰，故校成的整理稿的分量必大大多于影钞本原

1　钱亚新：《黄丕烈的校勘与刻书工作》，《江苏图书馆工作》1982 年第 3 期。

件，且非短时间可完成。于是黄氏与其约定，每校定若干卷，就先交给黄氏准备付梓，随校随刻。在此过程中，二人因故绝交，顾氏拒绝提供后续校定的影钞本，所以黄氏不得不另觅助手。《缘起》中介绍的陶蕴辉是与黄氏交好多年的书贾，[1] 其在文献学方面的功力固不足以媲美顾氏，但因为经眼旧籍数量较多，或于识读漫漶文字差有一日之长，黄氏遂与之携手，完成了严州本的覆刻工作。必如此，《缘起》所述种种曲折方有合理之解释，而黄氏明知力有未逮，仍坚持要校勘全书，并一反常态，刻意向读者强调其曾在一定程度上修订正文，盖亦激于与顾氏绝交之事，欲借此证明自己校定经籍之学力也。

总而言之，《缘起》虽处处回避顾氏之名，但黄刻《仪礼》之成书，实与顾千里有着千丝万缕的联系。兹再举一证，王文进《文禄堂访书记》卷 1 "仪礼注疏十七卷" 条过录清道光二十七年（1847）吴志忠跋语云："严州单注本莞圃黄君曾覆刻之，单疏则朗园汪氏覆刻之，又有张古余先生合单注、单疏五十卷刻之。三刻悉出顾君千里手校，上板颇皆精审。忠昔年与千里晨夕晤语，时获得闻其绪论，故于贾、郑文义偶有一二窥见末斑，知读是书者，不以文从字顺为长，而贵得其精括古质之义。"[2] 吴志忠是顾氏密友，《顾千里集》中多言其事，见此转述千里之语，则黄刻《仪礼》自顾氏手校本出，更无疑义矣。

（本文原题《覆宋严州本〈仪礼〉考论》，载《文献》

2018 年第 1 期）

1　翟冕良：《试论陶庭学父子及其与黄丕烈的关系》，《苏州大学学报》（哲学社会科学版）1995年第 1 期。

2　王文进撰，柳向春点校《文禄堂访书记》，上海古籍出版社，2007，第 20 页。

历术、时令、郊社制度与《唐月令》

赵永磊*

一 问题之提出

《礼记·月令》在中古时期国家行政及祭祀中具有重要作用，北周武帝保定三年（563）二月诏"自今举大事，行大政，非军机急速，皆宜依《月令》，以顺天心"。[1]至唐玄宗《御删定礼记月令》（以下简称《唐月令》）出，《月令》与国家祭祀之关系遂臻于极致。

《唐开成石经》所收《礼记·月令》即《唐月

* 赵永磊，中国人民大学历史学院副教授，研究方向为汉唐礼制史、经学史、中古史。

[1] 令狐德棻主编《周书》卷五《武帝纪上》，中华书局，1971，第68页。参见史睿《北周后期至唐初礼制的变迁与学术文化的统一》，《唐研究》第3卷，北京大学出版社，1997，第166页。

令》[1]，唐玄宗天宝二年（743）三月，《唐月令》奉敕"冠众篇之首，余旧次之"，[2] 唐文宗开成二年（837）所刊成《唐开成石经》以《唐月令》居《礼记》篇次卷首，即遵用天宝初年旧制。开元、天宝之际，唐代国家与社会多所变革，《唐月令》作为唐玄宗御删之作，其具体删定年代及制作问题，也成为考察此时期历史变迁之重要参证。

　　近来学者围绕唐宋令典是否存在"时令"问题展开讨论，[3] 而未注意及《唐月令》。唐代时令即《唐月令》，唐玄宗天宝五年正月诏改《礼记·月令》（此处代指《唐月令》）为《时令》，[4] 即其证。宋人王应麟《玉海》卷 70《礼仪》引《艺文志》载宋仁宗景祐三年（1036），"诏贾昌朝与丁度、李淑采国朝律历、典礼、日度、昏晓中星、祠祀、配侑岁时施行者，约《唐月令》定为《时令》一卷，以备宣读"，[5] 据此，宋代《时令》亦据《唐月令》改定而成。

　　《唐月令》在唐宋时期既为国家时令，其重要性不宜忽视。在物候上，《唐月令》与《礼记·月令》相类，此并非《唐月令》改定《礼记·月令》之关键。北宋龙图阁待制孙奭奏议云："洎唐李林甫作相，乃抉摘微暇，蔑弃先典。明皇因附益时事，改易旧文，谓之《御删定月令》，林甫等为注解。"[6] 据其说，《唐月令》之撰作缘起，在于李林甫抉摘《礼记·月令》在前，而后有唐玄宗删定《月令》

1　本文所据《唐开成石经》为明代拓本，录文参考中华书局 1997 年《景刊唐开成石经》影印䣛忍堂摹写本以及茆泮林《唐月令注》道光十四年刊本。

2　王溥：《唐会要》卷 75《贡举上·明经》，上海古籍出版社，2006，第 1628 页。

3　戴建国：《唐宋变革时期的法律与社会》，上海古籍出版社，2010，第 207 页；赵晶：《〈天圣令〉与唐宋法制考论》，上海古籍出版社，2014，第 34~44 页。

4　刘昫等撰《旧唐书》卷 9《玄宗本纪下》，中华书局，1975，第 219 页；王溥：《唐会要》卷77《贡举下》，第 1668 页。

5　王应麟：《玉海》卷 70《礼仪·朝仪》，江苏古籍出版社、上海书店出版社，1987，第1331 页。

6　李焘撰，上海师范大学古籍整理研究所、华东师范大学古籍整理研究所点校《续资治通鉴长编》卷 85，宋真宗大中祥符八年九月己未，中华书局，2004，第 1950 页。

之作，此说不免因果错位。所谓李林甫"抉摘微暇"，乃据李林甫《进御刊定礼记月令表》为说，但此乃李林甫进呈《唐月令》注文之表，不足以论断《唐月令》之经始缘由。而李林甫之摘谬，在于日躔中星，唐玄宗"附益时事"，则与增益开元时期郊社制度有关（详见本文第三节）。故时令与祭祀制度无疑为《唐月令》之基本主线。更据北宋翰林学士晁迥等奏："若废林甫之新文，用康成之旧注，则国家四时祭祀，并须更改。"[1]可知唐宋时期宣读时令，观象授时之外，申明祭祀时令，亦为其旨意。

学者探究《唐月令》，主要在于《唐月令》日躔中星究为《麟德历》，抑或《大衍历》。[2]本文更就《唐月令》的基本内容结构，首先检讨学术界聚讼纷纭的《唐月令》所据历术问题，并推定其成文年代，进而讨论《唐月令》"附益时事"之事，分析《唐月令》与唐代国家祭祀制度之关系，更就唐玄宗改定《唐月令》问题，管窥开元时期唐代国家祭祀制度变迁之基本趋向及其历史成因。

二 《唐月令》日躔中星及其成文年代析疑

《唐月令》经注成文年代，史籍所载不甚明晰。清人成蓉镜以为其书"经、注非一时所成"，[3]且李林甫进表结衔署"集贤院学士、尚书左仆射兼右相、吏部尚书"，而据《旧唐书·玄宗本纪》，李林

1　李焘撰，上海师范大学古籍整理研究所、华东师范大学古籍整理研究所点校《续资治通鉴长编》卷85，宋真宗大中祥符八年九月己未，第1950页。

2　成蓉镜：《心巢文录》卷下《跋唐月令》，清光绪十四年刊《南菁书院丛书》本，第7页b~第8页a；能田忠亮：《礼记月令天文考》，东方文化研究院京都研究所，1938，第172~173页；刘次沅：《西安碑林的〈唐月令〉刻石及其天象记录》，《中国科技史料》1997年第1期。另，蒙匿名评审专家惠示韩国学者金正植先生《唐玄宗朝〈礼记·月令〉之改定及其性格》（韩国《东洋史学研究》第93辑，2006年，第35~38页）已探及唐玄宗改定《礼记·月令》问题，今检核其文，始知金先生已言及《唐月令》增益祭祀制度之事，值得重视。谨附识于此，以免误会。

3　成蓉镜：《心巢文录》卷下《跋唐月令》，清光绪十四年刊《南菁书院丛书》本，第6页b。

甫加尚书左仆射在天宝元年八月，故李注成于天宝元年八月之后。[1]
成蓉镜所论《唐月令》经注问题及注文成文年代，允称卓识。而其
更就历术及《唐月令》与《初学记》关系言之，论定《唐月令》之
成文年代。成蓉镜在晚清虽云精于历算推步，[2]今检核其推算，偶有
舛误（详见本文第二节），而所论《初学记》与《唐月令》之关系，
多所创获。特不避繁复，录其文如次：

> 《初学记》署光禄大夫行右（《新》《旧唐书》并作左，《资
> 治通鉴》作右——原注）散骑常侍集贤院学士副知院事、东
> 海郡开国公徐坚等奉敕撰，其卷第三，春、夏、秋、冬皆冠
> 以《礼记·月令》，列诸《尚书》《夏小正》之前，此书之
> 例，唐世御制，咸置列朝之上，所引《月令》既同此例，其
> 为明皇所刊定无疑，<u>而其所称日躔中星，复与《唐月令》无
> 异</u>。据此，则《初学记》之成，后于《唐月令》可知。《旧唐
> 书·徐坚列传》称坚开元十三年再迁左散骑常侍，其年玄宗
> 改丽正书院为集贤院，以坚为学士，副张说知院事，累封东
> 海郡公，特加光禄大夫。《资治通鉴》缀坚副知院事于十三
> 年四月丙辰，然则明皇刊定《月令》成于开元十三年四月以
> 前可知矣。[3]

日躔即太阳运动的行次，中星即昏、旦时位于正中天的二十八宿，
日躔中星所反映天象与特定年代相关。而据此文，可知成蓉镜
以《初学记》所引《礼记·月令》"日躔中星，复与《唐月令》无
异"，推断《初学记》据《唐月令》为说，更据《初学记》所署徐

1　成蓉镜：《心巢文录》卷下《跋唐月令》，第 8 页 a。
2　冯煦：《清故宝应县学生成先生墓志铭》，闵尔昌辑《碑传集补》卷 38，北平燕京大学国学研究所排印本，1923，第 14 页 a。
3　成蓉镜：《心巢文录》卷下《跋唐月令》，第 7 页 b~ 第 8 页 a。

坚结衔，推论《唐月令》成于开元十三年（725）四月之前。

成蓉镜所论《唐月令》成文年代之说，不无启发性。开元十五年太常博士钱嘉会上奏："准《月令》及《祠令》（开元七年《祠令》——引者按），九月农工毕，大享五帝于明堂。"[1]而引文"大享五帝于明堂"更近于《唐月令》，而非《礼记·月令》（录文见本文第三节）。据此，《唐月令》在《初学记》撰定之时已发轫改定，应无疑义。

成蓉镜据《资治通鉴》考订徐坚结衔副知院事在开元十三年四月，而此或为《初学记》经始之年，而非《初学记》稿成之日。关于《初学记》进呈之日，史籍所载略有歧异。唐人韦述《集贤注记》载："开元十六年正月，学士徐坚已下撰成《初学记》三十卷，奏之，赐绢有差。写十本，分赐诸王。"[2]据此，《初学记》在开元十六年奏上。而宋人钱易、王溥之说有所不同。钱易《南部新书》载："开元十三年五月，集贤学士徐坚等纂经史文章之要，以类相从，上制曰《初学记》。至是上之，欲令皇太子及诸王检事缀文尔。"[3]《唐会要》则记："（开元）十五年五月一日，集贤学士徐坚等纂经史文章之要，以类相从，上制名曰《初学记》，至是上之。"[4]综合三者之说，今暂以《初学记》进呈年月在开元十五年之后。

《初学记》所载《月令》，七十二候与《礼记·月令》无别，而日躔中星则有所更定。[5]若言循此趋势，唐代时令宜以变更为指归，最终删定为《唐月令》，但具体情形又非尽然。开元二十年所成《大唐开元礼》，卷内所涉及明堂、宣政殿读四时令，又重归《礼

1　杜佑撰，王文锦等点校《通典》卷43《郊天下》，中华书局，1988，第1198页。

2　韦述撰，陶敏辑校《集贤注记》，中华书局，2015，第244页。

3　钱易撰，黄寿成点校《南部新书》，中华书局，2002，第143页。

4　王溥:《唐会要》卷36《修撰》，上海古籍出版社，2006，第768页。

5　《初学记》卷3《岁时部上》，中华书局，1962，第43、44、49、52~53、58页。

记·月令》文本（详见表1）。[1] 推究其故，或在于《大唐开元礼》沿承《贞观礼》新定"四孟月读时令"旧文，[2] 未作变更。

表1 《礼记·月令》《大唐开元礼》《初学记》《唐月令》日躔中星

节气	《礼记·月令》	《大唐开元礼》	《初学记·岁时部》	《唐月令》
立春	孟春之月，日在<u>营室</u>，昏<u>参</u>中，旦<u>尾</u>中	孟春之月，日在<u>营室</u>，昏<u>参</u>中，旦<u>尾</u>中	孟春之月，日在<u>虚</u>，昏<u>昴</u>中，晓<u>心</u>中	正月之节，日在<u>虚</u>，昏<u>昴</u>中，晓<u>心</u>中
雨水				正月中气，日在<u>危</u>，昏<u>毕</u>中，晓<u>尾</u>中
惊蛰	仲春之月，日在<u>奎</u>，昏<u>弧</u>中，旦<u>建星</u>中	仲春之月，日在<u>奎</u>，昏<u>弧</u>中，旦<u>建星</u>中	仲春之月，日在<u>营室</u>，昏<u>东井</u>中，晓<u>箕</u>中	二月之节，日在<u>营室</u>，昏<u>东井</u>中，晓<u>箕</u>中
春分				二月中气，日在<u>奎</u>，昏<u>东井</u>中，晓<u>南斗</u>中
清明	季春之月，日在<u>胃</u>，昏<u>七星</u>中，旦<u>牵牛</u>中	季春之月，日在<u>胃</u>，昏<u>七星</u>中，旦<u>牵牛</u>中	季春之月，日在<u>娄</u>，昏<u>柳</u>中，晓<u>南斗</u>中	三月之节，日在<u>娄</u>，昏<u>柳</u>中，晓<u>南斗</u>中
谷雨				三月中气，日在<u>胃</u>，昏<u>张</u>中，晓<u>南斗</u>中

1　萧嵩等撰《大唐开元礼》卷99《皇帝于明堂读孟春令、皇帝于明堂读仲春令、皇帝于明堂读季春令》，民族出版社影印清光绪十二年公善堂刊本，2000，第463~465页；《大唐开元礼》卷100《皇帝于明堂读孟夏令、皇帝于明堂读仲夏令、皇帝于明堂读季夏令》，第468~470页；《大唐开元礼》卷101《皇帝于明堂读孟秋令、皇帝于明堂读仲秋令、皇帝于明堂读季秋令》，第474~476页；《大唐开元礼》卷102《皇帝于明堂读孟冬令、皇帝于明堂读仲冬令、皇帝于明堂读季冬令》，第479~481页；《大唐开元礼》卷103《皇帝于明堂及太极殿读五帝令》，第485~490页。

2　刘昫等撰《旧唐书》卷21《礼仪志一》，第817页；杜佑撰，王文锦等点校《通典》卷70《读时令》，第1923页。参见吴丽娱《礼用之辨：〈大唐开元礼〉的行用释疑》，《文史》2005年第2辑；吴丽娱《关于〈贞观礼〉的一些问题：以所增"二十九条"为中心》，《中国史研究》2008年第2期。

续表

节气	《礼记·月令》	《大唐开元礼》	《初学记·岁时部》	《唐月令》
立夏	孟夏之月，日在毕，昏翼中，旦婺女中	孟夏之月，日在毕，昏翼中，旦婺女中	孟夏之月，日在昴，昏翼中，晓牵牛中	四月之节，日在昴，昏翼中，晓牵牛中
小满				四月中气，日在毕，昏轸中，晓须女中
芒种	仲夏之月，日在东井，昏亢中，旦危中	仲夏之月，日在东井，昏亢中，旦危中	仲夏之月，日在参，昏角中，晓危中	五月之节，日在参，昏角中，晓危中
夏至				五月中气，日在东井，昏亢中，晓营室中
小暑	季夏之月，日在柳，昏火中，旦奎中	季夏之月，日在柳，昏火中，旦奎中	季夏之月，日在东井，昏氐中，晓东壁中	六月之节，日在东井，昏氐中，晓东壁中
大暑				六月中气，日在柳，昏尾中，晓奎中
立秋	孟秋之月，日在翼，昏建星中，旦毕中	孟秋之月，日在翼，昏建星中，旦毕中	孟秋之月，日在张，昏尾中，晓娄中	七月之节，日在张，昏尾中，晓娄中
处暑				七月中气，日在张，昏箕中，晓昴中
白露	仲秋之月，日在角，昏牵牛中，旦觜觿中	仲秋之月，日在角，昏牵牛中，旦觜觿中	仲秋之月，日在角，昏南斗中，晓毕中	八月之节，日在翼，昏南斗中，晓毕中
秋分				八月中气，日在轸，昏南斗中，晓东井中
寒露	季秋之月，日在房，昏虚中，旦柳中	季秋之月，日在房，昏虚中，旦柳中	季秋之月，日在角，昏牵牛中，晓东井中	九月之节，日在角，昏牵牛中，晓东井中

续表

节气	《礼记·月令》	《大唐开元礼》	《初学记·岁时部》	《唐月令》
霜降				九月中气，日在氐，昏须女中，晓柳中
立冬	孟冬之月，日在尾，昏危中，旦七星中	孟冬之月，日在尾，昏危中，旦七星中	孟冬之月，日在房，昏虚中，晓张中	十月之节，日在房，昏虚中，晓张中
小雪				十月中气，日在尾，昏危中，晓翼中
大雪	仲冬之月，日在斗，昏东壁中，旦轸中	仲冬之月，日在斗，昏东壁中，旦轸中	仲冬之月，日在箕，昏营室中，晓轸中	十一月之节，日在箕，昏营室中，晓轸中
冬至				十一月中气，日在南斗，昏东壁中，晓角中
小寒	季冬之月，日在婺女，昏娄中，旦氐中	季冬之月，日在婺女，昏娄中，旦氐中	季冬之月，日在南斗，昏奎中，晓氐（氐疑属衍文——引者按）亢中	十二月之节，日在南斗，昏奎中，晓亢中
大寒				十二月中气，日在须女，昏娄中，晓氐中

据表 1 可知，《唐月令》所见日躔中星在《初学记》已略具之，但据此不足以断言《唐月令》之成文年代。《唐月令》以时令与祭祀制度互为经纬，其中所载相关祭祀制度，并非尽属《礼记·月令》原文，而有唐玄宗新增之例（见本文第三节）。更就其植入年代论之，有开元十三年以后增入者。如《唐月令》二月节气，"命有司上戊释奠于太公庙"，八月节气，"命有司上戊释奠于太公庙"，而唐代始祀齐太公，始于开元十九年。《册府元龟》载开元十九年四

月十八日唐玄宗诏令文武并设，以孔子立文、齐太公立武，遂立太公庙于天下：

> 宜令两京及天下诸州各置太公尚父庙一所，以张良配享，春秋二时取仲月上戊日祭。诸州宾贡武举人，准明经、进士，行乡饮酒礼。每出师命将辞讫，发日便就庙引辞，仍简取自古为将功业显著、康济生人者十人，准十哲例预享。[1]

据此，开元十九年四月，唐玄宗敕令"春秋二时取仲月上戊日祭"齐太公，此与《唐月令》以二月及八月上戊"释奠于太公庙"相合，故《唐月令》此条当成于开元十九年四月之后。

又如《唐月令》八月中气"是月也，命有司享寿星于南郊"，唐代设寿星坛，始于开元二十四年。《册府元龟》记载：

> （开元）二十四年七月庚子（十二日——引者按，下同），有上封事者言月令云："八月，日、月会于寿星，居列宿之长。五者，土之数，以生为大，臣窃以寿者圣人之长也。土者皇家之德也。陛下首出寿星之次，旅于土德之数，示五运开元之期，万寿无疆之应，伏请两京各改一殿，以万寿为名，至千秋节会百僚于此殿，如受元之礼。每至八月社日，配寿星祠至于大社坛享之。"诏口："……今有上事（《唐大诏令集》作封）者，言仲秋日、月会于寿星，以为朕生于是月，欲以配社而祭，于义不伦。且寿星，角、亢也，既为列宿之长，复有福寿之名，岂惟朕躬，独享其应，其应天下万姓，宁不是怀。盖秦时已有寿星祠，亦云旧矣，宜令所司特置寿星坛，尝（《唐大

1　王钦若等编《册府元龟》卷33《帝王部33·崇祭祀二》，中华书局影印明崇祯十五年刊本，1960，第359~360页；王溥：《唐会要》卷23《武成王庙》，第507页；杜佑撰，王文锦等点校《通典》卷53《太公庙》，第1483页。

诏令集》作恒）以千秋节日（八月初五日），修其祀典。申敕
寿星坛，宜祭老人星及角、亢七宿，著之尝（当从《唐大诏令
集》《唐会要》作常）式。[1]

《册府元龟》所谓"有上封事者言月令"，其中"月令"乃指"八
月，日、月会于寿星"之天象。而唐玄宗未从奏事者以寿星配祀太
社，别在南郊特置寿星坛，此与《唐月令》"命有司享寿星于南郊"
契合。故《唐月令》此条增入年月，又在开元二十四年七月之后。

《唐月令》所见十二月日躔中星在《初学记·岁时部》已具之，
非足以证成《唐月令》成文于《初学记》之前。而以《初学记》所
引《月令》及《唐月令》比观之，可知唐人改定《礼记·月令》并
非一时所成，而是有渐次改定之过程。更以唐玄宗开元十九年、
二十四年新定祭祀制度均见于《唐月令》言之，《唐月令》至迟在开
元二十四年之前尚未形成定本。

《唐会要》云："开元二十六年四月一日，命太常卿韦绦每月进
《月令》一篇。是后每孟月朔日，上御宣政殿，侧置一榻，东西置
案，令韦绦坐而读之，诸司官长，每升殿列坐听焉。岁余罢之。"[2]限
于相关记载，未详韦绦所进《月令》作何。若《唐月令》已成文，
何故又令"韦绦每月进《月令》一篇"？《唐月令》是否初属近臣拟
稿，而后经唐玄宗御删而成，今不易确知。而唐玄宗开元二十九年
正月诏令两京及各州各置玄元皇帝庙，[3]《唐月令》未载祀玄元皇帝
事，则《唐月令》至迟成于开元末年，当无疑义。

《唐月令》成文之后，则《大唐开元礼》所见皇帝于明堂、太

1　王钦若等编《册府元龟》卷33《帝王部三十三·崇祭祀》，第360~361页。参见宋敏求编《唐
大诏令集》卷74《置寿星坛敕》，中华书局，2008，第420页。按，《唐会要》卷22《祀风师雨
师雷师及寿星等》录文多所割裂（第495~496页），今不据之。

2　王溥：《唐会要》卷26《读时令》，第572页；刘昫等撰《旧唐书》卷24《礼仪志四》，第
914页。

3　王泾：《大唐郊祀录》卷9，道光二十三年《指海》本，第1页a~b。

极殿四孟月宣读四时令文本，当由《礼记·月令》更定作《唐月令》。而《大唐开元礼》所引《月令》仍同于《礼记·月令》，在唐德宗时或已改定作《唐月令》。《唐会要》载唐德宗贞元七年（791）十二月，秘书监包佶奏"开元删定《礼记·月令》为《时令》，其音及义疏，并未刊正。其《大唐开元礼》所与《月令》相涉者，请选通儒详定"，[1] 疑即与此相关。宋仁宗景祐二年二月虽从贾昌朝奏议，恢复《礼记·月令》郑注，"仍诏《唐月令》以备四孟月宣读"，[2] 仍承袭开元旧制。

三 《唐月令》日躔中星之历术背景

上文讨论《唐月令》之成文年代，而《唐月令》日躔中星究竟何所据？李林甫《进御刊定礼记月令表》云："逮夫吕氏纂集旧仪，定以孟春，日在营室，有拘恒检，无适变通。不知气逐闰移，节随斗建。洎乎月朔差异，□[中]星见殊，乃令雩祀愆期，□□[水旱]作沴。"[3] 李林甫明谓日躔中星，代有不同，《吕氏春秋》十二纪（内容近于《礼记·月令》）所载日躔中星，不足为常法。而《唐月令》所记日躔中星，李林甫等注又未具言其所出。

如《唐月令》"正月之节，日在虚，昏晓中，晓心中"，今英藏敦煌文书 S.621 所存李林甫注云"凡记昏、晓中星者，为人君南面听天下，观时候以授人事也。日入后二刻为昏，日未出二刻半为晓"，[4] 《太

1　王溥：《唐会要》卷 77《贡举下·论经义》，第 1669 页。《唐会要》卷 35《经籍》（第 753 页）所载节略，今不据之。

2　李焘撰，上海师范大学古籍整理研究所、华东师范大学古籍整理研究所点校《续资治通鉴长编》卷 116，宋仁宗景祐二年二月己巳，第 2723 页。

3　此据唐开成石经《唐月令》及张涌泉主编《敦煌经部文献合集》第 2 册（中华书局，2008，第 1007~1008 页）录文。《全唐文》卷 345 所收此文（中华书局影印清嘉庆十九年刊本，1983，第 3508 页），原碑残泐文字，疑多以意补之，今不据之。

4　上海师范大学、英国国家图书馆合编《英国国家图书馆藏敦煌遗书》（10），广西师范大学出版社，2011，第 297 页；张涌泉主编《敦煌经部文献合集》第 2 册，第 1008 页。

平御览》卷18《时序部三》引《月令》(指《唐月令》)正文及注文与此相类，惟"凡记昏、晓中星者"作"凡记昏昴、晓心中星者"。[1]

李林甫等《唐月令》注文，并未明确言《唐月令》日躔中星之所据，今所见唐人《月令节义》亦未言及之。法藏敦煌文书 P.3306V《月令节义》又为《唐月令》及李林甫等注文作疏，《月令节义》注文作"是气至之节，日在虚星，度之过也。斗、牛、女、虚、危、室、壁是北方七宿。至正月一日之时，日在虚星过，故云'正月之节，日在虚'"，"正月之节时，黄昏、昴星在正南中也，奎、娄、胃、毕、觜、参是西方七宿，故黄昏时昴星在正中。晓，心星在正南，角、亢、氐、房、心、尾、箕是东方七宿，故晓明之时心星在正南"。[2]

《月令节义》所释《唐月令》日躔中星，仅就表面文字为说，文意浅近。日本学者能田忠亮依现代天文计算，以为《礼记·月令》所见日躔中星为公元前 620 年（±100 年）的天象，[3] 而在传统历术中，日躔中星并非完全属实际观测结果，而是依历术推算所得。《礼记正义》疏所载《三统历》、《续汉书·律历志》所载四分历、《宋书·律历志》（《晋书·律历志》同）载曹魏《景初历》、《宋书·律历志》载刘宋《元嘉历》均明确记录"日所在"（或"日行所在度"）、"昏中星"、"旦中星"。[4]

在《唐月令》成文过程中，唐代历法由李淳风《麟德历》更为

1　李昉等撰《太平御览》卷18《时序部三·春上》，中华书局影印南宋蜀刊本，1960，第90页。

2　上海古籍出版社、法国国家图书馆编《法藏敦煌西域文献》(23)，上海古籍出版社，1994，第148页；张涌泉主编《敦煌经部文献合集》第2册，第1014~1015页。

3　能田忠亮：《礼记月令天文考》，第106~107页。

4　分别见郑玄注、孔颖达正义《礼记正义》卷14《月令》疏，台北，艺文印书馆影印嘉庆二十一年南昌府学刊本，2001，第280页；《礼记正义》卷15《月令》疏，第298、302、305页；《礼记正义》卷16《月令》疏，第315、318、322页；《礼记正义》卷17《月令》，第337、340、344、346页；郝经：《续汉书·律历志下》，《后汉书》，中华书局，1962，第3077~3079页；沈约：《宋书》卷12《律历志中》，中华书局，1974，第246~248页；房玄龄等撰《晋书》卷18《律历志下》，中华书局，1974，第536页；《宋书》卷13《律历志下》，第280~281页。《三统历》日躔中星，或据《汉书·律历志下》载十二次宿度为说，误也。

僧一行《大衍历》。据清人汪曰桢考察，《麟德历》在唐高宗乾封元年（666）颁用，迄于开元十六年，《大衍历》之行用始于开元十七年，[1] 而《唐月令》日躔中星所据历术作何，学术界颇有分歧。清人成蓉镜以为《唐月令》所据为《麟德历》，日本学者能田忠亮、今人刘次沅以为所据乃《大衍历》。[2] 两者究竟孰是？

《新唐书·历志》载《麟德历》"冬至之初，日躔定在南斗十二度。每加十五度二百九十二分、小分五，依宿度去之，各得定气加时日度"。[3]《新唐书·历志》此处所言不尽明晰，兹更据麟德术推论如下：

$$周天度 = \frac{期实}{总法} = \frac{489428}{1340} = 365\frac{328}{1340}度；$$

$$中节相距度 = \frac{周天度}{气法} = \frac{365\frac{328}{1340}}{24} = 15\frac{292\frac{5}{6}}{1340}度。$$

据此，可知《新唐书·历志》"二百九十二分""小分五"，分别指称分子 292 及 5。

清人成蓉镜谓："冬至日躔南斗十二度，每加十五度二百九十二分、小分五。依法去二百二十八度三百六十七分、小分五，得立秋日躔黄道张六度三十九分、小分五。"[4] 成氏据日躔宿度推定《唐月令》所据即《麟德历》。《新唐书·历志》引僧一行《日度议》"孝通（王孝通——引者按）及淳风以为冬至日在斗十三度，昏东壁中"，[5] 所言冬至日躔宿度及昏中星，又与《唐月令》日躔中星略合。

1　汪曰桢：《古今推步诸术考》卷下，清光绪四年序刊本，第 3 页 a~b、第 5 页 a。

2　能田忠亮：《礼记月令天文考》，第 172~173 页；刘次沅：《西安碑林的〈唐月令〉刻石及其天文记录》，《中国科技史料》1997 年第 1 期。

3　欧阳修、宋祁：《新唐书》卷 26《历志二》，中华书局，1975，第 567~568 页。

4　成蓉镜：《心巢文录》卷下《跋唐月令》，第 7 页 a~b。

5　欧阳修、宋祁：《新唐书》卷 27《历志三上》，第 601 页。

但若谓《唐月令》所据历术为《麟德历》，其二十四节气日躔中星当与《麟德历》悉合。今推算之，殊有未然。兹参据《新唐书·历志二》《旧唐书·历志二》所载《麟德历》黄道二十八宿度，录文如次：

> 南斗，二十四度三百二十八分。牛，七度。婺女，十一度。虚，十度。危，十六度。营室，十八度。东壁，十度。
>
> 奎，十七度。娄，十三度。胃，十五度。昴，十一度。毕，十六度。觜觿，二度。参，九度。
>
> 东井，三十度。舆鬼，四度。柳，十四度。七星，七度。张，十七度。翼，十九度。轸，十八度。
>
> 角，十三度。亢，十度。氐，十六度。房，五度。心，五度。尾，十八度。箕，十度。[1]

据《麟德历》黄道二十八宿度及冬至日躔南斗十二度，推定二十四节气日躔宿度，如表 2 所示：

表 2　《麟德历》日躔黄道宿度

冬至	小寒	大寒	立春	启蛰	雨水	春分	清明
南斗 12 度	牛 $2\frac{1304\frac{5}{6}}{1340}$度	虚 $\frac{254\frac{4}{6}}{1340}$度	危 $5\frac{550\frac{3}{6}}{1340}$度	营室 $4\frac{843\frac{2}{6}}{1340}$度	东壁 $1\frac{1136\frac{1}{6}}{1340}$度	奎 $7\frac{89}{1340}$度	娄 $5\frac{381\frac{5}{6}}{1340}$度

谷雨	立夏	小满	芒种	夏至	小暑	大暑	立秋
胃 $7\frac{674\frac{4}{6}}{1340}$度	昴 $7\frac{967\frac{3}{6}}{1340}$度	毕 $11\frac{1260\frac{2}{6}}{1340}$度	东井 $\frac{213\frac{1}{6}}{1340}$度	东井 $15\frac{506}{1340}$度	舆鬼 $\frac{798\frac{5}{6}}{1340}$度	柳 $11\frac{1091\frac{6}{6}}{1340}$度	张 $6\frac{44\frac{3}{6}}{1340}$度

1　欧阳修、宋祁:《新唐书》卷 26《历志二》，第 567 页；刘昫等撰《旧唐书》卷 33《历志二》，第 1190 页。两者所载宿度殊异，而《旧唐书·历志》分述四方宿度之后，又总述各方宿度，如谓"北方九十六度三百二十八分"，而相关数值与《新唐书·历志》相合，故此处录文以《新唐书》为准。

处暑	白露	秋分	寒露	霜降	立冬	小雪	大雪
翼 $4\frac{337\frac{2}{6}}{1340}$ 度	轸 $\frac{630\frac{1}{6}}{1340}$ 度	轸 $15\frac{923}{1340}$ 度	角 $12\frac{1215\frac{5}{6}}{1340}$ 度	氐 $5\frac{168\frac{4}{6}}{1340}$ 度	房 $4\frac{461\frac{3}{6}}{1340}$ 度	尾 $\frac{754\frac{2}{6}}{1340}$ 度	箕 $6\frac{1047\frac{1}{6}}{1340}$ 度

据表 2，可知成蓉镜推算立秋日躔张 $6\frac{39\frac{5}{6}}{1340}$ 度，并非精确，《麟德历》二十四节气如小寒、大寒、立春、启蛰、雨水、芒种、小暑、处暑、白露等日躔宿度均与《唐月令》不同，而成蓉镜仅据《麟德历》立秋日躔宿度与《唐月令》同，遂谓《唐月令》所据者即《麟德历》，不足为据。

僧一行《大衍历议》载"犹淳风历冬至斗十三度"，"以太史注记月蚀冲考日度，麟德元年九月庚申，月蚀在娄十度。至开元四年六月庚申，月蚀在牛六度。<u>较《麟德历》率差三度</u>，则今冬至定在赤道斗十度"。[1]《大衍历议》称《麟德历》"冬至斗十三度"，此与上文所引《新唐书·历志》以"冬至日躔南斗十二度"微异。僧一行据月蚀宿度"较《麟德历》率差三度"，并据以推定《大衍历》冬至赤道日度在南斗十度。据此，《新唐书·历志》所载《麟德历》冬至日躔南斗十二度或即黄道宿度，而《大衍历议》所载《麟德历》冬至日躔南斗十三度当即赤道宿度。

历术中所载日躔中星宿度据赤道宿度推定，而非黄道宿度。今已知《麟德历》冬至日躔赤道宿度为南斗十三度，据此推定《麟德历》在二十四节气日躔赤道宿度仍与《唐月令》不合。《唐月令》冬至及小寒日躔星宿均在南斗，而其成立条件在于日躔南斗宿度当在 $10\frac{1047\frac{1}{6}}{1340}$ 度以下，[2]《麟德历》显然与此不符。

1　欧阳修、宋祁：《新唐书》卷 27《历志三上》，第 611、617~618 页。

2　计算如下：设冬至日躔南斗宿度为 α，小寒日躔南斗宿度为 β，且 β ≤ 26 度（赤道南斗宿度），而 $β = α + 15\frac{292\frac{5}{6}}{1340}$ 度，故 $α ≤ 10\frac{1047\frac{1}{6}}{1340}$。而《麟德历》日躔赤道日度为 13 度，与此条件不合。

　　又《新唐书·历志三上》载僧一行《日度议》:"淳风因为说曰:'今孟春中气,日在营室,昏、明中星,与《月令》不殊'……《麟德历》以启蛰之日乃至营室,其昏、明中宿十有二建,以为不差,妄矣",[1] 按《麟德历》二十四节气以立春之后为启蛰,而非雨水,[2] 故所谓"《麟德历》以启蛰之日乃至营室"所指节气即正月中气,而《礼记·月令》"孟春之月,日在营室,昏参中,旦尾中",据李淳风"今孟春中气,日在营室,昏、明中星,与《月令》不殊"之语,知《麟德历》正月中气,日在营室,昏参中,明尾中,实与《唐月令》日躔中星殊异。

　　成蓉镜《跋唐月令》据《大衍历》推之,"立秋日距中星百一十三度十九分,是时昏尾中,晓娄中",[3] 以证《大衍历》日躔中星与《唐月令》不合。成氏所谓"立秋日距中星百一十三度十九分"即据《大衍历》立秋"距中星度"为说,[4] 而彼又谓《大衍历》立秋"昏尾中,晓娄中"则未详具体推算过程。今更据成蓉镜《月令日躔议》云"一行《日度议》云:'鲁僖公五年,《周历》正月辛亥朔,余四分之一,南至,以岁差推之,日在牵牛初',今依其术推之,开元十二年甲子冬至日在斗九度半'",[5] 以《大衍历》冬至日在斗九度半,此参数与《大衍历》不合,故其所论《大衍历》日躔中星亦不足据。

　　刘次沅依《大衍历》冬至日躔赤道南斗十度、中节相距度度[6]、赤道二十八宿度及二十四节气"距中星度",推定《大衍历》日

1　欧阳修、宋祁:《新唐书》卷27《历志三上》,第610页。

2　欧阳修、宋祁:《新唐书》卷26《历志二》,第561、569页;刘昫等撰《旧唐书》卷33《历志二》,第1178、1182页。

3　成蓉镜:《心巢文录》卷下《跋唐月令》,第7页a。

4　刘昫等撰《旧唐书》卷34《历志三》,第1253页;欧阳修、宋祁:《新唐书》卷28《历志四上》,第658页。

5　成蓉镜:《心巢文录》卷下《月令日躔议》,第2页a。

6　此参数据 $365\frac{779\frac{3}{4}}{3040}$ /24 简化而来。

蹓中星，此与《唐月令》悉合。[1] 而在二十四节气序列中，雨水、惊蛰次第改易问题值得注意。刘歆《三统历》更定雨水、惊蛰次第，以惊蛰位居雨水之前，[2] 东汉《四分历》又恢复二十四节气原次第。[3] 至唐代傅仁均《戊寅历》二十四节气依《三统历》，并以惊蛰改称《夏小正》《左传》所见启蛰，[4] 李淳风《麟德历》沿承之，至《大衍历》二十四节气又重归惊蛰、雨水旧貌，[5] 而《唐月令》以雨水在正月中气，惊蛰在二月节气，合乎《大衍历》，且《唐月令》七十二候亦与《大衍历》雷同，[6] 由此亦知《唐月令》时令乃据《大衍历》而定。

《大衍历》始编于开元十三年，至开元十六年由张说奏上，开元十七年颁行。[7] 何以《大衍历》颁行之前，《初学记·岁时部》所引《月令》日蹓中星已据《大衍历》推定？究其原因，若非《初学记》成稿后追改之文，即唐玄宗删定时已据僧一行未成之《大衍历》，而非当日所行《麟德历》。

四 《唐月令》与开元时期郊社制度

上文讨论《唐月令》改定《礼记·月令》日蹓中星，所据历术为《大衍历》，而非《麟德历》，并依《唐月令》所载开元时期新增祭祀制度，推定《唐月令》成文盖在开元二十六年之后。前文引宋人孙奭谓《唐月令》经唐玄宗"附益时事"，而"附益时事"何所

1　刘次沅：《西安碑林的〈唐月令〉刻石及其天文记录》，《中国科技史料》1997 年第 1 期。

2　班固：《汉书》卷 21《律历志下》，中华书局，1962，第 1005 页。

3　郝经：《续汉书·律历志下》，《后汉书》，第 3077 页。

4　刘昫等撰《旧唐书》卷 32《历志一》，第 1166 页；欧阳修、宋祁：《新唐书》卷 25《历志一》，第 539 页。

5　欧阳修、宋祁：《新唐书》卷 28《历志四上》，第 640、643、657 页；卷 28《历志四下》，第 669 页；卷 29《历志五》，第 699、719 页。

6　刘次沅：《西安碑林的〈唐月令〉刻石及其天文记录》，《中国科技史料》1997 年第 1 期。

7　严敦杰：《一行禅师年谱》，《自然科学史研究》1984 年第 1 期。

指，孙奭未明确言之。今以《唐月令》与《礼记·月令》比勘之，知唐玄宗所附益者即唐代国家祭祀制度，故《唐月令》与唐代祭祀之关系，颇可注意。

《礼记·月令》以时令与祭祀相结合，汉魏之时国家现行《月令》（即《今月令》），见于郑玄《礼记·月令》注凡十八条，[1] 祭祀制度亦有更定。如《礼记·月令》《明堂月令》孟冬祀行，而《魏名臣奏》引曹魏博士秦静议云：“《祭法》七祀有国行，《今月令》谓行为井，是以俗废行而祀井。（魏）武帝始定天下，兴复旧祀，造祭祀，门、户、井、灶、中溜。”[2] 据此，《今月令》孟冬“祀行”作“祀井”。而《唐月令》更以《礼记·月令》为本，改造《月令》经文，增益唐代国家祭祀制度，遂成唐代国家祭祀时令。

兹以《唐月令》二十四节气为次，分列《唐月令》（注文参考茆泮林《唐月令注》）、《礼记·月令》如表3所示。若《唐月令》《礼记·月令》无相关祭祀之文，则不出相应节气。

表3 《唐月令》《礼记·月令》所见时令与祭祀

节气	《唐月令》	《礼记·月令》
正月节气	其祀户	其祀户
	天子乃齐，立春之日，天子亲率公卿、诸侯、大夫，以迎春于东郊（注：迎春为祀青帝灵威仰于东郊，以太皞配以句芒，岁星三辰七宿从祀）	天子乃齐，立春之日，天子亲帅三公、九卿、诸侯、大夫，以迎春于东郊
	是月也，命有司祭风师（注：立春之后丑日，祭风师于国城东北）	无

1　杨宽：《〈今月令〉考》，《杨宽古史论文选集》，上海古籍出版社，2003，第511~512页。
2　李昉等撰《太平御览》卷529《礼仪部八·五祀》，第2399页。参见杜佑撰，王文锦等点校《通典》卷51《天子七祀》，第1421页。

续表

节气	《唐月令》	《礼记·月令》
正月中气	是月也，天子乃以元日祈谷于上帝（注：元，吉也，谓上辛祈谷，郊祀昊天上帝于圜丘，以高祖神尧皇帝配坐，以五方帝从祀于坛）	是月也，天子乃以元日祈谷于上帝
	乃择元辰，天子亲载耒耜置之车右，率公卿诸侯大夫躬耕藉田，天子三推，公五推，卿、诸侯九推（注：辰，亥也，谓郊后吉亥，享先农于东郊。先农，神农也）	乃择元辰，天子亲载耒耜措之参保介之御间，帅三公、九卿、诸侯、大夫躬耕帝藉，天子三推，三公五推，卿、诸侯九推
	是月也，命乐正习舞，乃修祭典，命祀岳镇海渎，牺牲无用牝	是月也，命乐正入学习舞，乃修祭典，命祀山林川泽，牺牲毋用牝
二月节气	是月也，命乐正习舞。上丁，释奠于国学，天子乃率公卿、诸侯、大夫亲往视之（注：释谓置也，置牲币之奠于文宣王）	上丁，命乐正习舞，释菜，天子乃帅三公、九卿、诸侯、大夫亲往视之
	命有司上戊释奠于太公庙（注：亦用牲币之奠）	无
	是月也，择元日，命人社（注：为祀社稷也）	是月也……择元日，命民社
二月中气	是月也，祀朝日于东郊（注：春分日祭之）	无
	是月也，玄鸟至之日，以大牢祀于高禖	是月也，玄鸟至，至之日，以大牢祠于高禖
	是月也，命有司祭马祖（注：谓仲春祭马祖于大泽，用刚日）	无
三月中气	是月也，命有司无伐桑柘，乃修蚕器，后妃斋戒，享先蚕而躬桑，以劝蚕事（注：季春吉祀，皇后享先蚕。先蚕，天驷也。享先蚕而后躬桑，示率先天下也）	是月也，命野虞无伐桑柘……后妃齐戒，亲东乡躬桑，禁妇女毋观，省妇使，以劝蚕事
四月节气	其祀灶	其祀灶
	立夏之日，天子亲率公卿、诸侯、大夫以迎夏于南郊（注：迎夏为祀赤帝赤熛怒于南郊，以炎帝配，以祝融、荧惑、三辰、七宿从祀）	立夏之日，天子亲帅三公、九卿、大夫以迎夏于南郊

续表

节气	《唐月令》	《礼记·月令》
四月节气	是月也，命乐正习盛乐，大雩帝（注：《春秋传》曰："龙见而雩。"龙星谓角、亢也，立夏后，昏见于东方）[1]	乃命乐师习合礼乐（《月令》此处习礼乐为天子饮酎，与《唐月令》不同——引者按）
四月节气	是月也，命有司祀雨师（注：立夏之后申日，祀雨师于国城西南）	无
五月节气		命有司为民祈祀山川百源，大雩帝，用盛乐
五月中气	是月也，祀皇地祇于方丘（注：夏至之日，祀皇地祇于方丘，以高祖神尧皇帝配坐，以岳渎等神从祀）	无
五月中气	是月也，命有司祭先牧（注：谓仲夏祭先牧于大泽，用刚日）	无
六月中气	其祀中溜	其祀中溜
六月中气	（季夏土王日）是月也，祀黄帝于南郊（注：谓季夏土德王日，则祀黄帝含枢纽于南郊，以轩辕配坐，以后土、镇星从祀）	无
七月节气	其祀门	其祀门
七月节气	立秋之日，天子亲率公卿、诸侯、大夫以迎秋于西郊（注：迎秋为祀白帝白招拒于西郊，以少皞配坐，以蓐收、太白、三辰、七宿从祀）	立秋之日，天子亲帅三公、九卿、诸侯、大夫以迎秋于西郊
八月节气	是月也，命乐正习吹上丁，释奠于国学。天子乃率公卿、诸侯大夫亲往视之（注：礼仪同仲春）[2] 是月也，命有司上戊释奠于太公庙（注：礼仪同仲春） 是月也，择元日命人社（注：元日谓近秋分前后戊日）	无
八月中气	是月也，祀夕月于西郊（注：秋分日祀之） 是月也，命有司享寿星于南郊（注：秋分日祭寿星于南郊。寿星，南极老人星也）[3] 是月也，命有司祭马社（注：谓中秋祭马社于大泽，用刚日）	无

续表

节气	《唐月令》	《礼记·月令》
九月中气	是月也……大享帝于明堂（注：谓祀昊天上帝于明堂，五方帝、五官从祀）	是月也，大飨帝
十月节气	其祀行	其祀行
	立冬之日，天子亲率公卿、诸侯、大夫以迎冬于北郊（注：迎冬为祀黑帝汁光纪于北郊，以颛顼配坐，以玄冥、恒星、三辰、七宿从祀）	立冬之日，天子亲帅三公、九卿、诸侯、大夫以迎冬于北郊
	是月也，祀神州地祇于北郊（注：谓立冬日祭神州地祇于北郊，太宗文武皇帝配坐）[4] 是月也，命有司祭司寒（注：谓孟冬祭司寒于北郊） 是月也，命有司祭司中、司命、司人、司禄（注：谓立冬后亥日，祭于国城西北）	无
十一月中气	是月也，祀昊天上帝"于圜丘"[5]（注：谓冬至日祀昊天上帝于圜丘，以高祖神尧皇帝配坐，以五方帝及日月星辰及内外星官等从祀于坛） 是月也，命有司祭马步（注：谓仲冬祭马步于大泽，用刚日）	无
十二月节气	"命有司修祭禽之礼"，[6]天子乃褚百神于南郊，为来年祈福于天宗（注：褚，腊日祭之名也。百神，神农、后稷、句芒、田畯、岳镇海渎、丘陵坟隰、鳞介羽毛之类。天宗，日月星辰之属是也）	无

[1] 见《宋史》卷100《礼志三》，中华书局，1977，第2457页。

[2] 茆泮林所辑《唐月令注》无此注，今据李昉等撰《太平御览》卷535《礼仪部十四·释奠》（第2426页）补。下条同。

[3] 注文见《宋史》卷103《礼志六》，第2515页。

[4] 唐代祀神州在立冬后，非著定时日，故需卜日（《大唐开元礼》卷1《序例上》，第15页；《大唐开元礼》卷31《皇帝孟冬祭神州于北郊》，第183页）而非立冬。

[5] 此处原有阙文，茆忍堂摹写本补作"社稷丘"（第928页），不足为据，《唐月令注》据《太平御览》卷26《时序部十一·冬上》录文，作"于圜丘"，今从之。

[6] 此处《唐石经》有阙文，茆忍堂摹写本补作"命主祠祭禽于四方"（第929页），《唐月令注》据《太平御览》卷26《时序部十一·冬上》录文，作"命有司修祭禽之礼"，今从之。

自东汉始，国家有读五时令之制，[1] 而《礼记·月令》所载祭祀
制度，如五郊迎气、高禖、雩祭、藉田、先蚕、大飨帝（祀明堂）
等，略与东汉国家祭祀制度相合。开元时期国家祭祀制度屡经增
益，远远突破《礼记·月令》旧格局，故《礼记·月令》已不足以
满足国家现实需要，改造《礼记·月令》势在必行。

唐玄宗改定《礼记·月令》，《礼记·月令》原文多予以保留。
隋朝虽行高禖礼，[2] 唐礼无之，而《唐月令》仍据《礼记·月令》录
文。宋人谓"唐明皇因旧《月令》，特存其事。开元定礼，已复不
著"，[3] 所指称者即此。《礼记·月令》所载祭祀制度原有未备者，《唐
月令》增补为完整体系。如五郊迎气之礼，《礼记·月令》未言及祀
黄帝，《唐月令》增以"是月（六月）也，祀黄帝于南郊"之语，由
此使五郊迎气礼趋于完备。

《礼记·月令》以时令与祭祀互为经纬，在时令与开元时期
实际所行时日存在偏差时，《唐月令》改以国家现行时令。《新唐
书·历志三》载僧一行《大衍历议》："然则唐礼当以建巳之初，农
祥始见而雩。若据《麟德历》，以小满后十三日，则龙角过中，为
不时矣。"[4] 据此，《大衍历》以雩祭当在四月之初，此与《麟德历》
在四月末（小满之后十三日）不同。而《大唐开元礼·序例上》云：
"若雩祀之典，有殊古法。《传》曰：'龙见而雩'。自周以来，岁星
差度。今之龙见，乃在仲夏之初，以祈甘雨，遂为晚矣。今用四月
上旬卜日。"[5]《大唐开元礼》即遵用《大衍历》所定雩祭时日，《唐月
令》改以四月节气行雩祭，而非《礼记·月令》以大雩在五月。

《礼记·月令》原文多经唐玄宗调整删定，而其中最关键环节

1　房玄龄等撰《晋书》卷 19《礼志上》，第 587~588 页；杜佑撰，王文锦等点校《通典》卷
70《读时令》，第 1922 页。

2　《隋书》卷 7《礼仪志二》，中华书局，1973，第 147 页。

3　《宋史》卷 103《礼志六》，第 2511 页。

4　欧阳修、宋祁：《新唐书》卷 27《历志三上》，第 607 页。

5　萧嵩等撰《大唐开元礼》卷 1《序例上》，第 12 页。

在于增益开元时期祭祀制度。在《礼记·月令》原祭祀制度基础上，开元时期国家现行祭祀制度，如冬至祀昊天上帝、夏至祀皇地祇、孟冬祀神州地祇等大祀；祀社稷，享先蚕，春分朝日于东郊，秋分夕月于西郊，释奠孔宣父、齐太公，祀岳镇海渎等中祀；祀司中、司命、风师、雨师等小祀，以及祀五祀（户、灶、门、行、中溜），祭马祖、先牧、马社、马步、禣祭等，均纳入《唐月令》经文之中。《唐月令》增益开元时期祭祀制度，而祀四祀（户、门、行、中溜）与时享宗庙同步，但并未增入时享宗庙之文，以郊社制度为主，所据祭祀制度当源于《大唐开元礼》及开元七年（或开元二十五年）《祠令》。

　　开元时期祭祀制度以时令为次，相继嵌入《唐月令》经文，而《唐月令》所载祭祀制度，并非全豹。《大唐开元礼》以立春后丑日祀风师，立夏后申日祀雨师，立秋后辰日祀灵星，立冬后亥日祀司中、司命、司人、司禄，[1]《唐月令》独阙七月之节祀灵星之文。《大唐开元礼》在五祀之外，又增祀厉神，[2]《唐月令》未及之。开元十八年十二月新增兴庆宫祀五龙坛，[3]《唐月令》亦未言之。

　　隋唐国家祭礼至《大唐开元礼》已臻成熟，而在郊社、宗庙制度已臻完备之后，开元后期增益新礼也成为突出现象，而此时期所增祀五龙坛及寿星等，即所谓"皇帝私礼"。[4]上文引唐玄宗诏令所谓祀寿星坛，"其应天下万姓"，均享其应，可知祀寿星并非完全专属皇帝个人，而祀五龙坛，又为道教祭祀仪式融入国家祭礼之标

1　萧嵩等撰《大唐开元礼》卷28《祀风师，祀雨师，祀灵星，祀司中、司命、司人、司禄》，第162、164页。

2　杜佑撰，王文锦等点校《通典》卷51《天子七祀》，第1419页；萧嵩等撰《大唐开元礼》卷37《皇帝时享于太庙·祭七祀》，第212页；李林甫等撰，陈仲夫点校《唐六典》卷4《尚书礼部·祠部郎中》中华书局，2014，第121页。

3　王溥：《唐会要》卷22《龙池坛》，第504页。

4　吴丽娱：《皇帝"私"礼与国家公制："开元后礼"的分期及流变》，《中国社会科学》2014年第4期。

志。[1] 而《唐月令》未收祀五龙坛，故《唐月令》所载者可谓纯粹儒家祭祀制度。

《大唐开元礼·序例上》称"凡大祀、中祀应卜日"，"小祀应筮日"。[2] 由于部分祭祀时日与时令存在一一对应关系，故《大唐开元礼·序例上》所言卜日、筮日仅限于无著定祭祀时日之祭祀。《唐月令》在时令上准以《大衍历》，而祭祀制度又依时令顺次排列（见表 4）。《唐会要》所收"缘祀裁制"即唐穆宗时期祭祀时令，[3] 主要内容源于令典中《祠令》，而《唐月令》即开元时期郊社祭祀时令。

表 4 《唐月令》祭祀时令

正月	立春日，祀青帝于东郊。上辛，祈谷，祀昊天上帝于圜丘 亥日，享先农于东郊。命祀岳镇海渎。祀户于太庙（时享宗庙祭之）
二月	上丁，释奠文宣王。上戊，释奠太公庙 春分，朝日于东郊。祀社稷。祭马祖于大泽
三月	享先蚕
四月	立夏日，祀赤帝于南郊。雩祭昊天上帝于圜丘。祀风师 祀灶于太庙（时享宗庙祭之）
五月	夏至日，祀皇地祇于方丘。祭先牧于大泽
六月	季夏土王日，祀黄帝于黄郊，祀中溜于太庙
七月	立秋日，祀白帝于西郊。祀门于太庙（时享宗庙祭之）
八月	上丁，释奠文宣王。上戊，释奠太公庙。祀社稷 秋分，夕月于西郊，祭寿星于南郊。祭马社
九月	大享明堂。祀行于太庙（时享宗庙祭之）
十月	立冬日，祀黑帝于北郊。祀神州地祇于神州坛。祭司寒于北郊。立冬后亥日，祭司中、司命、司人、司禄于国城西北

1　雷闻：《郊庙之外——隋唐国家祭祀与宗教》，三联书店，2009，第 307 页。

2　萧嵩等撰《大唐开元礼》卷 1《序例上》，第 12 页。

3　王溥：《唐会要》卷 23《缘祀裁制》，第 514~516 页。据其中"季秋，大享明堂；享前二日，告宪宗一室"，可以推知此制当属唐穆宗时期建置。

| 十一月 | 冬至日，祀昊天上帝于圜丘。祭马步于大泽 |
| 十二月 | 辰日，褡百神于南郊 |

注：唐代祀五祀时间及方位，今据《大唐开元礼》卷37《皇帝时享宗庙》（第212页）、卷38《时享于太庙有司摄事》（第219页）所附《祭七祀礼》。

五　塑造经典与经典之世俗化

《礼记·月令》经文所反映时代，李林甫《进御刊定礼记月令表》仅云"逮夫吕氏纂集旧仪，定以孟春，日在营室，有拘恒检，无适变通"，其意不明。唐人杜佑《通典》以为《月令》本出于管子，即周时人也。至秦吕不韦编为《吕氏春秋》，汉戴圣又取集成《礼记》，征其根本，并周制"，[1] 即以《礼记·月令》所载属周制。故在唐人视野下，从《礼记·月令》到《唐月令》之更定，可谓从"周制"到唐制之过渡。

唐人不拘泥于经典所记，唐太宗贞观十四年（640）在丧服上改定嫂叔服小功五月、舅服小功，[2] 已发其端。唐太宗不过改易现实所行丧服礼，并未删改《丧服》经文，而改订《礼记》之风气，亦始于贞观时期。唐太宗贞观初年，魏征删汰《礼记》，"以类相从，削其重复，采先儒训注，择善从之"，[3] 编成《类礼》20卷，此即唐人改定《礼记》之滥觞。故唐玄宗御删《礼记·月令》，可谓渊源有自，且唐代现行国际祭祀制度已突破《礼记·月令》之基本格局，删改《月令》，势所必然。而何故在开元十五年之后始有改定

1　杜佑撰，王文锦等点校《通典》卷43《大雩》，第1200页。

2　刘昫等撰《旧唐书》卷27《礼仪志七》，第1019~1021页；王溥：《唐会要》卷37《服纪上》，第785~787页。参见吴丽娱《唐礼摭遗——中古书仪研究》，商务印书馆，2002，第496~504页。

3　刘昫等撰《旧唐书》卷71《魏征传》，第2559页；王溥：《唐会要》卷36《修撰》，第759页。

《礼记·月令》之事？

　　开元十四年改撰《礼记》之议，其要有二：开元十四年通事舍人王喦上改撰《礼记》奏议。《旧唐书·礼仪志》载："（开元）十四年，通事舍人王喦上疏，请改撰《礼记》，削去旧文，而以今事编之。"唐玄宗诏付集贤院学士详议，右丞相张说谓："《礼记》汉朝所编，遂为历代不刊之典。今去圣久远，恐难改易。"唐玄宗从张说之奏。[1] 同年八月六日，太子宾客元行冲等《礼记义疏》成，将立学官。张说驳奏云："今之《礼记》，是前汉戴德、戴圣所编录。历代传习，已向千年，著为经教，不可刊削。"[2] 元行冲等人所成《礼记义疏》，应即《新唐书·艺文志》所著录"《类礼义疏》五十卷"，[3] 即本于魏征《类礼》而作。唐玄宗又从张说奏。

　　张说以《礼记》为经典文本，"著为经教，不可刊削"，主张维持经典文本之稳定性，但此议仅限于臣子，故王喦、元行冲改删《礼记》之事，均未允行。而皇权则不为此限定所囿，皇帝权威高于经典之上，因此唐玄宗御删《礼记·月令》，改定日躔中星，增益开元时期郊社制度，调整《礼记》篇次，取代《礼记·月令》经典地位。

　　魏征《类礼》所改定《月令》原貌，今不易确知。然其书"以类相从"，不过调整《礼记》正文次第，具体文字或未出《礼记》原文之外。元行冲等人所撰《类礼义疏》，在经文上不过因仍魏征之旧。其后陆淳撰《类礼》20卷，[4] 今亦无存焉。唐玄宗增删《礼记·月令》，其意与王喦"削去旧文""以今事编之"不异，其删定

1　刘昫等撰《旧唐书》卷21《礼仪志一》，第818页。

2　刘昫等撰《旧唐书》卷102《元行冲传》，第3178页；王溥：《唐会要》卷77《贡举下·论经义》，第1667页。

3　欧阳修、宋祁：《新唐书》卷57《艺文志一》，第1434页。参见吴丽娱《营造盛世：〈大唐开元礼〉的撰作缘起》，《中国史研究》2005年第3期。

4　刘昫等撰《旧唐书》卷189《儒林传·陆质传》，第4978页；欧阳修、宋祁：《新唐书》卷57《艺文志一》，第1434页。

动机，当受王喦奏议之启发。而结合唐玄宗时期之经学背景，《唐月令》之创作，绝非偶然。

开元七年四月，围绕学官经注存废问题，《孝经》郑注抑或孔传、《老子》注宜取河上公注抑或王弼注，左庶子刘知几、国子祭酒司马贞奏议不合。[1]唐玄宗先后在开元十年及十二年御注《孝经》及《道德经》，颁行天下，勒于石碑。《说文》专于篆文，《字林》主于隶书，唐玄宗《开元文字音义》整合《说文》《字林》，凡320部，首定隶书"以训今"，次存篆字"以征古"。[2]又以"自古用韵，不甚区分，陆法言《切韵》又未能厘革"，乃改撰《韵英》5卷。[3]职此之故，经注上之纷争及小学上之纷扰，经唐玄宗御撰而定于一（详见表5）。此即唐玄宗在经典撰述上塑造并强化个人权威的过程。

表5 唐玄宗御撰诸书年月

时日	事项	来源
开元初年（二年三月之前）	御撰《孝经制旨》	庄兵《〈御注孝经〉的成立及其背景——以日本见存〈王羲之草书孝经〉为线索》[《清华学报》（新竹）第45卷第2期，2015年6月]
开元十年六月二日	始注《孝经》，颁于天下及国子学	《唐会要》卷36《修撰》
开元十二年十二月十四日	御注《道德经》成，颁示集贤院	洪嘉琳《唐玄宗〈道德真经〉注疏之研究》（台北，花木兰文化出版社，2006，第4/、57页）

---

1 王溥：《唐会要》卷77《论经义》，第1662~1667页。唐代科举始试《道德经》，始于武则天上元元年（详见丁煌《唐代道教太清宫制度考》，《汉唐道教论集》，中华书局，2009，第81页）。
2 韦述撰，陶敏辑校《集贤记注》，第253页；张九龄：《贺御制〈开元文字音义〉》，熊飞校注《张九龄集校注》卷15，中华书局，2008，第787页。
3 韦述撰，陶敏辑校《集贤注记》，第265页。

续表

时日	事项	来源
开元二十三年三月二十七日	左常侍崔沔等人助唐玄宗修成《道德经疏》，制《开元文字音义》30 卷，颁示公卿士庶及道释二门，遂后勒于石台	《唐会要》卷 36《修撰》、《册府元龟》卷 53《帝王部·尚黄老》、洪嘉琳《唐玄宗〈道德真经〉注疏之研究》（第 41~43、47、52、57~58 页）
天宝二年五月二十二日	重注《孝经》，颁于天下	《唐会要》卷 36《修撰》
天宝四年九月	石台《孝经》刊竣	《金石萃编》卷 87《石台孝经》附天宝四年九月一日李齐古《进石台孝经拓本表》
天宝十四年四月	御撰《韵英》5 卷，诏集贤院写付诸道采访使，传布天下	韦述《集贤注记》、《唐会要》卷 36《修撰》、《新唐书》卷 57《艺文志》
天宝十四年十月八日	颁御注《道德经》并疏义，分示十道，各令巡内传写，以付宫观	《唐会要》卷 36《修撰》

　　继《贞观礼》《显庆礼》而后，《大唐开元礼》在祭礼上增附新礼，如开元十八年祭孝敬皇帝及五龙坛、开元十九年祀齐太公，以及《大唐开元礼》所载时享诸太子庙（章怀太子庙、懿德太子庙、节闵太子庙、惠庄太子庙、惠文太子庙）等；[1]《大唐开元礼》修成之后，祭礼仍陆续增益，《唐月令》所收"享寿星于南郊"，亦为其例，至天宝时期又有祀太清宫及九宫贵神。开元、天宝时期所增益的祭礼，不复局限于儒家经典，渐次突破汉唐以来礼学制度化格局，以礼学家为主导的国家祭祀制度制定，也逐渐为唐玄宗制敕所取代。易言之，唐玄宗个人权威在制定祭祀制度上发挥主导性作用。故削去《礼记·月令》旧文、调整《礼记》篇次、塑造《唐月

1　参见吴丽娱《新制入礼:〈大唐开元礼〉的最后修订》，《燕京学报》2005 年新 19 期。

令》之经典地位，也是唐玄宗塑造个人权威的体现。而《唐月令》以《大衍历》日躔中星与开元时期郊社制度互为经纬，使得《唐月令》成为开元时期的国家祭祀时令。

《唐月令》成文后，《礼记·月令》仍通行于世，如英藏敦煌文书 S.3326《敦煌星图》仍据《礼记·月令》日躔中星录文。[1] 宋代国家祭祀制度沿承唐代开元以后基本格局，并又恢复祀感生帝赤熛怒及高禖之祀，[2] 故《唐月令》作为祭祀时令仍基本适用于宋代。由于宋代历法（即《应天历》《乾元历》《仪天历》）与《大衍历》不同，宋代天文日躔中星当与《唐月令》有异，未详宋仁宗景祐三年贾昌朝所定《时令》，是否已据当时《仪天历》改定日躔中星。

《唐月令》在唐宋时期位居经部礼类，居于经典地位，如《新唐书·艺文志》《郡斋读书志》《文献通考》皆然。[3] 在《礼记》文本中《礼记·月令》已为《唐月令》所取代，如《唐开成石经》所收《礼记·月令》即《唐月令》，旧题南宋郑樵《六经奥论》载南宋国子监刊本《礼记·月令》即《唐月令》，[4] 均足以表明《唐月令》的经典化问题。不过宋人《时令》乃据《唐月令》删定而成，反列于子部或史部，如贾昌朝《国朝时令集解》或置于子部农家类，[5] 或次于《中兴馆阁书目》以下目录书新分史部时令类，[6] 其地位又与《唐月令》悬殊。《唐月令》经典地位的确立，与唐玄宗个人权威性不无关联，而《唐月令》富有现实实用性，也成为唐宋时期经典世

1　席泽宗：《敦煌星图》，《中国古代天文文物论集》，文物出版社，1989，第181~188页。

2　小岛毅《宋代的国家祭祀——〈政和五礼新仪〉的特征》，池田温编《中国礼法与日本律令制度》，东方书店，1992，第463~484页。

3　欧阳修、宋祁：《新唐书》卷57《艺文志一》，第1434页；晁公武著，孙猛校证《郡斋读书志校证》，上海古籍出版社，1990，第77页；马端临：《文献通考》卷181《经籍考八》，京都中文出版社，1978，第1559页。

4　（旧题）郑樵：《六经奥论》卷5，清康熙十九年刊《通志堂经解》本，第12页b。

5　晁公武著，孙猛校证《郡斋读书志校证》，第532页。

6　陈振孙撰，徐小蛮等点校《直斋书录解题》，上海古籍出版社，2015，第191~192页；马端临：《文献通考》卷206《经籍考三十三》，第1707页。

俗化之标志。元明以降，在国家祭礼体系裂变之后，《唐月令》经典地位丧失，虽赖《唐开成石经》而岿然独存，《唐月令注》则多所亡佚。

六　余论

《唐月令》之成文年代，在历代学者中不乏争议，而《唐月令》日躔中星，所据历法究为《麟德历》，抑或《大衍历》，亦有分歧。今据麟德术推考之，所得日躔黄道宿度及日躔赤道宿度均与《唐月令》日躔中星并非相契，由此益知《唐月令》所据历法当为《大衍历》。更据《初学记》所引《月令》日躔中星与《唐月令》略近，以及《唐月令》附益开元时期郊社制度，可知《唐月令》成文年代大约在开元十五年至开元二十六年之间。

唐太宗贞观时期不拘《丧服》经文，改定现行丧服礼；魏征撰《类礼》，开启唐人改经之滥觞。唐玄宗至迟在开元十五年始御删《唐月令》，实由开元十四年王岳等改删《礼记》之议启发之。而唐玄宗御删《唐月令》，以皇权权威高于经典权威，不过是唐玄宗在经典撰述上塑造并强化皇权权威的集中体现之一。《唐月令》蜕变为开元时期郊社时令，赋予经典以现实实用性，直至宋朝犹沿用不已，此亦为唐宋时期经典世俗化的标志。

《显庆礼》在郊祀制度上突破郑玄"六天说"，而唐玄宗在宗庙制度上亦不为郑玄学说所囿。唐代庙制格局自唐高祖至唐中宗，历经从四庙到七庙之转变。[1] 而其演变趋势与北魏、北齐、北周极其相类，[2] 若循此趋势，唐代庙制最终会走向郑玄所谓太祖二祧四亲庙格局，不过唐代庙制沿用北朝旧制的演进模式为唐玄宗开元十年正月

1　户崎哲彦《唐代太庙制度的变迁》，《彦根论丛》第 262、263 号，1989 年，第 377~384 页。

2　关于北魏、北齐庙制，参见拙文《塑造正统：北魏太庙制度的构建》，《历史研究》2017 年第 6 期；《神主序列与皇位传承：北齐太祖二祧庙的构建》，《学术月刊》2018 年第 1 期。

设立九庙所中断。[1] 此外，唐代禘祫制度也有显著变更。开元十七年四月，唐玄宗从太常少卿韦绍奏议，禘祫从孔安国、王肃等禘祫为一说。[2] 东汉以来所行禘祫礼原与太祖神室相关，南朝改行禘祫礼在庙堂之上，[3] 北朝、隋朝所见禘祫礼仍与太祖神室相关，而《大唐开元礼》所载禘祫礼，诸神主设于太庙庙堂之上下，[4] 可谓改遵南朝传统，以便于行礼。而《大唐开元礼》所载禘祫礼俱以功臣配享，[5] 又与郑玄、王肃等说相悖。

由此可见，无论唐玄宗御删《唐月令》，抑或唐玄宗改定宗庙制度，经典及郑玄、王肃经注均不具权威性，皇权权威高于经典及经注。《唐月令》蜕变为世俗化国家郊社时令，宗庙制度以"从宜""适会"为本，[6] 经典及经注不具权威性，而富于实用性，也成为唐代国家祭祀的基本演变趋向。

附记：2017 年 12 月 10 日，本稿宣读于湖南大学岳麓书院承办的"第一届经学与经学史工作坊"，先后经田访、吴柱、张涛、於梅舫、吴仰湘等师友指正，在审阅过程中，又承匿名评审专家悉心赐正，惠赐宝贵修改意见，特此一并申谢！

（本文原载《文史》2018 年第 4 辑）

1　刘昫等撰《旧唐书》卷 25《礼仪志五》，第 953 页。

2　王溥：《唐会要》卷 13《禘祫上》，第 350~351 页。

3　沈约：《宋书》卷 14《礼志一》，第 349 页。

4　萧嵩等撰《大唐开元礼》卷 39《皇帝祫享于太庙》，第 222 页；卷 40《祫享于太庙有司摄事》，第 238 页；卷 41《皇帝禘享于太庙》，第 231 页；卷 42《禘享于太庙有司摄事》，第 246 页。

5　刘昫等撰《旧唐书》卷 26《礼仪志六》，第 996 页。参见萧嵩等撰《大唐开元礼》卷 39《皇帝祫享于太庙》，第 228~229 页；卷 40《祫享于太庙有司摄事》，第 236 页；卷 41《皇帝禘享于太庙》，第 245 页；卷 42《禘享于太庙有司摄事》，第 251 页。

6　刘昫等撰《旧唐书》卷 25《礼仪志五》，第 953 页。

图书在版编目（CIP）数据

经学与经学史的联系及分别 / 桑兵，肖永明主编
. -- 北京：社会科学文献出版社，2022.11（2023.7重印）
（经学与经学史工作坊辑丛）
ISBN 978-7-5228-0626-6

Ⅰ.①经… Ⅱ.①桑…②肖… Ⅲ.①经学-中国-
文集 Ⅳ.①Z126-53

中国版本图书馆CIP数据核字（2022）第160180号

· 经学与经学史工作坊辑丛 第一辑·
经学与经学史的联系及分别

主 编 / 桑 兵 肖永明
副 主 编 / 於梅舫 张 凯 余 露

出 版 人 / 王利民
责任编辑 / 邵璐璐
责任印制 / 王京美

出 版 / 社会科学文献出版社·历史学分社（010）59367256
地址：北京市北三环中路甲29号院华龙大厦 邮编：100029
网址：www.ssap.com.cn
发 行 / 社会科学文献出版社（010）59367028
印 装 / 三河市东方印刷有限公司

规 格 / 开 本：787mm×1092mm 1/16
印 张：19 字 数：255千字
版 次 / 2022年11月第1版 2023年7月第2次印刷
书 号 / ISBN 978-7-5228-0626-6
定 价 / 98.00元

读者服务电话：4008918866